文学回忆录

叶辛

LITERARY MEMOIRS

Ye Xin

叶辛

叶辛 著

SPM
南方出版传媒
广东人民出版社
·广州·

图书在版编目（CIP）数据

叶辛文学回忆录 / 叶辛著. — 广州：广东人民出版社，2019.4
（文学回忆录丛书）
ISBN 978-7-218-13081-1

Ⅰ. ①叶… Ⅱ. ①叶… Ⅲ. ①中国文学一当代文学一作品综合集 Ⅳ. ① I217.2

中国版本图书馆 CIP 数据核字（2018）第 163616 号

Ye Xin Wenxue Huiyilu
叶辛文学回忆录
叶辛　著

出 版 人：肖风华

丛书主编：陈思和
责任编辑：刘　宇　马妮璐
责任技编：周　杰　易志华
装帧设计：广　岛

出版发行：广东人民出版社
地　　址：广州市大沙头四马路 10 号（邮政编码：510102）
电　　话：（020）83798714（总编室）
传　　真：（020）83780199
网　　址：http://www.gdpph.com
印　　刷：山东临沂新华印刷物流集团有限责任公司
开　　本：880mm×1230mm　1/32
印　　张：13　　**字　　数**：230 千
版　　次：2019 年 4 月第 1 版　2019 年 4 月第 1 次印刷
定　　价：68.00 元

如发现印装质量问题，影响阅读，请与出版社（020－83795749）联系调换。
售书热线：（020）83795240

总　序

陈思和

20世纪的中国社会大潮从启蒙到革命，从抗战到解放，从浩劫到反思，浩浩荡荡。在此语境下的文学思潮，其主体也表现为激情引导下的青春澎湃，一路呼啸。直到“文革”结束，中国文学才进入一个相对稳定、宽松而多元的年代。

1978年初，我考进复旦大学中文系不久，同班同学卢新华写了一篇小说《伤痕》，一下子触动了全社会痛定思痛的神经，于是“伤痕文学”引起风潮。理论界还在那里忙着讨论什么“歌颂”还是“暴露”、“社会主义体制下会不会产生悲剧”等夹缠不清的话题时，广大人民群众已经呼啦一下通过了这部作品，由此开启了被称作“新时期文学”的方向。差不多在同一时间，思想解放运动中诞生的《今天》等一批民刊，被称作“朦胧诗”的新诗潮流开始在青年读者中广为流行，尽管不很确切，尽管引起了争论，但是“新的美学原则”由此得到普遍认可，改变了诗歌创作的路径。1985年，一批知青作家尝试从民间风俗文化描写入手，融汇传统审美特点与西方现代主义手法，以此改变文学与政治紧密捆绑的写作观念，兴起了蓬蓬勃勃的“寻根文学”，这一创作思潮对20世纪90年代作家们转向民间、坚持写实和人文理想，产生了直接的推动作用……

一晃，四十年弹指一挥间。这四十年来，虽然道路走得曲曲折折，但国家领导层面基本上遵守了解放思想、改革开放、不搞阶级斗争、中心工作转移到经济建设等承诺。经济建设带来国家的强盛，大国和平崛起的赞声不断出现。这个时候，我常常想起地球上的另一块土地，欧洲欧罗巴，1871年巴黎公社起义被镇压下去以后，欧洲资本主义经济飞速发展，殖民政策给宗主国带来了广阔市场，国内经济发达，物质繁荣，人们陶醉在纸醉金迷的欲望追求之中，文学上流行了唯美主义、颓废主义等声色犬马的世纪末思潮。就在三十年后，法国作家罗曼·罗兰写出了《贝多芬传》，大声疾呼人类精神的追求。再过了差不多十年，第一次世界大战突然爆发，又是罗曼·罗兰发表了《超越混乱之上》的精神宣言，强调在国别以上，应该追求人类共同的精神。作家在国人与敌人的咒骂声中获得了诺贝尔文学奖，但咒骂他的人，却在战争废墟上不得不收拾残瓦一片了。

文学是社会的良知，是人类历史的见证。文学在一个时期内可能会被误解、被咒骂甚至被威胁、被迫害，但是优秀文学的真正力量，仍然在于无畏地揭示真相，肯定真善美的理想，让人性中的虚伪、凶残、血腥、无耻都感到战栗与无趣。记得很多年以前，无意中看了一部电视剧，剧中汉景帝对晁错说："老师啊，你告诉过我，对的事情总是对的，错的事情总是错的。可是，为什么现在明明对的事情却变成了错的？错的东西倒好像变成对的了？"于是，晁错被杀了。在临刑前，晁错对汉景帝说："皇上，我还要说，对的，到最后还是对的；错的，到最后总是错的。"我想，两千年以前的对与错，现在已经一点也不重要了。但这样一种坚信自己是"对的"的理想，只有在文学作品里，才会被描写得那么生动，那么有生命力。这就是文学的不朽所在！

广东人民出版社推出的这套“文学回忆录”丛书，意在为研究20世纪下半叶的文学提供第一手的资料，收录当代作家有关文学创作的回忆与反思，以及在文学创作道路上对人生、社会和历史诸问题的思考。这是一个非常有意义的选题。四十年的文学道路和人的历史，将在这里“立此存照”，给当下一个见证，给未来一份信史，也给广大读者提供了一个多维度认知作家的好读本。

策划者向继东先生邀我为丛书作序。恭敬不如从命，于是想到了上面这些，并与本丛书作者与读者共勉。

2017年5月27日

于上海鱼焦了斋

自 序

今年是中国改革开放40周年，广东人民出版社邀请了一批著名作家，出版了这套《文学回忆录》。这些作家，大都是改革开放以后成长起来的作家，他们见证了中国改革开放的发展和历史，他们的作品反映的也大多是中国改革开放的成就和对中国改革开放的思考。

1977年，我的中篇小说《高高的苗岭》和《深夜马蹄声》出版，从此我踏上了文学之路，之后我笔耕不辍，一发而不可收，40年里我创作了140多本文学书籍。

40年来，我从一个身处偏远贵州山区的知青，成长为一个专业作家，我的创作也渐渐从农村到城市全视野看中国。我创作了《基石》《拔河》《新澜》《三年五载》《私生子》《缠溪之恋》等长篇小说，关注和思考着农村的发展变化和农民的命运；我创作了《我们这一代年轻人》《风凛冽》《在醒来的土地上》《蹉跎岁月》《孽债》《客过亭》等长篇小说，思考着知青这一代人的命运；我创作了《家教》《家庭奏鸣曲》《发生在霍家的事》《省城里的风流韵事》《家庭的阴影》等长篇小说，思考着知识分子一群人的命运；我创作了《恐怖的飓风》《华都》《安江事件》等长篇小说，思考着一座城市的过去与今天；我创作了《上海日记》《问世间情》等长篇小说，思考的是新城市人的命运；我写了《圆圆魂》《古今海龙屯》等长篇小说，思考着中国前天、昨天的历史。我用作家的眼光看中国，描摹我心中的中国农村与城市，书写在中国大地上的不同人等的命运，我觉得有写不完的东西。是社会生活为我提供了文学的养分与滋补，养育了我的文学创作。回眸我40年的文学创作，创作的脉搏伴随着时代的跳动而跳动，是伴随着改革开放的步伐走过来的。

这是一本人生之书，细细想来，我的青春、我的欢乐、我的痛苦、我的思索……我整个的人生，几乎全在这本书里流泻、书写、抒怀、描摹，时光荏苒，几十年如白驹过隙，再看这本书时，会有一种怀念之情，内心充满了无限感慨，这是我人生之中最重要的时光留下的一行深深浅浅的脚印，这是我的人生足迹。

这是一本文学之书，回头看看，我的创作从踏入文学门槛，到初涉文坛，再到成熟的创作，字里行间都是滴滴心血和日夜勤奋的步履。

这也是一本时代之书，仔细品读，我发现自己的灵魂浸泡在一路走过来的每一个时代里，时代的风起云涌、狂暴巨澜、炫丽阳光、迅猛发展无不在我的创作里，这本书像是录影机一样，镜头之处是一个个时代的记录，更有中国改革开放40年的缩影。

触摸这些文字，有感伤、有感叹、有感触，但愿读者能从这本书中，读出一些意味，读出一些收获，读出一些成长。

2018年8月8日于贵阳花溪孔学堂

叶辛

目录

文学记忆

文学思考

文学创作谈

文学采访录

文学记忆

时间不是空白的

水流湍急的猫跳河，在陡峭的崇山峻岭间急泻直淌；性情温顺的鸭池河，蜿蜒曲折顺坡流来。在两条河的相交处，形成一个特殊的三角地带。长江、珠江都有三角洲，猫跳河和鸭池河的相交处，也算得一个小小的“三角洲”，只不过这个小小的“三角洲”，既不像长江三角洲那样平坦宽广，也不像珠江三角洲那么富有热带风光。它有自己的特点，山峰奇秀，河谷幽深，娴雅、安静。自然，它和贵州山区许多深壑峡谷地区一样，偏僻闭塞，到了秋末之后，还有点儿荒凉。从贵阳发出的长途客车，两天才到这儿转一圈，只停留半小时到一个小时，带走不多的几个乘客。

尽管有些住在这儿的人们并不很爱这个地方，可我实在是很爱它。离开久了，还非常想念它。原因很简单，近几年来，我的中篇小说《峡谷烽烟》《风中的雏鸟》《情牵意连》，我的长篇小说《我们这一代年轻人》《风凛冽》《蹉跎岁月》，还有一些没发表的文字，都是在这儿写成的。

近一年来，无数的读者来信从各个地方转到这儿来，热心于文学的男女青年们，常在来信里问我：怎样才能成为一个作家？

这个问题我很难解答，因此好多来信我都不能答复，心中总像是欠着一笔账那么不踏实。感谢《飞天》给我提供了这么一次机会，能让我和热爱文学的青年同志坦率地谈谈心。在谈心之前，我还重新阅读了近几天来收到的几十封来信。所以，我想，谈心的题目叫作《时间不是空白的》，还是恰当的。

我出生在上海，黄浦江在那儿流入浩瀚的东海；苏州河污浊的流水在我的青少年时代留下很深的印象，它太脏了。上海没有山，在我十九岁以前，我根本不知道山是什么样子。

我出生在1949年10月，中华人民共和国诞生后的十六天，我是新中国的同龄人。像我同时代许许多多在上海长大的青少年一样，二十岁以前，我从未到外地去生活过。

中小学时期，我读了很多有趣的书。书本要我学做一个正直诚实的孩子，书本开阔了我的眼界，也陶冶了我的精神。书本中好多精彩的景物描写、格言警句，我都不厌其烦地抄录下来，同时写下我读这本书的感受、体会和我喜欢它哪些方面。自然，书本使得我向往丰富多彩的生活，向往有山有水的环境。到十九岁的时候，上海南京路上嘈杂喧闹的人流，真使我不耐烦了。

大概是因为这些缘故，当命运使得我们这一代人插队落户的时候，我选择了有山有水的贵州。上山下乡的生活，给我翻开了一页崭新的画面。壮丽的山川河谷，山乡的风土人情，和上海截然不同的生活环境，世代居住在偏僻村寨上的那些各种各样的人物和命运，像磁石般深深地吸引了我，萌发了我表现他们的激情。修建湘黔铁路的两年间，我生活在苗族聚居的清水江两岸、重安江畔，接触了许多少数民族，在和他们的摆谈、交往、共同生活中，了解到他们苦难的过去和今天的生活，熟悉了他们的风俗习惯，整天处在颇具特色的异域风光中，充满了新奇感。尤其是60年代末、70年代初贵州农村贫困的景象，山区农民古朴繁重的劳动方式，几角钱一个劳动日值，孩子们不能蔽体的衣服，年年春后需要靠救济回销粮打发日子的现实令我震惊和思索，更使我激发起学习创作的愿望。

在插队落户的集体户茅屋中，在铁路工地的芦席工棚里，我抽农闲、工余、清晨、夜里的时间，开始了学习创作的生活。白天的劳动是累人的，生活是艰苦的，学习创作更是困难重重。在农村将近七年（六年又九个月。从1969年早春到1975年12月底），我挑粪、耙田、铲敷田埂、钻进煤洞拖煤、在土砖窑上当小工、采茶叶、背灰，除了上铁路工地和后来教了一阵子书，只要是队里出工的日子，我都出工干活。社会上流传着一些关于某某大学生下乡时从不出工，只知温课，某某拉琴的只知练曲，从不干活的奇闻轶事，似乎也张冠李戴到了我的头上。谢天谢地，我不是那样的奇才，因为我很清楚，当时发表作品要经作者本单位同意，你表现不好，本单位只要写上一行字，作品就别想发（事实上，出版社和电影导演后来确实来征求过公社、大队、生产队的意见，开过座谈会）。劳动之余，我就练习写作。时间只要去挤，总是有的。赶场天，别人去赶场，我躲在屋里写；下雨天不出工，知青们聚在一起抽烟、喝酒、打牌、吹牛消磨时间，我找个安静处去写。晚上，我以床铺当桌子，坐在小凳上，点一盏自制的小油灯写。油灯摇曳的火焰，把我的帐子熏得漆黑，我也没工夫去顾及了。清晨，我也常搬条板凳，到茅屋的后屋檐下，拿一块搓衣板搁在膝盖上写。在贵州下过乡的同志都知道，村寨上农闲时，出工时间晚。每当这时候我就起大早，到村寨外山头上的古庙里去写。那儿只有破败的四壁和缺胳膊断腿的桌椅陪伴我，非常安静。当初上铁路，我们的生活是“天当铺盖地当床”，每人发一根棍子和一张芦席过夜；吃饭是“上顿瓜，下顿瓜”，足足吃了两个月的老南瓜汤。我没闲心去整吃的、找住的，每天上班前、下班后带着一个小本子，去记录苗乡的地理环境、房屋结构，去问当地的苗家，坡上长的是什么树、林子里叫的是什么鸟、河里出产什么鱼、婚丧嫁娶时他们为啥要按如此程式办，当地流传着啥民歌，“摇马郎”时男女唱些什么，新中国成立前这一带的山岭河谷是什么样的……问完了，我随便钻进其他连队、其他民兵团的工棚，往黑乎乎的人堆里一钻，倒头便睡。第二天一早，不待人家醒来，我又爬上山头，去看米色的稠雾如何从河谷里升起，去听雀儿如何开始啼鸣，去望苗家姑娘们如何挑着担上坡去……这一些景象，至今我还记得清清楚楚。可谁能想到，就在这么艰苦的环境条件下写出的长篇小说《春耕》退给了我；另外两本写铁路工地的书，也退给了我。在这三本书稿里，有我的心血，有我的追求啊！我失望得掉了泪，吃不下饭，睡不着觉，不过我还是默默地忍受下来了。我没对任何人说过受到的挫折，一来是我要面子，我有自尊心；二来我牢记着“失败是成功之母”这句人人皆知的俗话，即使在收到退稿的那一天，我也没有停止过练习写作。我相信我要从失败中迈出步子去。我自知文化水平低，我一个外地人学当地话味道总不对，我也明看到生活环境是苦的，创作条件几乎是没有的，我还是要干下去。

贵州历来有“天无三日晴”之说，气候总是阴沉沉的，把人的心情也弄得忧郁不乐的。伴随着退稿，从邮局看到大捆退稿的人，对我说起讽刺话来。有人还咒骂说，我要是能写出一本书，他的脑袋马上就可以落地；另有一些自命思想进步的人说，我这是走白专道路，是资产阶级名利思想，是极端个人主义，妄想成名成家，出人头地；还有一个集体户里，有我的几个好朋友，因为另外几个知青说了嘲笑我的话，争执起来，险些打架。事后我听说了这件事，对我的好朋友说，你别去跟他们打架，让他们说我好了，说得越多越好。这不是我今天来打“马后炮”，我当时确实是那么讲的。真要谢谢那些说风凉话的同志，当时他们要不说，我还没那么大的劲头继续学习写作哩。

除了人为的讽刺嘲笑，还有物质上的压力。我插队的寨子分值低，一年到头出工，扣除口粮款，没几块钱可进。有好多次，我没有买煤油的钱；有无数次，我没稿纸，不说农村没稿纸卖，商店里有信笺，我也买不起。天天练习写东西，一本信笺经不住我写几天。修建铁路时，我省下一点钱，经常拿来买煤油；感谢我那些在上海的老同学，他们一年到头要给我寄出无数的稿纸。

报刊上发了报道我的消息，青年朋友们容易注意到我已经发的东西，很自然地忽略了我的挫折。

其实，当受到这些精神的和物质的压力时，我的心情是抑郁的，情绪是低落的、烦躁的。但在那种时候，我仍坚信，挫折不能迫使我停笔，我非要写下去不可。电影文学剧本《火娃》初稿，就是在这种情况下，用三天时间写出来的。

就在这样的生活里，不断地感受生活，不断地往格子里填字，伴随着我一天一天走过来，我也一天一天地逐渐找到了表达的方式。

时间，不是空白的；空白的是稿纸。

看，这儿还是我插队落户时的土地，寨子仍然遮掩在绿荫丛中，微翘的屋脊在繁茂的枝叶间显出它的曲线，门前坝的青冈林子，仍是翠绿的一片。甚至寨前那条从水库引水来的沟渠，一点也没变样子。那座有一块石板晃动的小石桥，我的脚踩上去时，青岗石照样颠动了一下……

啊，几乎什么都没有变。

十二年后的今天，为了新写一本小说，我又来到当年插队落户时的地方，不由感慨万千地想着。

十二年过去了，难道当真什么变化也没有吗？

不，时间不是空白的。

当我走进寨子，遇见一个一个熟人，和他们在台阶上、大树下、小桌边坐下闲聊的时候，我才深切地感到，山寨上的变化有多么的大。

我插队的年月里，这儿干活兴拖大帮，你看我，我瞅你，出工不出力，谁也不卖劲儿。过了春节，大队干部去公社、去县里开会，就向上反映，要求拨救济粮、回销粮。

如今呢，寨子里搞起了联产计酬的责任制，早几年要一个多月才栽完的秧子，这会儿十来天就栽插完了。寨上不但没人喊“锅儿吊起”，家家户户到了新粮收进仓时，去年的陈粮还没吃完呢。

我插队的年月里，因为批“资本主义”，寨上有堰塘、山塘不喂鱼，坡上能栽果树、种花生，不敢种；烧个砖瓦窑、经营个小煤洞，都要大队、生产队派上一拨人经管，结果干活的人少，管事的人多。

如今，寨子里的堰塘、山塘养起了鱼，坡上栽了果树，沙土坡种了花生，还发展了烤烟、编篾、漆树。砖瓦窑、小煤洞也搞了联产计酬，只要肯劳动、肯下力的社员，家家都增加了现金收入。

举个例子说，我插队时，全寨五十多户人家、三百多口人，只有一户人家里有只走走停停的闹钟，现在寨上戴手表的小青年，买收音机、缝纫机的家庭，就有二十多户。

要写山寨的变化，得另外写一篇散文或是报告文学，我这儿不能由着兴致扯了。

看到这么多变化，我由衷地说：时间不是空白的，空白的是我的稿纸。

一走到生活中，纷繁复杂的生活现象，新形势下人与人之间的关系，种种复杂的矛盾和纠纷，全扑进了我的眼帘：有两兄弟，为争水抗旱，撕破脸皮吵了起来；过去一向冷落的农技站，现在门庭若市，应接不暇；曾经吹了的婚事，重新联了姻；计划生育意外地收到了良好效果……在办公室里，在斗室书房里，这些人和事物，哪怕有天外飞来的灵感，也是构思虚构不出来的。

啊，生活，一定要泡在生活中。

近些年来，由于前几年业余时间写了几本书稿，都在忙于伏案修改、出版，找一个冷静的角落住下来，总是关在屋里忙碌，总是为了书稿在城市里奔波，下生活的时间少了。在几本书稿定稿出版以后，我就明显地感觉到了文思的枯竭。

写什么呢？

脑子里一直在思索。翻翻新写的书、新出的杂志，我发现，不但是我，就是很多作者，都需要问问自己，写什么呢？怎么写呢？要比已写的东西深刻，又要有广度，无论是取材于新生活，还是取材于过去的生活，或是别的时期，都存在着这个问题。

我找了一个最简单的办法，到生活中去，到我原先熟悉的深山老沟里去，在那儿住下来，接触我周围普普通通的农民、工人和其他各种人物，看看他们怎样在新形势下生活，在想些什么，做些什么，遇到些什么难题和矛盾，是如何解决的，或者矛盾是怎么发展的……

初来乍到，会觉得啥变化也没有。还是那样春耕秋收，还是那么施肥下种，还是上班下班、出工入工。就像一首山歌里唱的："坡是主人，人是客……"

山峰耸立在那儿，只要不遇到地震，千百年也很难变个样子；而人呢，在山坡面前，就如匆匆的过客。

但我们要写的，不仅是不变面貌的山峰，更主要的就是写那些山峰面前的过客——人，他们在怎样变化着，怎样改变着大自然，也改变着自己。

一天两天，一月两月，我到了深山老沟，又快一年了。我小窗外那座有一片白岩的山峰，一点样儿也没变；甚至晴空里的云朵，和去年我来的那天，也没啥大的区别。只是，我的心灵又充实了，我又成了个素材的富翁，在我的笔记本上，记下了那么多生动的细节和生活中的原始材料；在我的脑子里，又产生了一些新的构思，那本在我来之前想写的书，已经有了那么多的素材可供选择、提炼、概括……

啊，生活！我愿投在你的怀抱里，观察你的点滴变化，体验你的变幻，摸着你脉搏的跳动，充实我自己的心灵。

从这个意义上说，即使山峰没变样子，即使景物外貌没甚变化，但是，时间不是空白的，随着它的推移，生活中又有着多么丰富多彩的东西啊！

可是，我并不盲目乐观。我清醒地认识到自己的年轻、幼稚，我也更清醒地知道，正因为时间不是空白的，所以在我生活的这个山沟沟外面，世界也在起着变化，祖国这艘船的各级各部门各个舱位，仍在前进着。

为此，尽管我这儿电视收不到，报纸只能看隔开几天的，但我仍然争取了解山沟外面的情况，掌握整个时代的动态。北京、上海的来信，政治、时事杂志，隔开几天的报纸，新闻广播，能帮助我了解外界情况的，我都绝不放过。

可以说，这也算是我的一条粗浅的经验。我的任何一本书，都不是只靠着自己体验过的直接生活写成的，都是受了某个问题的启示，受到某种生活现象的触动而逐渐产生构思，酝酿起来的。因为我的经历毕竟有限，我眼睛能看到的东西，脑子能接受的东西，对这个世界来说，实在是微乎其微的。我必须像一块干枯的海绵一样，拼命吸水，吸足了、吸饱了，才能往外挤出一点新的东西。

关于这，茅盾讲过："青年作者，专业的或业余的，如果在'生活根据地'只注意钻得深，而不注意国家形势的全面发展，不了解'生活根据地'以外的纷纭复杂的社会生活，那么，他在这一角生活中得来者未必能保证一定具有巨大的现实意义，从而他根据当前事态的观察和分析而写成的作品，也未必具有普遍性。"(《茅盾论创作》)

为了具有普遍性，又具有一定的现实意义，就需要了解生活基地以外的形势，就需要知道祖国的其他地方，同时在发生些什么事情。

这就是我酝酿、构思自己的作品的一个主要方法。

到生活中去，力争比较长时间地泡在你所感兴趣的生活之中，同时不忘你生活的这一角以外的生活，时常了解祖国的形势和发展。经常把两者进行比较、分析、鉴别，捕捉老是萌动在你心头、时常激动着你的东西，使它发展、成形，化为形象。

我们有那么多古今中外的书籍，我们有那么多的电影和戏剧，我们有代表现代化水平的彩色电视机和盒式录音机，作为一个读者，他随时可以放下手中的书，去欣赏优美的音乐，去看感人的电影，去阅读已有定评的名著。作为一个作者，尤其是像我这样的一个年轻作者，用什么东西，去吸引读者，赢得读者的心呢？

这是我几乎天天想到的一个问题，也是我天天用以提醒自己的话。我希望在这种提醒下，自己以后写的东西，会逐渐地有所进步。

哦，时间不是空白的，空白的是我面前的稿纸。但愿我抓住这不是空白的时间，在空白的稿纸上写下新的东西。

（1981 年 7 月 8 日贵州猫跳河畔）

顽童变成小书迷

我小时候，是个爱耍小聪明、爱逞强的调皮鬼。别人不敢往楠竹竿的顶上爬，我能爬上去，还往下做鬼脸；别人不敢从丈来高的围墙上往下跳，我敢跳下来，明明脚板心好痛，我还嘻嘻笑；下一节课的时候，我经常在偷偷地做上一节课老师布置的家庭作业，等到放了学，我把家庭作业做完了，于是就拉着没做作业的同学一起去玩。

童年时代，我跟好多在上海弄堂里长大的孩子一样，打弹子，飞香烟牌子，打康乐球，抽转轴儿，滚铁环……哪样不玩啊！光是这样玩玩也不够味儿，我经常想新花样，不是到绍兴路上那不花钱的小花园去玩“官兵捉强盗”，就是穿过襄阳南路或岳阳路，到肇嘉浜去摸螃蟹、捉小鱼。我小时候的肇嘉浜，不是现在绿荫成林、平整光洁的花园马路，而是一条臭水浜。有一次，妈妈刚给我换上了一身新衣服、一双新布鞋，我到肇嘉浜去捉小鱼，半个身子陷进了稀烂的泥污中，怎么挣扎也起不来，吓得我哇啦哇啦直哭。同去的小伙伴也吓得尖声怪叫。幸好有个过路的叔叔跑了过来，使劲把我从污泥坑中拔了出来。我一身新衣服糊满了泥巴不说，第一天刚上脚的新布鞋，陷在污泥中，再也无法拿回来了。我光着脚，穿着一身臭气熏鼻子的新衣服，直到黄昏也不敢回家里去……贪玩、爱耍、好逞强、好出鬼点子，这么发展下去的话，长大了会变成个什么样子……

一个偶然的机会，我看到了一本《儿童时代》，这本有字有画的书，很快吸引了我，里面的小故事、寓言、猜谜语、小游戏，还有念起来朗朗上口的小诗，比我那调皮捣蛋的生活有趣多了。比我们那条长长的弄堂，比弄堂外灰白色的柏油马路，也有趣多了。我读了一本又一本，还津津有味地学着做《儿童时代》上刊登的小游戏，挖空心思猜着那上面的谜语，从这本薄薄的书上，我知道了世界上有高山、大海、冰川。后来，老师每个星期的周会课，给我们讲《我的一家》的故事。每次她讲的时候，都拿着书，我以为她那本书里一定有许多的彩色画和插图，可仰着脸瞅了半天，我发现那书上光是一行行的字。老师每个星期讲一节课的速度，我忍受不了，就省下零用钱，也去买了一本《我的一家》，放学回到家，不管能不能把字认完全，连读带猜，把一本书全翻完了。嗬，原来书里面有这么多吸引人的东西呢！读了这一本书，我又开始寻找另外一本。

就这样，书籍给我打开了通向生活的门户。每读到一本好书，我总是又惊喜、又震动，读完了，还兴致勃勃地给小伙伴讲呢！书本以它壮丽绚烂的境界给我描绘了一幅又一幅图画，给我叙述了一个又一个扣人心弦的故事，它逐渐深深地吸引了我，我的空余时间，差不多都扑到书本上去了。爱上了书，弄堂里小伙伴们的喧哗声我听不见了，滚铁环、踢足球的声响也不会惹得我心痒了。

随着日子的过去，书越读越多，差不多已经脱离了顽童行列的我，开始变得好幻想起来了。

在儿童时代的这一时期，我做过多少幻想的梦啊。读了描写天空生活的书，我想着长大了当一个飞行员；读了描写大海生活的书，我立志要当一个体魄强壮的海员；读了描写战争的书，我又想着该当一名司令员……所有的梦都像肥皂泡那样一个一个破灭了，在读过高尔基的小说《童年》之后，我沉浸在他所描绘的生活中，第一次想到写书的人，第一次注意到写书的人是很了不起的。你看这个耸起额头的外国老头儿，他写了书，能感动我这个中国小孩子呢。当我仔细端详书的封面上这个外国老头儿的相貌时，我突然觉得，我在哪儿见过这个人。想了半天，总算给我想起来了，在少年宫的阅览室里，这个人的像画得老大，和鲁迅的像挂在一起。

从那以后，我开始想到，我长大了，也要当一个写书的人，也要去感动那些读我的书的小孩子。这个愿望，我没有说出来，把它埋在心底。

这又是一个“梦”。可这个梦老在做着。我知道，要叫这个“梦”变成现实，就得用功学习，认真读书，读大量的书。于是，我从感兴趣读书，变为自觉自愿地读书。而且每一本我都读得很细致、很认真，还悄悄记下读书的笔记。书已经成了我儿童时代最好的朋友。这么一来，岂止是我的小伙伴，连我家里的人、我的班主任老师，他们都说：“顽童变成了小书迷、书呆子！”

今天，我小时候的“梦”成了现实，我也变成了一个写书的人。这可不是孙悟空眨眨眼那么快就能变个老婆婆出来的。只有我最清楚，小时候读了那么多书，对我的帮助有多大。十年动乱期间，在农村插队落户的知识青年的生活条件很差，我周围没有一点儿学习空气……我觉得，不能让光阴这么白白地虚耗过去，得像我小时候所看的书中写的那样，抓紧时间学习写作，决不能半途而废，我还要叫小时候的“梦”变成现实呢。是书，给了我这么大的精神力量，努力摆脱环境的影响，不怕困难，不畏挫折，百折不挠地学习着创作，争取做一个写书的人。

我绝不是要小朋友们都去当书迷，长大当作家，仅仅只想说，多读书，读好书，对我们的成长是会有良好的潜移默化的影响的。愿小朋友们学做一个正直诚实的孩子，愿书本开阔你的眼界，陶冶你的精神，长大了做一个对祖国有贡献的人！

（1981 年）

书随我跋涉

由于自小爱书，几十年来也便没有弃书的习惯。小时候的书，全是省下零花钱，一本一本买来摆上书架的，好不容易积攒起一排一排书的队伍，怎肯轻易丢了。故而去插队落户时，在随身带往遥远的山乡的物品中，比其他的知青就多了两只大木箱，箱子里装的，全是我喜爱的书。在当时，这满满的两箱书中，大多数属于“封、资、修”的禁书，怕惹出意外来，在整理下乡行李时，我专门腾出半天时间，找来一个自小特别要好的同学，买回一大捆草绳，把两只大木箱结结实实、密密麻麻扎了个遍。到了我落户的寨子，帮着知青抬行李包裹的农民，都说我带的东西最多，箱子最重，家里必是最有钱。及至守着我解开行李，打开箱发现是满满两大箱书时，他们又纷纷传开了，说我是个“书虫子”，憨得够呛。

在漫长的插队落户生涯中，这些书真正成了我最好的精神食粮，它们不但解了我的渴，还解了不少和我一起去下乡的知青们的渴哩。待足了整整10年半的乡间岁月，总算要离开偏远的乡村时，什么东西都不要了，连睡觉的铺盖、吃饭必用的锅碗瓢盆，一齐都送了寨上的农民。唯独那些在乡居岁月里翻旧翻破的书，舍不得送人。瞅着油漆早已剥离的木箱子，装进书去，真正地重得难扛，最终还是硬着头皮请队上派了辆马车拖到火车站，随身带出了蛮荒的山乡。

进了省城，由于在贵阳逐年添置了无数书籍，也由于住房宽敞，四室一厅的居室里竟然有了两个书房。写小说在里面那个书房，读书和写一些散文、随笔之类的文字，就在外面那个书房。到调归上海时，明知上海的家里这么多书是无处存放的，就是塞床底下也塞不下，在花了整整一个月时间整理书籍之后，装了80个纸板箱的书，但仍有很多书倚着墙堆叠起来，要同我告别。不忍心将它们卖进废品回收站，于是就让同事和妻的同事到家来，拣喜欢的拿回家去。本意是希望这些书的寿命多少长一点，但对于我来说，这批书终归是“拜拜”了！因而现在想起来仍然心痛。

初回上海，80箱书无处存放，恰好一位好友“两处调一处”的房子其中有间暂时不用，于是不管三七二十一，把80个纸板箱的书全堆了过去，整整占了半间屋。存放期间虽说仅前后半年，但我也不敢怠慢，买来喷雾杀虫剂，每隔两三个星期，就跑去喷洒一阵，生怕蟑螂或是什么虫子，把书页咬坏或污染了。

搬了新居，最大的那间首先拿来安顿我的书。重新把在纸板箱内委屈了多日的书籍一本本安顿上书架，瞅着这些书按照我的心愿和工作需要排列好了，总算了却一桩心事。

哪晓得才一年多点，打开最大的那扇书橱门，竟然发现有几格书受潮发霉了，急得我又在家里大动干戈，拿出书来吹风晾干，四处打听老作家们如何保护他们多年的藏书。并且怎么也想不通，在

“天无三日晴”的贵州书没发霉，而在上海，却还要防止书受潮发霉。于是乎，除了要在书橱里放进干燥剂，以后每年又添出一桩事来，那就是让书吹吹风，晾个一天两天。

可能是受了我的影响吧，与书为伴的好习惯也传给了我的孩子。现在他也有了几百册书，书伴随着我跋涉了半辈子，孩子还小，才10岁出头，也愿书籍作为良师益友，能陪伴着我的孩子度过许多幸福的时光。

（1995年）

读《红岩》的日子

记得是我念小学五年级的时候，一本书红遍了中国。

邻居们在谈论这本书，老师、同学们在讲这本书，刊物、报纸上在选登这本书的章节和改写的故事，电台里在播讲评论这本书，还有连环画。这本书里写到的江姐、许云峰，甚而至于叛徒甫志高，都成了家喻户晓的人物。孩子们还改编了歌词在唱："叛徒甫志高……"

这就是《红岩》。

一部新出版的长篇小说，第一版印了五万册，一销而空，散发到全国，到处都是洛阳纸贵。暑假里，我去了南京浦口的长江大桥工地，哥哥借到一本《红岩》，喜不自胜地拿回家来，让我快看，说后面还有一长串人排着队。我只花了一天一夜的时间，就把小说读完了。

书拿走了，我沉浸在小说所描绘的故事中，钦佩江姐的英勇不屈、许云峰的成熟坦荡，感叹小萝卜头的不幸，想象着渣滓洞、白公馆究竟是个什么模样。重庆的歌乐山、江岸边的华蓥山、奉节县城，都让我记住了。我在心里说，有机会，我一定要去那些地方看看。

正如同红领巾是红旗的一角，是用烈士的鲜血所染成的一样，红岩，也是用烈士的鲜血所染成的。革命烈士们的高风亮节和崇高精神，始终在感染着我们。这不仅是我一个人的感受，这恐怕是我们整整一代中国青少年共同的感受。我们就是读着包括《红岩》在内的“三红一创”（《红岩》《红旗谱》《红日》《创业史》），长大的。这些书对我们来说，不仅仅是一部部长篇小说，而且还是教科书、启蒙书，是我们这一代人阅读的标记。人们从书里汲取的，更多的是革命者的精神营养，是他们的情怀、高尚品质和无私无畏的奉献。

几个月以后，书大量地印出来，摆上了所有新华书店的柜台，所有的图书馆里都能借到这本书，根据《红岩》改编的各种剧目，纷纷登上了舞台，其中最动人的故事和人物，还被拍摄成了电影《烈火中永生》。歌剧《江姐》中，“红岩上红梅开……”的歌声，唱遍了大江南北，唱遍了中国的城市和乡村，连老人和娃儿都会哼上几句。

读包括《红岩》在内的“三红一创”，参加“向雷锋同志学习”的活动……这一切成为我们这一代人走向生活的特殊的风景。那年头没什么歌星、球星，当然也更没什么歌星开几万元的高价来耍弄群众的事。我敢说如有一个唱歌的敢于这么做，众人吐出的唾沫恐怕都会把他（她）给淹死。当然，社会风气是出奇的好，助人为乐蔚然成风。哦，那是一段值得留恋的日子。

如果说一个人的命运，能折射出时代变迁的话，那么，一本书的命运，有时就更能反映出社会和时代的沧桑巨变了。

现在，由于《红岩魂》展览的轰动，《红岩》又成了青少年阅读的热点书籍。迷过球星、歌星的一代，静心地读一读这本书吧！全方位地从书本、从社会汲取养料，比起盲目虔诚地崇拜什么，是一种进步。

（1993 年）

我随身带个小本子

我随身带个小本子，薄的、厚的、方的、长方形的，或是揣在贴胸的兜里，或是放在外衣的袋里，总之，放在最易掏出来的地方。

我随身带个小本子，为的是备忘。一天里，忙东忙西，一会儿到这儿，一会儿到那里，常会认识些新的人，常会看到些新奇事物，时间久了，难免要忘却，把它们随手记在小本子上，便成了我的“积累”。

我随身带个小本子，更主要的是为了捕捉自己的思绪。思绪是无形的，意识一旦流动起来，那心理的广场宽阔无边，漫无边际。这当儿，常常会掠过些奇妙的想法，常常会冒出些闪光的灵感，作为我，简直无法预测，是在什么时候、什么地点闪现出来，有时会是在饭后散步中，有时会是坐在长途客车上，有时会是在会议室里，有时又会是在宴席谈笑当中……兜里有个本子，不管那念头在什么时候、什么场合冒出来，我都有备无患，随时随地可以记录下来。

我随身带个小本子，是自小养成的习惯了。小时候贪玩又好奇，啥都往上记，现在找出来看看，也会忍俊不禁笑一阵，就如同看到婴儿时期的光屁股相片一般；到了中学里，学会了一点儿思考，遇到生活有点儿变化，诸如去远郊游园啊，参加“三秋”劳动啊，我就记得格外勤。这不是没有用处的，当我的小说中需要写到中小学生的时候，我总是要习惯地翻翻这些本子，常会从中得到些好处。

我随身带个小本子，它帮助我学习语言，尤其是搜集群众语言。谚语、俗话、俏皮的歇后语、俚语，甚至农村里婆娘撒泼时吵架骂人的话，凡没听到过的，我都往上记。我是个上海人，初到贵州时，莫说讲贵州话，用有韵味的贵州话写作，就是讲也讲不好，我的小本子帮了我不少的忙。一个饱经忧患的老农讲的话，和一个天真烂漫的姑娘说的话，是不会一样的，即使他们面对或是经历的是同一件事。受此启发，一个工程师说的话，当然同一个技术员会有差别啦！从这个意义上来说，小本子还教会了我怎样更加细致入微地观察生活。

我随身带个小本子，随时随地记下一些东西，很多东西随着岁月的流逝，眼看没用了，但我仍舍不得丢掉这些本子，并且还是照着习惯记下去。有时记满了换一本，有时没记满但因为老掏摸搞脏了也换一本，有时换一个环境就换一本，这么一来，我积存下了很多很多这样的小本子。假日里打开橱门，把这些小本子拿到桌子上摊开，我会露出会心的微笑。

我随身带个小本子，它对我的创作，实在有过很大的帮助。

（1984 年）

最初叩响文学之门的那些日子

1973年冬天，已是我插队在乡间度过的第五个冬天了。是特定的地域气候造成了气温骤降，还是心情使然，我只觉得，这一年的冬天比往年更加寒冷难熬。

不是吗，眼看着下乡第五个年头过去了，一同从上海来的知青伙伴们，有的在又穷又破的小县城里混到了一个工作，有的干脆长期住回上海家里吃“老米饭”，也有的因家境困难、因命运不济，无可奈何地走着一条条自己不情愿走的路：转点到江浙一带农村当上门女婿，参加包工队出外打小工……隔邻生产队的一个女知青，勇敢地嫁给了一位当地老乡，满以为生活会安定幸福一些，却不料婚后的日子过得比单身时更为艰难。而在我落户的砂锅寨，人去屋空、茅屋倒塌，走得只剩下了我一个，守着一间泥墙剥落、屋漏门歪的废弃的保管房，孤寂苦闷地打发着清贫乏味的日子。招工，冻结；招生，要有后门。明年会是个什么样儿，不晓得；前途呢，前些年知青们狂热地奢谈的前途，更不堪想象。

那个时候，我正处于一生中最忧郁沉重的时期。蜗居在山旮旯的村寨上，除了天天到寨外山头古庙里去教耕读小学的农村娃娃读书写字，除了劳动和一日三餐，所有的空闲时间，我都拿着笔，往上海同学给我寄来的稿纸上乱涂乱写。既然没有钱买礼品孝敬掌权的干部，既然没有背景去开后门，那么就学着写点东西吧。文学是我从小热爱的，公开对人讲是把此作为一种精神的寄托，心底深处却仍渴望着将来能当一个作家。

在那种环境里，即便是有恒心学习写作，做起来也不易啊。写出的第一部稿子《春耕》，寄给上海的同学看，上海的同学觉得光是他们看看太可惜了，就将其转给了出版社。当时在出版社工作的编辑胡从经看过之后，曾给予过极大的鼓励和鞭策。稿子退给了我，仍不时来信希望我在乡间克服困难，以锲而不舍的精神在崎岖小路上奋力攀登。但是，写出的第二部反映铁路工地生活的长篇，还是退给了我。第三本写知青生活的小说稿，刚刚寄出，不知什么时候才能得到回音呢。按照以往两次的经验，总要耐心地等待三五个月吧。

唉，我是多么希望有人对我做些指点和帮助啊。

滴水成冰的腊月间来了。一般地来说，贵州山乡的冬天并不十分寒冷，但我插队的六等地区，是整个川黔铁路的制高点，一片屏风般的山峦高出于连绵无尽的群山之上。一到了冬天，就有股北国的寒冽景象，一坐下来就想烤火，日子显得更加难熬。

我所任教的耕读小学眼看就要放假了，山寨里的老乡在准备着过年，杀猪、宰鸡鸭、磨血豆腐。我呢，孤零零一个，不晓得怎样打发日子。放假以后，回不回上海呢？回去又能怎么样呢？看着家人、同学、朋友、邻居上班，自己还不是无所事事……

就在这样的日子里，我接到了上海出版社的一封来信，信不长，字迹很工整，大意是说我寄去的长篇小说稿有修改的基础，希望我在收信后去上海一趟，商量修改出版的事宜。

我计算了一下，稿子是12月22日寄出的，上海的来信是1月9日发出的，其间还过了一个元旦，实际审稿时间只用了十来天，真快！对我来说，这机会真是太好了，小学校刚考完试，有一个半月的假期。我当即去请准了假，几天后就回到了上海。

到沪第二天，我就急匆匆地赶到出版社。笑眯眯地接待我的是位四十多岁的老编辑，微胖，他说他姓谢，叫谢泉铭，老谢。从那个时候起，我就称他老谢，一直称到现在。他呢，叫我小叶。是不是看我太瘦了，第一天他几乎没有同我谈稿子，只是问了些关于我的情况及创作的经过，然后让我回家去好好休息，过一个节，两个星期之后再去。

我心里很焦急，我只请准了一个多月假，光是休息就去了两个星期，我还有多少时间改稿呀？不过出于对出版社和编辑的敬畏，我没敢说出口。那一年，我刚二十四岁。

两个星期以后，我又到了出版社坐满了编辑的办公室里。这回是认真地对我的小说谈意见了。尽管有一些思想准备，我还是没有料到意见竟是那么多、那么细致，甚至连一些细节、一些对话的语气，也都谈到了。越谈下去，我越觉得沮丧，这么多的缺陷，我还能在短短两个星期时间里改好吗？

抄一遍都来不及啊。

老谢好像看出了我的心思，安慰似地对我说：“不要怕时间不够，我们可以出版社名义，替你去函插队的公社请假。先请两个月。”

这一下我放心了，有两个半月的时间，稿子一定能改出来，改好。

事实证明我的思想准备仍然是不足的。

这一住下来，就整整地修改了两年半的时间。起先是在家里改，后来因家里干扰大，搬进了打浦桥科技出版社后院里的作者宿舍。

这是一幢“门”字形的老式楼房，在世的年头总比我们这些人的年龄还大了。宿舍供应热水，食堂就在后面花园里，很方便。

就是在这里，我和江西回来的知青小鲍一起，度过了两年难以忘怀的日子。

这正是十年动乱的最后两年，尘世间纷纷扰扰，马路上高音喇叭的喧叫和公共汽车、电车的刹车声，不时地越过高墙传进来。一无所有的我却在这里潜心阅读，修改稿子，更为重要的，是在老谢指点下，在阅读和改稿的实践中，摸索创作规律，学习着把我们感受过的生活落在稿面上，一步步找到了适合于自己的表达方式。也是在这样的日子里，我和老谢之间建立起了编辑和作者之间深长的友谊，真正走上了文学之路。

记得，刚在作者宿舍住下来，老谢就替我们几个插队知青中来的作者办了一张借书卡。凭这借书卡，可以从资料室借阅当时在社会上根本不见踪影的书籍。他常对我们说，一边修改作品，一边借阅一些名著，可以从中汲取养料；我说好多书过去读过，他说今天再读，体会是不一样的。我的心里很急，心思不在读书上，急于想针对提出来的意见做全面的修改。老谢却不让我们马上动笔，他让我和一起合作的小鲍先静心坐下来，共同提出一个修改的提纲。当提纲初见眉目之后，他几乎每天下午从绍兴路的办公室步行到打浦桥来，对我们的提纲提出种种问题，从总体构思、主题、章与章之间的衔接，一直谈到每章的写法，入笔的角度，各章如何用不同的方式收笔，乃至细节的改造和运用等等等等，迫使我们往深处去思考、去商量。那时候，我和小鲍都有些不习惯这种方式，与其说是没有耐性，不如说是实际情况逼的。记得小鲍即将分配到街道工厂去上班，而我呢，没有工资收入不说，虽然请了假，到上海改稿，但贵州农村由于粮食紧张，不在生产队劳动的人当然不可能给口粮，心里更是焦急万分的。

老谢了解到这种情况以后，一方面给我们办理误工补贴手续，一方面又把自己家里节省下来的粮票送给我。当时看过我们稿子的老编辑李济生，后来任少年儿童出版社社长的陈向明同志，听说了我的情况，都曾把自家省下的粮票送给我。误工补贴是依据我所在生产队的具体工值计算的，那两年我插队的那个贵州山寨，每个劳动日值是四角，一年到头算三百天，也只一百二十元钱。现在说起来，有点儿像写回忆对比文章似的了，但当初，我正是依靠这点误工补贴和出版社几位老编辑轮流凑给我的粮票，及家庭的支持，逐渐把心安下来，把全部心思用在改稿和写作上的。

由于提纲过得细，总体结构得比较合理稳固，到进入真正写作的时候，我们就开始尝到了甜头。尽管每一章的定稿都付出了辛勤的劳动，有时难免返工，却没有在结构上出现过大改动。老谢呢，对我们写出的每一章稿子，都进行细致详尽的审读，要是感到不行，他就及时给我们提出来、重新写；要是觉得还可以写得更好，他就让我们在原稿上进行修改润饰；要是他觉得大致满意，便直接拿起红笔，在稿纸上具体编改起来。编改完以后，他又让我们细细看一遍。有时，我们的稿面很干净，但有时候，稿面上红杠杠、红道道纵横交错，像一张作战地图。遇到这种情况，他就让我们坐下来，具体商谈为何写得不够理想的原因，同时讲一些对话、细节、景物、段落、部署的要领。我常常对小鲍说，对我们俩来讲，在作者宿舍的两年，就是出版社和编辑老师悉心培养我们的两年；我们虽然没有进入大学，但这两年比在大学文科读书收获还要大。现在讲起来似乎很简单，但是几十万字的一本书，逐字逐句的编改、润饰，劳动量真是相当大的。

从听取我们的提纲开始，到小说的全部定稿，两年多的时间里，只要没有会议和社会活动，老谢天天下午都到作者宿舍来，从午后的一两点钟，一直忙碌到晚上的九十点钟回家。我的家在市中心，坐 17 路电车走，老谢与小鲍家住得较近，他俩就结伴步行，走四十分钟回去。相处日子久了，我们对老谢逐渐熟悉了，那时候老谢的爱人在黑龙江，他的两个女儿都在读书，他的家庭没有拖累，却也没有时间过问女儿的学习。他是把所有的精力都放到了培养我们这些年轻的、很不成熟的作者身上了。老谢对我们呢，也开始熟悉起来。他不但晓得我和小鲍在创作上各自的短处和长处，而且还知道小鲍和我各自不同的性格和脾气。当时黑龙江知青张抗抗也在修改她的长篇《分界线》，由老谢当责任编辑，他便经常针对我们几位知青作者各自的弱点、缺点和优势，要我们取长补短，互相学习，不仅仅是在创作上，而且包括为人处世上。他常对小鲍和我讲，学习创作，眼光要放得远一些，你们都有各自的生活积累，不要盯在眼前这一本书上，以后你们还要好好地写呢！所以现在更要将基本功练得扎实一些，基础牢固一些，力争将来写大作品。当时的社会上，流传着很多小道消息，不时发生着一些奇怪的事件，从偏远山乡回到上海的我们，和所有的插队知青一样对此牢骚满腹，也常常互相打听和传播些小道新闻。在花园里散步，在晚饭后闲聊，我们不由得会讲起这些话题，有时不免表示出对祖国命运的忧愤，怪话也不少。我们不知道老谢对这些事是啥看法，但我们绝没因为他是长者，是出版社编辑，是我们的老师而对他有所隐瞒。老谢只是听我们讲，往往不说什么话，也不明确表态。到了1976年的春天，好像是4月份，《文汇报》上发了一篇所谓反击右倾翻案风的文章，老谢把报纸拿进我们的宿舍，指着那篇攻击老一辈无产阶级革命家的文章，手击着桌子，表示了极大的义愤。我们这才恍然大悟，原来老谢和我们这些年轻人的心是相通的。

在作者宿舍里，还有不少值得一提的趣事。

其一是打乒乓球。每天午、晚饭后，我们仨总要拿着乒乓球拍，到乒乓室去打半个小时的乒乓，冬夏春秋，风雨无阻，我和小鲍的球艺都不行，最初的时候，常常以2比21、3比21，或是4比21、5比21的悬殊比分败在老谢手下。可到了定稿的那几个月里，我们不但在创作上有了长进，乒乓球水平也有了大幅度提高，几乎可以同老谢对垒，有时还能击败他了。

其二是吃点心。老谢微胖，每顿饭仅吃二两，菜肴也要得不多。到了午后三四点钟，他总要跑到街上去买些点心进来，或是小笼包子，或是锅贴，或是煎饼等。拿进来让我们分而食之。定稿阶段，老陈（陈向明同志）也经常在下午来我们的小屋，她同样时常掏钱请我们吃点心。总而言之，在那间小小的房间里，我们工作得虽然很紧张、很辛苦，但作者和编辑之间的关系始终是和睦、融洽、亲密无间的。拿现在常讲的一句话来说，是很宽松的。

我要申明的是，由于我们的单纯和稚嫩，由于当时所处在那么一种"四人帮"禁锢文艺的形势之下，创作界本身存在的诸多禁区，我和小鲍合作的长篇小说《岩鹰》虽然出版了，却是并不成功的。但是，在那段时间里跟在老谢和出版社的其他编辑如陈向明、李济生、江曾培、范政浩及少儿社的姜英、周晓、余鹤仙、施雁冰等等老同志身旁，耳濡目染，我学习到了很多关于创作的知识，找到了适合于自己的表达方式，摆脱了我插队落户时仅凭热情盲目写作；学习到了知识分子的正直、勤奋、本分和实事求是的为人。

历史是不容割裂的，人的经历更是如此。

离开出版社的作者宿舍以后，我的作品较为顺利地一部接着一部出版了。跨进了文学之门，走上了文学之路，这是与我在那两年多时间里的学习和编辑老师的帮助分不开的。

一晃眼十年过去了。

所有这一切都变成了往事。我呢，也由一个小青年逐渐步入中年。现在，我自己也成了编辑，坐在办公室里，那些往事时常历历在目地浮现出来，激励着我在自己的编辑岗位上，学习当年这些老编辑的为人和作风，尽自己的可能对待省内外的年轻作者。

对我来说，十多年前的这些往事，是值得留恋和纪念的，也是永难忘怀的。

让我们永远尊重那些在默默无闻的编辑岗位上踏踏实实工作的同志，尤其是老同志们。

（1986 年 10 月 20 日）

遥远的猫跳河谷

那是 1979 年，初秋时节的 8 月，有雨，是那种山乡里的霏霏细雨。猫跳河谷里已经凉爽下来。我接到一封信，小信封，右下角印着《收获》两个手写体的红字。拆开信，信也是用印有“收获”两字的便笺书写的。字迹是陌生的。两三年以后，我才知道这是《收获》的郘锡康写的信。信极简捷，只是以例行的语言通知我：尊作《我们这一代年轻人》已阅，决定刊发于今年的第五六期《收获》。望以后多加联系。不需一分钟，我就把信读完了。但这封信带给我的喜悦、带给我的激励却是重大的。记得是 1978 年的夏天，我在这偏远得近乎蛮荒的猫跳河畔写完了《我们这一代年轻人》。深秋时节，回上海筹办婚事时，我听说《收获》杂志即将复刊，就把小说送了去。《收获》杂志的肖岱对我说：像你这样听说我们要复刊，送稿来的老、中、青作者很多，你拿来的又是长篇，我们人手不多，我们只能按送来的先后顺序处理，你恐怕得耐心一点儿等。我表示有这耐心。1979 年元月，在上海办完婚事，我便又回到了山高谷深的猫跳河峡谷，这是个小小的水电站，是我妻子工作的地方。而我那时，仍还是一个知识青年。春天，妻怀孕了。她白天下厂房去上班，我呢，每天坐在石头房子的小屋里，守着一张油漆剥落的三抽桌，书写着新的小说。从 4 月 1 日到 7 月 24 日，我已写完了一部二十万字的长篇《风凛冽》。一来怕山乡的邮路上有闪失，二来我总还惦记着搁在《收获》的那部小说。虽然我说过我有耐心，可时不时总要想：他们读了我的小说，会不会用呢？这期间我休息了一个星期，陪着妻去赶场，每天买回比往常多一点儿菜改善伙食，和电站上的老少职工下棋、闲聊、打扑克、逮鱼，和妻散步去到附近的村寨，过安澜桥，观溪水飞瀑，采摘野花野果。或者干脆坐在河岸边的石头上，仰脸瞅着两岸的悬崖峭壁，倾听猫跳河谷的流水声拐着弯远去、远去。

从 8 月 1 日起，我又开始书写一部长篇小说《蹉跎岁月》。白天妻上班，我埋头写，夜间妻入睡了我拿张报纸罩住灯光也写。每天一节，写得辛劳，却也顺畅。夜半三更，妻翻身醒来，眯缝着眼睛对伏案苦思冥想的我说："一本交出去了，还没回音。你新写出一本压在箱底。这会儿，第三本又开始了，你总得等等看人家怎么说啊！"

不怪妻这么说。在我的内心深处，我也总在忐忑不安地期待着关于《我们这一代年轻人》的消息。

《收获》的信，就是在这当儿来的。这封信鼓舞着我创作的激情。9 月底，《蹉跎岁月》写完了。遂而，我又把它交给了《收获》。

第二年，1980 年，《收获》上刊登了《蹉跎岁月》。出版社看到了我在刊物上连续发表的三部长篇小说，决定以三部曲的形式及时地出版。

读者诸君一定看出了我还没写下的那句潜台词：我感激《收获》！

（1995 年）

让文学和生活一同前进

1969 年的 3 月 31 日，火车把我送出上海，送到遥远的、对我来说一无所知的贵州山乡去插队落户。

1979 年的 10 月 31 日，省里把我调到作协分会，我平生以来领上了第一份工资，二十八元整。那年，我三十岁了。

整整十年半的时间。是漫长的，漫长得令人难熬；是短暂的，短暂得仿佛一眨眼就过去了。

是啊，对历史的长河来说，十年半时间，算得了什么呢？可对我们的祖国、我们的民族来说，已经逝去了的十多年时间，经历了多少起伏、跌宕和变迁啊！拿我来说，我的青春，我的思索和追求，甚至于我的爱情，都是在这段岁月里开始的。我的人生之路，就是在偏僻山乡的羊肠小道上，一步一步走出来的。我对祖国农村这一片广袤大地的深切感受和理解，对栖息在这块土地上的农民的感情，就是在这段岁月里形成的。

我们整整一代新中国诞生时期出生的青年人，何尝又不是这样走过来的呢。

关于这段岁月，1978年后复苏了的中国文学，用了大量的篇幅，千千万万的文字描绘了它。

我根据自己的感受和理解，也写下了三本长篇小说：《我们这一代年轻人》《风凛冽》《蹉跎岁月》。

记得1978的夏天，我在贵州猫跳河畔的一个深山沟里，写作《我们这一代年轻人》的时候，曾怀着一腔热情想过，我要把十年间的体验，写成一个四部曲。当《年轻人》完稿的时候，有人很诚恳地劝我：长篇小说读起来费劲儿，耗时间，三部曲、四曲部就更费劲儿，更耗时间了。不如把感受到的生活，分别写出来。这样于作者，更主动些；于读者，也更灵活些。

我觉得这是金口玉言，非常信服地接受了意见。

继《年轻人》之后，1979年，我又写下了《风凛冽》和《蹉跎岁月》。

在《蹉跎岁月》快写完的时候，我听说了一件事儿，有个上海女知青，长得端正俏丽，很动人，她当过知青代表，说过一些在当年听来是司空见惯的话：扎根农村一辈子干革命啊，虚心接受再教育啊，改造世界观啊……就是这样一个人，后来嫁给了一个四十多岁的老光棍，生下了两个孩子，过着贫寒的生活，而她嫁给老光棍的过程，听来几乎是荒谬的……

这个女知青的命运吸引着我，一边在听人讲，一边我已经决定，下一部长篇小说，我就来写“她”。

1980年，我参加了中国作协第五期文学讲习所的学习。这段时期的学习，中断了我的写作计划。但这个时期的学习，使得我能隔开一点距离，冷静地来认识已经想写的这个题材。显然，这对我是有益的。整整一年时间，只要稍有空暇，我就在思索这个题材，想着即将写的那些人和事，冲动时，我就在本子上写下一两页。

学习结束了，秋天，我回到猫跳河畔的深山沟里。幽静奇秀的自然环境，坡陡水险的河谷，悬崖上时而传来的猿啼。一切都是我熟悉而倍觉亲切的。我开始写作关于知识青年的第四部书，我想把自己的经历画一个句号，而后去开拓另外的领域。

事与愿违。我只写下了一部分草稿，大约十三万字，就把笔扔下了。不是写不下去，是周围山寨上变化了的生活像块巨大的磁石一样，吸引着我去观察和感受。

1979 年 10 月份，我离开山乡回上海改稿子时，在山乡的那条小小的赶场街上，苞谷卖三角钱一斤。这个价格，是我 1969 年来插队时就惊疑不解地听到过的。十年来，苞谷价始终在三角上下浮动，青黄不接的五黄六月，还会升到三角五，甚至于四角。

而 1980 的 10 月份，我离开一年后回到山乡，也在那条小小的赶场街上，苞谷只卖一角六七一斤了。十年来几乎不曾变动的苞谷价，是怎样陡然跌落下来的呢？这里面有什么秘密呢？生活逼着我去观察和思考，我惊讶地发现，赶场街上不但苞谷降了价，竟然还有农民拿肉出来卖，油、豆类、粮食，好些东西的价格也都降下来了。

不用费心去打听，我就明白了，在我熟悉了的山寨上，生活正在起着喜人的变化。我听到了多少久居乡间没听说过的新鲜事儿啊……

我决定搁下笔，耐心地看一看。当时我这么想，既然生活本身正在起变化，那么，我笔下的人物自然也该有所变化，“她”怎么变呢？我得泡在生活里，仔细看一看。

这一搁笔，足足搁了将近两年。两年来我看到联产连心的农业生产责任制怎样一步步完善起来，怎样改变了山寨上的生活和人与人之间的关系。两年来，我根据对新生活的观察和体验，兴味浓郁地写了中篇小说《同样是收获季节》、长篇小说《墓石》。两年来，我又趁着改稿、探亲、开会的机会，走了北京、上海和内地几十个大、中、小城市，留心观察了那些回城市的同龄人的命运。

我觉得，自己找到了新的角度来表现我想写的长篇小说。我不能像以往写的三部书那样来写，我得站在今天的认识上来。

1982 年的夏天，新的创作冲动促使我翻出了两年前写的那些草稿，我完全可以把这十三万字推倒重来！于是，我跑到花溪，在巴金和萧珊当年结婚的那幢房子里，写完了这部长篇小说《在醒来的土地上》。

至于这本书里写了些什么，表达了些什么，我不赘述了。只打算就这部书的写法，说几句自己的想法。这本书在《十月》长篇小说专刊发表以后，有读者来信提出，我的这本长篇，和其他长篇的写法不一样，回叙占了一本书的绝大部分。也有些同行对我说，这部书的结构，明显的是用一种新结构法写的，即反映现在的时间极短，从严欣踏进沙坪寨到他与郑璇一起到树林子里散步，前后一共六七天时间，一个星期。而回溯的时间却非常长，差不多写了插队落户的十年。如果算上严欣和郑璇童年、青少年生活的回忆，那就更长了。还有人指出，这种结构法，目前在国外是很流行的。感谢这些人给我说了不少好话。其实，之所以这样结构，主要是因为我对这个题材有过前面所说的一段再认识的过程。近几年来，承蒙读者的关心，我收到过一千几百封来信，热情的青年朋友们，以巨大的关心时时注视着我的插队落户的同龄人们，还有那些他们自称几乎从不读文学作品的老教授、老同志们，我对你们的来信是十分感激的，我对你们给予我的鼓励和鞭策是牢记在心的，我愿意把这本新作奉献给你们，我更愿意听到你们的宝贵意见和批评。

让文学和生活一同前进。

（1984 年 3 月 14 日于贵州黔灵山下）

那是忘却不得的

《爱的变奏》校样寄来了，我正摊在桌上校阅，一位相熟的朋友翻看了一下，陡然问：这又是一本关于知青的书？

是的，这又是一本关于知识青年的书。怎么啦？

朋友坦率地说：都过去多少年了，你就不能写写别的吗？

我当然还要写点别的。只是，这一本，我写的还是知青……

朋友的责备，使我觉得，我该写一篇后记，讲几句心里话。让亲爱的读者，对作者也好多少有所了解。

1985 年夏天，有两个山乡里的中年妇女找到省城贵阳来，她们简朴得几乎寒碜的衣着，她们拘谨的神态，她们的言谈举止，几乎完全是一副世代居住在山寨上的农妇模样了。不是她们开口讲上海话，很难相信她们曾经是上海知青。她们到省城来是为求一个工作，是来诉苦的。知识青年起初由城市到达乡村时，从来都是听农民忆苦思甜，虔诚地接受那份再教育的。曾几何时，她们自己却向人们诉起苦来。日子过得太艰难了，是生活，逼着她们走到今天这一步来的呀：她们全是当年嫁给村寨农民的知识青年，其中有一个还是优秀知青，她当年开创一代新风同山乡农民的结合连同接受再教育的事迹，曾经在“下乡上山”刊物上登载过。我清楚地记得，这本刊物传到我们集体户时，大家对她的事迹还足足议论了半天。现在这两个当年与山乡农民相结合的典型，一个死了丈夫，拖着三个娃崽；一个丈夫虽尚健在，但拖拉着两个娃娃，身处穷乡僻壤，日子也难以为继。她们来到省城，只是希图通过一定的渠道，为她俩呼吁一下，求得一个工作。

由于领导同志的关注和干预，这两位上海女知青在几个月以后，终于在偏远的小县城的一家工厂里落实了工作，算是得到了归宿。那么，其他知识青年呢，有没有沦落在生活的底层而无人问津的呢？

我回上海去探亲，有人指着弄堂里某个女子的背影告诉我，她也曾是知青，下嫁了农民，挣扎着回到上海老家，栖居在住房紧张的娘家，在里弄生产组找到一份出体力的工作，而她的丈夫和孩子，户口进不了上海。她在上海呢，生活不检点……

我随意翻阅一本发行几百万册的青年刊物，那里记载着几位当年自寻门路插队在宁波乡下的女知青的命运，她们几乎都为环境所迫嫁给了宁波当地讨不起老婆的种田农民，她们几乎同时得到当地的照顾在插队十几年后被召进了乡镇小厂，但她们的生活和家庭都不如当地的农户，她们经常挨老公的拳头，她们的丈夫几乎是一致认为“……知青老婆看得多、想得多，心活络，靠不住，农活干不过当地人，做工还得分居两地，真是谁娶谁倒霉！”夫妻之间没啥话好说，远远不如当地农民小两口的结合。由此男人们挥完了拳头只能闷闷喝酒，再有就是赌钱！当年的女知青自知翅膀太沉，飞不起来，也不想再飞了，唯一的办法就是忍耐。多少年了呀，生活只让她们懂得忍耐。其中有个女的，忍不下去了曾闹过离婚，可上上下下都说她没良心，说她忘了“要口饭吃”的时候，是她男人收留了她！骂她有野男人，骂她……社里、县里自然是出面做“安心”工作，而最使人受不了的，是上海父母听说女儿要闹离婚，赶紧把原先在上海借读的小孩退送回乡下，声称绝不收留离开男人“败坏门风”的“临时户口”，她们这种人，怎能随便离婚呢？

原谅我几乎摘录了青年刊物上的一段，不是我对这类生活的“支流”感兴趣，我举出的这几个生活中的实例，难道不给我们透露了这么一个信息吗，即使在今天，当年随着轰轰烈烈的潮流跑到乡下去的一些知青，仍在城市和乡村的夹缝里生活得不那么如意。城乡差别依然存在，把这一点写出来，大概对我们的改革和开放不是无益的。我们今天正在进行的改革，不正是要为消除城乡间的差别而积极努力吗？

我本人曾经在乡下待了一段长长的日子，这并不是我连续写作五本关于知识青年的长篇小说的唯一原因。特别是提笔写这一本的时候，更多的是理智在提醒我：不要忘却，忘却那些已经过去了的灾难性的日子给一代青年造成的悲剧，那是忘却不得的！

（1987 年 9 月 20 日）

笔记本和学习创作

严敏随着火车汽笛的鸣叫，揉了揉眼睛，向小车站上望去。

远远的，慕容支和程旭并肩站在一起，还向她招着手。车轮咔嚓咔嚓越驶越快，渐渐地，只看到他俩的身影变成两个小黑点。终于，啥也看不见了。

火车拐弯了，一抹浓重的灰云遮住了远方的苍穹，迷蒙的群山掩映在地平线上。

这是我的长篇小说《我们这一代年轻人》的结尾。小说发表之后，收到过很多来信，问及这本书里的两位主人翁，后来的命运怎么样了，他们是交了好运还是厄运？记得我还给一位哈尔滨的高中生回过一封信，请他把小说的结尾再读一遍。也有不少同志问我，这个结尾是怎么写出来的。为什么把它处理成这样？

我说不上来，要讲实话，我就只有说，这个结尾是从我的笔记本上搬到小说中去的。我只觉得，小说写到这儿，需要这么一种情绪，而这种情绪，又是我多次体验过的，于是我打开笔记本，改写了两段文字，最后那一句："火车拐弯了……"是我原封原样抄录下来，一个字也没改动。我还能清晰地记得，记下这段笔记时的情形：那是1975年的9月30日，我从上海回贵州插队的山乡去。不能在上海过国庆节，心情非常抑郁。因为是"十一"前夕，我坐的火车车厢里旅客非常少，我身旁的座位全都空着。火车在浙江和江西交界处疾驰，正值9月30日的黄昏，我凭窗远眺，看到的就是前面写下的那段景致：火车在拐弯，迷蒙的远山被浓重的灰云和暮色遮去了大半面貌，耳朵里只听到咔嚓咔嚓的火车声。联想到我远离上海，不能在家欢度节日的心境，我打开随身携带的笔记本，写下了那段文字。我绝没想到，三年之后，这段文字会被我搬进小说，而且取得了较好的效果。

在我的长篇小说《蹉跎岁月》里，我曾写到缺牙巴大婶撒泼骂街的一段文字：

"臭婊子，破屁股！你还得脸的很哩，见天就往上海人屋头钻。也不看看自家是啥穷山旮旯里的龟儿，倒也梦想去住上海的高楼大厦呢！你垫高了枕头想想，生有那副相没得，好好拿镜子照一照吧！……说齐天道齐地，你这个小骚货……你这个黑心烂肠的妖精，你……"

有读者来信说，怎么这些骂人话和他们山乡的那么相像。还有一个中文系的学生来信问我，这一类骂人话是不是我在写作过程中，凭生活体验想象的？我只得照实回答说，要我想象是想象不出来的。在我插队落户的日子里，山寨上农民与农民之间吵架，农民与知青之间发生了纠纷，或是泼辣婆娘堵住了人家的门肆意谩骂，我都跑到旁边去静静地细听着。回到知青集体户之后，我就把这些听来的话记在本子上。不是我有先见之明，预见到将来这些骂人话能写进小说，而是我已经养成了习惯，生活中一些新鲜的事物，一些我的简单经历中还未接触或涉猎到的东西，一些令人动情的景物，一些俏皮、诙谐的对话，一些极有概括性的格言、警句、俗谚，乃至前头我讲到的一些骂人话，只要我感到多少有点意思的，我都随手写进我的笔记本里。记得，还在很小的时候，我就听说，一个学习创作的人，应该对任何事物都要有浓厚的兴趣，要有广泛的爱好，要设法去了解一切你所接触到的人和事物，要勤于做笔录。“好记性不如烂笔头”。我很相信这一点，我从青少年时期就养成记笔记的习惯。至今我到了哪儿，都随身携带一个小小的本子，把自己认为有趣的一点一滴东西，三言两语记下来。

从前面举的两个例子可以看出来，笔记本对我的创作，是有很大的帮助的。这种帮助，有的是直接的，像上面举例说到的；但是更多的时候，笔记本对我的帮助，是间接的，有时几乎是看不到成效的。但是记笔记却使我锻炼观察能力，提高了写作技巧。

我下乡的头一两年中，除了随时做些笔记，还做两件事儿。一件事，是天天记气象日记。刚开始记的时候，我兴味甚浓，山区的景物，气候的变化，缭绕的蒙纱雾，蒙蒙的细雨，每记一天，就仿佛在写一篇短小的散文。久而久之，我就兴致索然了。尤其是在山乡，环境总是那么个环境，山总是周围那几座山，晴天的日子里，山野的样子千篇一律，那些天无三日晴的绵绵雨季，气象上就更是千篇一律了。有几天，我只得皱着眉头记下：和昨天一样。好几次，我差不多对记气象日记丧失了信心，想搁笔不记了。但自小养成的动笔头的习惯使我坚持下来了。要往下记，就得记些和已经记过的内容迥然不同的东西。记什么呢？天晴雨落，冬去春来，大自然的规律是周而复始，有一定规律的呀！这就逼着我动脑筋，逼得我锻炼自己的观察能力了。有了执着的精神，思路也随之开阔了。天天望着仿佛一成不变的山岭、田坝、树林、河流，能记下些新东西吗？能的！春天的雨季，河流的水涨得高一些，秋天的雨季，树林里长出各种各样的蕈子和蘑菇。晴天的早晨，水田里的秧苗和山坡上的苞谷，同阴天的早晨是不一样的。翻犁过的田土，在阳光下可以明显地看出，和未翻犁的田土是绝不相同的，无论是颜色、是田埂、是田土里的害虫和杂草数量，都是不一样的。同样是阳光明媚的日子，春天和秋天大不一样，早春和晚春也大不一样。同样是初冬，今年和去年不一样，去年和前年也不同……就这样，我坚持记着气象日记，一年、两年、三年，夜里时间多，我就多记些；时间不多，上了床我简单地写两句。总之，决不间断。时间一长，效果就显著了。首先，我觉得，长时间地记气象笔记，锻炼了我的观察能力；其次，天天记笔记，丰富了我的词汇，特别是连着五六天出太阳，连着五六天阴天，或是接连十几天的雨季，迫使我每天用新的词汇去描绘同样的景物：庄稼、山寨、小路。感到词汇贫乏，写不出了，我只好变换角度，或是在看小说的时候格外留心，瞧人家是怎样写晴天、写雨、写山、写云彩的；最后，不知不觉中提高了我的写作技巧。回过头去看，虽然在我后来的创作中，没有直接从气象日记中照录多少段落到作品中去，但是，无论我写到山乡的哪个季节，写到知青插队生活中的什么气候，我根本不需为难，顺手就能写出来，且基本上可以说是准确的。这不能不说是记气象日记磨出来的。

另一件事儿，是我插队落户的第二年开始干的。我备下一厚本工作手册，把我所在那个山寨上的五十六户人家的户主姓名，逐一地写在一页一页纸上。然后像户口簿似的，在户主姓名的后面，写上他家庭人口的姓名。户主的爱人、孩子、老人，一个也不落下。然后我用寥寥数笔，写一写这些人形象上的特征，某人说话有口头禅，某人一讲话总喜欢耸起肩膀，某人一年四季戴着顶蒙满尘垢的帽子，某个孩子的大眼睛黑亮得出奇……应该说，这还是比较简单的，只花几个赶场天的时间，我就把这些寨上的大人小娃崽的姓名，他们一些明显的特征，都记在本本上了。因为我毕竟和他们共同生活一年多了。而以后的事，就显得琐碎了。随着我插队落户岁月的增长，我和农民们愈来愈熟悉了。冬腊月间"摆龙门阵"，工闲歇气时闲扯，赶场路上交谈，会前会后说笑，出工收工路上聊天。和农民的接触当中，我开始熟悉他们的性格，了解他们的脾气，还晓得他们的嗜好。甚至，人们常常会不经意地告诉我，这人新中国成立前当长工，专门滚草帘子睡觉，连间泥墙茅屋也没有；这人在解放初期，干过几十天土匪；那个人的老伴儿，是续娶的，所以他家几个子女长相有点差别……总而言之，每听到一点儿新的介绍，我回到屋里就记在那人的名下。知道一点儿记一点，决不漏过。看上去，这同提起笔来在稿纸上创作是极不相同的，似乎也无直接的帮助。但当我插队落户六七年之后，这笔记本竟成了我的宝贵财富，我对寨上人的了解，比起一般的农民来，还要多些。我能讲出那家人的家史，讲出他家大女儿出嫁在哪个地方，讲出这些人多少年来是怎么一步一步走过来，演变成今天这样一种性格的人的。

当我学习写作，屡遭失败而苦闷异常的时候，我想到了搞人物分析。而一旦搞人物分析，我就很自然地想起了我这个本子。1978年，我决意要写一写我们这一代年轻人的思想历程，决意要写一写我的插队落户生活，写写我们这代人的命运和遭际的时候，我开始写一个一个知识青年的人物分析。哎呀，竟有那么多可写了。没几个月时间，我写下了几十个知识青年的人物分析，他们出生在什么家庭里，有些什么经历，他的父母的遭遇对他有些什么影响，他的性格特征表现在哪些地方，他待人接物怎么样，为人呢，有些什么憧憬、理想，是怎么和周围同志相处的，他后来怎么样了，今天又怎么样了……光是写一本书，是写不完这些人物的。于是我写了《我们这一代年轻人》《风凛冽》《蹉跎岁月》《追回的青春》……好像还没写光呢！为什么我一写知青们的人物分析，能写得这么顺畅呢，这同我插队落户时对山寨上的每家每户农民做笔记是有紧密联系的。没有那些年里的随时笔录，没有对熟悉人、了解人做过一番琐碎而长期的劳动，我是写不好那些我很熟悉的知识青年的人物分析的。而写作人物分析，对我后来写成前面提到的那些书，起了非常大的作用。去年我在《文艺报》写的一篇文章里提到写人物分析，不少热心的文学青年来信问，究竟该怎么写人物分析。简单回答也是可以的，但是真要做好，却非要付出较长期的、有时看去甚至是没啥意义的默默劳动。

有的人把文学比作一条光辉灿烂的康庄大道，说踏上这条大道无比幸福和自豪；有的人把文学比作一条曲曲弯弯的路，说非经坎坷挫折才能从那条路上走出来；也有人把文学比作一条狭窄的小道，说在这样一条小道上行走的人毕竟是少数……这些同志都说得对，有一万个作家，就有一万条走上文学之路。我在以上谈到的，笔记本曾对我的创作起过帮助和启示作用，仅是我个人的一点体会。这是针对我当年只是初中毕业，阅历不深，涉世很浅，社会经验很少而言的，绝不是学习创作必须要去钻的基本功。但是备一个笔记本，对每一个初学创作的文学青年来说，只会有好处，不会有什么坏处的。

以上所见，写出来以求斧正。

（1983 年 2 月贵州黔灵山下）

花江坡看山

那一天，车过黄果树，观赏过大瀑布的雄姿，时间还早，同行者中有人提议，去花江街吃午饭，顺便尝尝名声响遍西南的花江狗肉，管保吃得你放不下筷子。于是，吉普车轰鸣着开始爬坡。用“轰鸣”两字，不是因为车子破旧，而是车轮子一路上都在费劲地缓慢地滚动着往上爬。早有人说，贵州省除了地势险恶的七十二道拐，就数花江坡难上。今日车到山前，果然尝到了这滋味。只见盘旋而上的山间公路，一面挨着陡峭的山岩，另一面就傍着悬崖绝壁，路侧全用一排排粗实的隔离墩阻挡着，防止车轮子打滑出事故。

上得坡来，足足用了四五十分钟。水箱烫得要换水，我们几位坐车赶路的人，也被废气憋得急切地跳出车子，想呼吸几口新鲜空气。

万没料到的是，只见眼前千座山、万座山朝着我们扑面涌来。乳白色的雾岚浪一般波动着，指天戳云、千姿百态的山峰轻盈地在漂浮。那浑圆的山头，那坦荡的大山的胸怀，那雄峙巍然的山体，那奇秀高耸的山峰，那连绵无尽的山峦，那屏风般的山脊……哦，在文章中我引用过“一览众山小”的诗句，在作品中我写过“气象万千”这一成语，可我只觉得，在如此壮丽的群山面前，在大自然如此神奇的鬼斧天功面前，一切的形容词和描绘都黯然失色了。

我久久地站在那里，任伙伴们几次催促，也不想上车。我想起了一句话：“文似看山不喜平。”

在不少文章中，这句话常被引用来针对情节的安排。其实，无论是作品的语言、作品的结构、作品中的人物乃至细节……都该是“文似看山不喜平”吧。

哦，花江坡看山，让我领悟到，伟大的作品就该像眼前如海的苍山般泼洒挥写。

（1986 年）

坐在农家门槛上的沉思

这是我几部和乡村有关的长篇小说中的一部。虽说在发表和出版以后，评论界的反应不是那么热烈，但我还是喜欢它。

记得此稿刚在《十月》长篇小说专号第22期也就是最末一期告别读者号上刊出不久，北京人民广播电台就及时在长篇小说连播节目中播出了。我不是北京人，但从电台事后转告的信息中，我知道听众的反应还是颇为热烈的，故而单行本也很快地推出了。只不过电台播出的时候，用的是《峡谷》这么一个名字。《私生子》这个书名我也不喜欢，我原先起的书名是《沉疴》，但是要发表这部作品的长篇专号的编辑和想出版这本书的中国文联出版公司都要我改名，并且不约而同地建议我用《私生子》这个书名。他们的理由也很可以理解，无非是希望我这个久居山乡的作者能考虑到书的发行。于是《私生子》这个书名就此堂而皇之地标在了作品的前面。说老实话，这次把书编进文集，不是不可以把书名改回来，但我慎重地思考以后，还是决定沿用发表和出版时的原名，这绝非出于商业上的考虑，而是我想保持前后的统一性，将来有一天，人们也许能从作家改变书名的角度，窥视到一些图书市场的变迁。

我特地说明这部作品最初刊登在告别读者的《十月》长篇小说专号上，是想如实地告诉读者，从那时候起长篇小说的不景气已经有相当的一段日子了，以至于家业不小的北京出版社的很受读者欢迎的《十月》长篇小说专号都要停刊了。

停刊时专号编辑部曾在《人民日报》发表过一篇类似告别读者的演讲那样的短文，其文字所包含的滋味，让人读了也是百感交集的。

看起来商品经济大潮的冲击波确乎是很大的。社会上充斥着KTV包房、卡拉OK舞厅、灯红酒绿的场面，荧屏上见到的尽是豪华的宾馆、红男绿女的权钱交易和大款们所谓新颖生活方式的报道。一掷千金有之，一夜暴富也有之，一桌盛宴赛过贫困地区乡民过一年更是有之，谁还有闲心去读描写偏僻乡间的农民们是在怎样过着日子的长篇小说呢！

可我却写了这么一部小说，真是太不轧苗头、不识时务了。

但是对于我来说，这又是没有办法的事情。我在温饱仍没圆满解决的乡间住得太久太久了，我和那些朴实、憨厚、剽悍、巴结而又勤扒苦挣的山民们相处的时日太长太长了。和他们待在一起，说不上三句话，话题就会自然而然地讲到粮食，讲到一年四季最要紧的事情是吃饱肚皮。若是稍稍坐的时间长一些，农民们必然会讲到发财。讲起发财的话题时，这些尽管仍旧相当贫穷的乡民们，眼睛会发光，声气会变大，那股激情总是让我的心头感到酸溜溜的。当山寨上只剩下我这么一个最后的知青时，我天天和农民们打着交道，当我后来在山头古庙改建的耕读小学里教了书，又在业余时间不分白天黑夜一心写着最初的那些作品时，我干脆在寨上农民的家里搭伙食，他们吃干，我也吃干，他们吃稀，我也吃稀，他们在冬腊月间只吃两顿我也跟着只吃两顿，不用说，他们挨饿，我也挨饿。因此，他们在心底深处想些什么，盼些什么，我是一清二楚的，他们在愁些什么，担心些什么，我也是知道的，我的思想感情在那些年里完全和山里的农民们交融在一起，有几次当农民们和下来催粮交粮的干部发生了冲突，我的感情和立场完全站在了农民们一边，并且帮着他们说话。

久而久之，习惯成了自然。常常坐在农家的门槛上，坐在树荫下，面对着连绵无尽的山野和群峰，我会陷入沉思，思索着中国农民的愿望，思考着中国农民的命运和他们的未来，继而联想到人类生存的意义以及其他的一些题目。是啊，他们日出而作日落而息。是啊，他们既勤劳又很可怜。他们渴望着，他们确乎也有理由比现在生活得更好一些。

这是他们生存的权利啊！

当商品经济的大潮同样越过层层叠叠的群山拍击到荒蛮闭塞的乡间时，山民们原始的渴望发财的欲望和这股浪潮迅疾地结合在一起，迸发出的是一股强烈的、骚动着的、火山爆发一般无所顾忌的力量，这股力量充满着挡不住的气势却也裹挟着山里乡民固有的自私、狭隘、莽撞和无从管束，让人不得不想到“严重的问题是教育农民”这一句名言，让人不得不想到数千年封建社会遗留下的沉疴。

也许，中国的十亿农民，正是要在这么一个过程中，挣脱自身和数千年封建社会加在他们身上的沉疴而获得新生吧！

但愿这个漫长的充满灵魂搏斗的过程能多少缩得短一些。

就是抱着这么一种愿望，我写下了《私生子》，当作品发表，当印出的书送到我的手里的时候，不知是怎么搞的，我总觉得我还能写得更好一些，我心头的很多东西还是没能完全表达出来。也许有一天我终于会摆脱这种遗憾，也许这种遗憾将陪伴我的终身。不是常有人自慰说“遗憾的艺术”这句话吗？

是为后记。

（1995 年 3 月 4 日）

一个未圆的梦

这是一部关于“文化大革命”的长篇小说，写的是上海的民族资本家、血统工人、革命干部和其他家族的几代人在“文革”以及20世纪中国社会中的命运和遭际。

读完全书，读者会发现，这仅仅是一部多卷本的长篇小说的第一部。

这是我创作上的一个梦，我希望能在自己创作精力还十分旺盛的年头，来完成关于我所经历和我所感受到的“文化大革命”。为此，我搜集了很多和“文化大革命”有关的材料，以及“文化大革命”以后中外人士的有关评论文字。在写作第一卷的那些日子里，我真正感觉到自己创作上的愉快，数不清的人物、事件、画面和细节蜂拥而至地挤到我的笔端，我从未想到创作会是如此令人陶醉。为写作这本书，我放弃了邀请我去海南的旅游，放弃了很多社会活动和会议，我请假的唯一理由就是我正在写作一本令自己着迷的小说。提笔写这本书的时候，我已经出版二十多本著作，一般地来讲，印出一本新书对我已没有多大的吸引力了。但即使想象着完成这本书，我都有着一股难耐的兴奋。除了上午去编辑部，午后直到深夜的所有时间，我都趴在桌子上，甚至连吃晚饭的时候我都不想停下来，总要等家人催了又催才勉强搁一下笔，而一当放下饭碗，我就又回到书房里的桌子前面，继续沉浸在我创造的那一个文学世界里。

简而言之，为写作这本书我到了废寝忘食的地步。

这是在省城里居住的日子，没有什么人来打扰我的写作，没有什么人来影响我充分地发挥艺术的想象，没有什么人来打扰我对于“文化大革命”的种种思考。

哦，“文化大革命”！单是这一题材本身，就能引出多多少少的话题啊。

“文化大革命”改变和影响了我们整整一代甚至几代人的命运，很多人至今还在说：要不是“文化大革命”，我会如何如何……

一整个秋天，我都在写着。我的主人翁，那个我与其同呼吸共命运的伙伴，他的命运像一片随风飘荡的树叶，被抛进了翻腾着惊涛骇浪的汪洋大海，他青春的梦被击得粉碎，他美好的理想成了泡影，他视为神圣的爱情更似在耍弄着人，他彷徨着苦恼着也挣扎着，我希望，随着我的主人翁的命运，读者将看到社会各阶层种种人物在历史和现实中的面貌和嘴脸。我希望，在阅读的过程中，读者会和我的主人翁一起思考：

人活着究竟是为了什么？

人生的意义到底在哪里？

爱情真是永恒的吗？

人在社会和历史中是伟大的，还是渺小的呢？

写完第一部，我雄心勃勃地准备着写作第二部，我甚至已经给第二部想好了书名《狂暴的黑潮》。第一部中出现的那么多人物，在第二部中都会有新的发展、新的境遇。

一晃几年过去了，我没有写出第二部来。也许我可以强调时间太少；也许我能说希望自己的第二部对比第一部而言应该有所突破；也许我确实对多卷本的长篇小说在整体构思上还需要时间去把握去做更深沉的思考；也许……也许我还能找出更多的理由，但那都无济于事，事实上是我并没把第二部写出来。能够聊以自慰的是我尚年富力强，而写作终究又是我的职业，只要在人世间一天天地活下去，我总是还要写的。就让我借此机会说一句，当时机成熟的时候，我一定会把这未竟的功课尽力去做完的。

（1995 年 3 月 8 日）

脚踏着祖国母亲坚实的大地

儿童文学也像成人文学一样，需要创新，应该创新。儿童小说如何更贴近当代少年儿童的生活实际，如何适应他们新的精神需求，儿童小说同时代与传统该是一种什么关系，儿童文学该从成人的感受、成人期望达到的高度出发，还是从 80 年代的儿童生活、儿童心理、儿童的接受能力出发呢？这已经引出了同志们各自的很多高论。

但是我觉得，我们的讨论在谈到创新、在谈到引进和借鉴、在谈到诸如十三四岁、十五六岁的青少年恋爱这样一些争论不休的话题时，要尽可能地联系实际，脚踏实地，脚踏着祖国母亲坚实的大地。

我之所以这么讲，是因为我在听取同志们的发言时，不断地回想起插队落户期间我所接触到的偏僻山乡里的那些孩子，回想起那段日子里好些叩人心扉的小事。

哦，那真是一段值得留恋和怀念的日子。

那是 1972 年，十年动乱期间山乡的一个大旱之年。冬月将尽，地处川黔铁路制高点的久长地区，早早地飘起了凌毛毛。料峭寒冽的西北风吼啸着从峡口那儿吹来，在寨路上撞着坝墙隆隆作响，吹得人只想守在火塘边不挪窝。我像平时一样，匆匆喝了一杯自制的豆浆，便赶往离寨一里多路的庙上小学校去。踏着沾脚的满地泥泞，到了那个由原先的尼姑庵改成的小学校里，四处都是冷清清的，一个人影子也不见。我焦躁地来回走了一圈，枯萎的茅草在寒风中颤抖，山脚下的大路上结着溜滑溜滑当地人称作“桐油凌”的薄冰，远近都没一个学生的人影子。我不由恼火了，这是咋搞的呢？到了上课时间，不但学生一个没来，连其他几位教师也不露面。这样子教书和读书，教学质量咋个上得去啊。我眼前似乎又浮现出好些农民充满期待的眼睛，我耳畔仿佛又听见了不少农民对我的鼓励。要晓得，在到小学校来之前，我向大队党支部和贫协的干部保证，一定要送一批学生进公社中学去。因为在我们下乡前后的几年中，大队所属的几个寨子，不曾有一个娃娃进过中学。

烦恼急躁之中，我抓起那根冰冷的铁棍，狠命地敲击着垂吊在梁上的圆铁柱，“当、当、当”的响声，带着我焦灼的情绪，随着寒风飘向山脚下的四个寨子。

八点三刻来了第一个学生，一个脸色冻得发青的小姑娘。随后，四五十个学生娃娃，陆陆续续地踏着湿漉漉潮滋滋的山路到学校里来了。我那个班的学生娃娃，每人背着书包，同时手里提着一只火笼。这火笼，不是电视连续剧《安娜·卡列尼娜》中安娜用的那种高贵的护手暖笼，而是用破脸盆、破瓦罐、烂花盆串几根铁丝做成的火笼。“卟卟”燃起的火苗上，架着几棵干柴，烟气袅袅地弥漫了整个教室，把一个本来不大的教室，熏得又呛人又辣眼睛。

天哪，这还怎么上课？这样子读书，怎么去提高学习质量。本来就憋了一肚子火的我，板着脸站在讲台上，学生们似乎并没注意我的情绪，只顾闹闹哄哄地打开书包，从书包里拿出一根根干柴，小心翼翼地架到火笼上，俯身呼呼地吹着。一瞬间，满教室都是吹火声，柴灰飞扬起来，烟雾腾腾。

我恼极了。本来就迟到了，进了教室还这个样子，我一个箭步跃下讲台（原谅我那年只有二十二岁）对准第一排那个姓杨的十一岁娃娃带来的破脸盆，一脚踢去，把破脸盆踢翻了。

整个教室的学生们被我这一粗暴行为骇住了！他们都仰起一张受惊吓的小脸，呆痴痴地望着我。

我退回到讲台上，准备开始一堂强调学习重要性的训话，刚把脑壳仰起来，坐在最后一排的那个年龄稍大的女学生，朝着我连连摆手。我向她一瞪眼，她又用手指了指坐在前一排的一个男生。那是个十四岁的娃娃，在五年级班上，不算小了，光着脚板，穿一条十分褴褛的裤子，脸冻得青紫青紫，不知是害怕还是冷，许是兼而有之吧，他的双肩不住地颤抖着。我惊愕地愣住了。再看被我踢翻破脸盆的杨增贵，吓得直落泪；一边啜泣，一边抖索索从书包里拿出书本，铅笔盒，不知所措地摆弄着一本练习簿。他穿得更单薄，光脚板上还沾着稀泥。我的目光向全班扫去，这些来自山脚四个寨子上的娃娃，差不多都是一个样儿，大睁着双眼，傻了！教室的烟围裹着我们，我和学生们一起淌下了热泪。是啊，我们山乡里的娃娃们，理该穿得暖暖和和，理该坐在温暖的教室里读书，可是他们穿得多么单薄，冬天还光着脚板。这样的衣着如何抵御那冬腊月间的严寒呀。我虽然是个知青，虽然也穷，天天同他们在一起，但我还穿着棉毛裤、毛线裤，脚上还有一双棉鞋。可娃崽们……

一刹那间，我的脑子里涌起了那么多思绪，那么多画面。

9 月初，升学了，山寨小学校里该发新书给孩子们。可新的课本没印出来，很多很多的纸张，用来写大字报、用来书写大幅标语了，印课本的纸张紧张，所以开学好久了，我们当教师的还是没课本发给学生。娃娃们天天来上学，有的教师给孩子们教百家姓，有的老师让孩子们带旧课本来复习。我呢，经常给班上的学生讲故事。有一回，讲到高尔基小时候在面包作坊里当学徒，忽然间，全教室所有的孩子，差不多都把手举了起来，我诧异地喊起了一个娃娃，问他怎么回事。

他眨巴着一双不解的眼睛认真问我："叶老师，什么叫面包？"

是啊，什么叫面包呢？我举例子，不厌其烦地做种种说明，到头来孩子们还是没听懂，他们凭着自己的理解，认为面包就是馒头，就是发糕，就是松软松软的饼子。我真恨自己，连面包是什么也讲不清楚。来年探亲回山乡时，我在上海买了两个面包，带到小学校里，告诉他们，这就是面包，还让他们一人抓一小撮尝尝……

我这个班上，有几个十二三岁、十三四岁的男娃娃，聪明伶俐，活泼可爱，但他们就是不爱做家庭作业。有好几次，我见他们在课前课后拿着女同学的本子，不管是对是错地往自己本子上抄。有更多次，他们干脆交白卷，或是不交本子。问他们是啥理由，这些孩子像约好了似的，一个也不说，甚至我威胁恫吓他们，他们都噘着嘴巴不吭气儿。我决定通过家访闹清这个"谜"。一家访，谜底也揭开了。原来，一放学回到家里，他们都是家庭中小小的劳动力，有的要接受放鸭子的任务，有的要背自己的弟妹，有的要去掏猪草、挖野菜。有一天晚上，我家访到一个学生娃娃，他的父母正在堂屋里推苞谷，而他呢，在一旁抹苞谷米。一边抹，一边垂着脑壳打瞌睡。孩子太累了，他干了那么多活儿，还有什么精力来做家庭作业啊。

就是这些有着做不尽的琐碎家务活的娃娃，就是这些连面包是啥也弄不清的孩子，听别的老师说我因为教书，知青点茅屋里干柴用光了也顾不上去砍，他们给我拾来了满满一背篼，又一背篼的干柴；就是这些年岁大小不齐的学生们，听说我自留地上不种菜，经常给我送来一捆又一捆菜，他们怕我不收，常常是在我不在家的时候，把菜放在我的窗台上。最使我难忘的，是在一个大雪封山的日子里，我感冒发烧到三十九度七，躺倒在床起不来，一时又找不到医生来打针吃药，而同一集体户的知青们，都早在秋收刚结束就回沪探亲去了，我病怏怏地在床上足足躺了四天。这四天里，天天早晨，有一个学生给我送来一只热水瓶，瓶里倒出的不是开水，而是豆浆。我就是靠着这四瓶豆浆，活过这四天的……

要举这样的例子，我还能顺手拈来多少啊，数不清。我这个来自上海的小青年，不正是在这样的岁月里，认识了生活在我们祖国广阔大地上的农民的嘛，不正是接触了这些娃崽，我的心头开始萌动着要给他们写些东西嘛……

一阵寒风刮来，我情不自禁打了个寒噤，这才拽回了思绪。仿佛这时候才意识到我们教室四五扇窗子都没有玻璃，窗外连绵无尽的山野萧瑟阴沉，枯枝残茎在随风抖动；我仿佛这才注意到，我们的教室连门也没有，逢雨便漏，学生们要撑着伞上课；还有那些稍大一点的孩子，他们为干不尽的农活和家务事所累，在赶来上学之前，往往都还在割草、推磨、挑粪、锄地。他们是愿意来读书的呀，他们是渴望学到知识的呀。我怎能责怪他们呢？我只怪自己在这萧条冷寂的环境里待久了，已经麻木了，才如此糊涂，才如此粗暴……

就是这么一件小小的往事，即使今天想起来，我的心头仍感到沉甸甸的，充满了负疚感。它时时在提醒着我，在我们构思作品，在我们提笔写作的时候，永远记着他们，为他们做点切实有效的事情吧。

（1985 年）

作家的名字

作家的名字，当然是印在书上的。

一件不经意的小事，让我对这司空见惯的现象有了进一步的思考。

是几年前了，我参加内地的一个笔会活动，一位少数民族作家突然对给他敬酒的评论家大发雷霆：“你还有脸来给我敬酒，到处说我们是一个民族的，是兄弟，是兄弟你评奖时为啥不投我一票，我就差一票啊，差一票就得省里的大奖了！你这当面一套背后一套的家伙，你说，你现在就回答我，为啥不投我一票……”

米酒喝多了，他涨红了脸，朝着评论家大叫大嚷，一时间，所有人的目光朝着他望去。

评论家是个少数民族的斯文汉子，省里一家刊物的主编，被这作家扯开了嗓门一吼，顿觉下不来台，脸也跟着红了，尴尬地笑着，解释不是，不解释也不是。

作家不依不饶，一边大口喝酒，一边翻来覆去地说着那几句牢骚话，说着说着还站了起来，朝着评论家推推搡搡。

好几个人上去劝，有人去夺作家手里的酒杯，有人按着他的肩膀要他坐下。都劝不住，相反，越劝他的嗓门越大：

“这种人还是兄弟吗？呸！老子算看清你的真面目了！我看你还有何脸面回到家乡去……”

晚饭的气氛全被他搅了。接待方的一位领导脸色不悦了，他一边向我道着对不起，一边给一位年长的少数民族作家耳语了几句。

年长的作家笑眯眯地朝着借酒撒性子的作家走了过去，朗声喊着他的名字：

“你听我说一句行不行？”

发牢骚的作家愣怔了一下，粗声道：“行！你老哥给我主持一个公道，评评理。”

老作家走近他身旁，平心静气地问了一句：“你的处女作得奖没得？”

酒喝多了的作家眨动了两下眼睛，摇摇头：“没得奖。”

“对啰！可回到县里面，回到你出生的寨子，大家都晓得。”

老作家拍了拍他的肩膀，说：“就是在省城文学界，讲起来，众人也都知道。作家的名字，你以为是得了奖为社会所知么？”

那作家无言，大家也都静静地听着。

老作家把脸转向整个饭堂，稍稍提高了点声气道：“作家的名字，是写在读者心上的，写在老百姓心上的。像你那篇处女作，编进了民族的歌谣里，会一代一代传下去。现在的评奖，丑闻那么多，哪一个当回事？我们都该记得，伟大作家的名字，是写在人民心上的。”

评论家连声道着对对对，退了下去。

撒酒疯的作家安然坐下了。

饭堂里又恢复了平静。

（2015 年）

文学思考

关于长篇小说主题的思考

——摘自阅读与写作笔记（10则）

一

人活着是为了什么？

人生活的意义在于什么？

看来这个始终萦绕在青春时期的题目又有重新思考的价值。

为了获取权力？寻找自我的价值？得到幸福无边的爱情？摘取光焰不灭的艺术殿堂之一席？还是利他，为祖国、人民的利益牺牲自己……

无论什么题材的写作，看来都得解答这一问题。解答得肤浅、草率，就会影响作品和人物的深度。

二

赎罪。

这是人生一个经常遇见的心理现实，是一个挖掘不尽的主题。

陀思妥耶夫斯基的《罪与罚》被人称作催人泪下的社会悲剧，被评论者认为是一部发人深省的哲理小说。写的是拉斯柯尔尼科夫杀死一个放高利贷的老太婆以后的故事，探讨的是这样一位人物的灵魂最终是否能得到拯救。实则便是赎罪。

多少文学家选择了同样的主题。

人在一生中，或故意或不经意或被迫或由于幼稚、盲目、虔诚、一时冲动犯下的过失、罪恶和不可饶恕的丑行，时时都在啃噬人的灵魂。这一心理在当代节奏迅疾的生活中将演化多少艺术上的悲欢。

关键在于寻找角度。

美好的事物和善良厚道的人在你的身边、在近在咫尺的距离时，人们往往很难认识它的价值；而一旦失去，人们才发现他有多么珍贵，且哀叹永远也不可能找回来了。难道这不又是一种心灵的赎罪……

三

对待邪恶的态度，是人生时常面临的课题。

赫尔曼·麦尔维尔的《白鲸》和彼得·本奇利的《大白鲨》之所以永垂青史和畅销，同他们选择了这一主题并表达得栩栩如生不无关系。

以奇制胜，写恐怖的凶杀、写变态的心理感受、写露骨的色情、写人在严酷的现实面前总显得软弱无力悲观厌世……固然可以吸引读者和畅销，但绝不可能有艺术生命力。

相反，在邪恶、罪孽面前探讨人的品质，是软弱、依附、假作不知、麻木不仁、奋起反抗、拼斗或是靠救世主出场解难，还是以集体的力量唤起民众去摧毁……显然这样的题旨要深远而经久得多。

电影《在码头上》从这一角度入手，据美国东部各码头实地调查一年的材料，由伯德·舒尔伯格编剧，名导演卡赞执导，一举获得八项金像奖，可以为这一观点作注脚。因为它选择的同样是对待邪恶的态度这一主题。

四

人在疾风暴雨般的骤变忽然降临时产生的狂热、惶惑、骚乱和盲动，以及这类骤变给人类（作品中的主人翁）带来的戕害，是经久不衰的主题。

面对这一类题材时，很容易使作家落入“套子”的诱惑。但只要搞得好，比如《哈姆雷特》，将使得整个作品多姿多彩、扣人心弦，犹如奔腾的江河般澎湃激荡。

五

随着社会的变化和历史的进步，随着科学技术的发达和迅猛进展，过去的事物连带它传统的价值观念正在演变，甚至消亡。这样的现实要求迫使世界上任何角落固有的道德观念跟着有相应的、有时小有时又很大的改变。而这种改变带给人物的，往往是悲愁和欢乐兼具，不少时候还常常是痛苦大于幸福。要使笔下常青，关注和研究变化着的生活是第一位的；没有这一条，长篇小说的构思和主题便会时常流产。

六

爱情被称作永恒的主题。

而被无数人纵情讴歌的尘世间的爱，原是相互的、有限的、时常还是不牢靠的。难道这一道理不也是永恒的吗？

七

1989 年 5 月，在承德听到吉祥天母的故事。照录如下：

吉祥天母亦叫福女天，在民间又呼作普度母。她的形象丑陋得令人作呕。所铸铜像（存普陀宗乘之庙——外八庙之一）龇牙咧嘴，敞胸露乳，一手作假娇羞托于腮下，一手张牙舞爪举得高高。颈项里套一串项链，项链上串着一圈骷髅。一前一后有两个人身妖头的小孩紧随她所骑的骡子，作呼唤状。

相传吉祥天母当姑娘的时候，是个十分美丽逗人的女子。她相当得意，交了一百多个男朋友，她的父亲对她的此种行径大为不满，愤恨地把她关了起来，欲加死罪。吉祥天母的母亲可怜女儿，趁父熟睡时，让女儿骑上一头骡子逃跑。福女天慌忙逃跑中，惊醒过来的父亲气急败坏地追来，张弓搭箭，欲射死女儿。不料一箭射去，正中骡子屁股，反刺激得骡子逃得更快。从此，吉祥天母骑的骡子屁股上竟然多了一只眼睛，那便是箭伤所致。

吉祥天母逃出父亲的魔掌，从此浪迹天涯，愈加放荡。为报复男人，开始吃人，吃了人之后就把人头串成项链挂在颈上。每食一人，她的脸便变得难看几分，吃人愈多，她就愈变愈难看。逐渐地变成今天我们所见铜像上那个鼓眼咧嘴，额头中间还长出第三只眼睛的残忍之相。

如此可恶的人，为佛法所感，竟亦“放下屠刀，立地成佛”。追悔中专门驱邪降魔，为以往之行径赎罪。

正在这时，海中有一兴风作浪、无恶不作之凶魔，谁都降伏不了它。吉祥天母主动找上门去，嫁给了凶魔，以便摸清凶魔秉性和妖法。她心甘情愿服侍凶魔七年，获得凶魔的信任，成为凶魔的妻子，并在和凶魔共同生活十三年后，生下了一男一女两个孩子。到了第十三年终，吉祥天母趁凶魔高兴，将其灌醉，杀死，遂即骑上三只眼的骡子离去。却不料她与凶魔生下的两个半人半妖的孩子追了上来，连声惊呼：“妈妈、妈妈……”吉祥天母想到这是魔种，挥剑将两个孩子的脑壳砍落，催鞭而去。谁料那两个被砍落脑壳的身子，仍在急急追来，声声呼喊。吉祥天母心中不忍，随手抓起两颗被砍落的小妖的脑壳，按在追来的孩子身上。从此紧随她的两个孩子即为人身魔首……

故事有些离奇，回来就翻查《佛经故事选》，遍寻不见。心知这故事已有民间传说的成分，遂记录下来。

凝神琢磨，在现代人的生活中，难道便没有类似“吉祥天母”的故事吗？

如果创作一部当代“吉祥天母”之传说，莫非不是一个极有价值的主题。

八

死亡也是所谓永恒的主题之一。

不是因为死亡本身确有那么多的笔墨可以渲洒，而是走向死亡的过程吸引着无数的文学家。“哈姆雷特之死”、“高老头之死”、“安娜·卡列尼娜之死”……如同雷蒙德. A. 穆迪的《濒死体验》一书那样，描绘死亡过程的常常是精力充沛的活人。真正体验了死亡的人是永远也读不到描绘死亡过程的书的，哪怕这本书震惊了世界。

死亡被称为人类生命中最奥秘、最困难的课题，死亡本是从来不曾有一个旅人回来过的神秘之国，它的难以名状、它的种种感觉，它的回光返照，都以强烈的情绪和丰富的想象吸引着所有的艺术家，演员演它，画家画它，作家写它，而它的真实性究竟如何，则被放在其次的地位。人们只要求它让众人感觉到“真实”和“像”就可以了。

这是否亦从一个侧面阐述了艺术的真谛?

九

最充分生动体现主题的是感情。

不论是光线、色彩、声音、景物、情节、故事、情绪渲染、心理现实和所有的人物，如果不注入感情，那么只会让读者乏味。记不清是谁说的了："那种用自己的作品给我们纲领中的现成原则作插图的艺术家，是蹩脚的艺术家。艺术家之所以可贵，正是由于他能提出新的东西，能运用其全部直觉，深入到通常统计学和逻辑学所难以深入的领域中去。"

而全部直觉的调动和运用，靠的就是丰富的感情。康拉德说得好："一切艺术首先都是同感情打交道的。"

十

挖空心思地寻找主题是徒劳无益的，这种寻找不但痛苦烦恼，而且往往令人颓丧。玄妙高深且又浅显、易明、朴素，而"人人心中有，人人笔下无"的主题，更难遇。看起来表达能力很强的一些作家也会有此感觉，这大约正是我们这个世界永远感觉缺乏杰作的原因。

不论历史上曾经有过多少伟大的作家，留下多少光辉灿烂的名字和杰作，人们不会因为他们的存在而停止写作。在他们活着时或者逝世之后，有志于文学的作家还将不断地书写新作。同一地球上生活予同一时代、同一世纪的所有作家都在自觉不自觉地竞争，都在从不同的感受、体验、经历中寻找新书的题材。他们正在构思和写作的每一本书和出版的大量用世界上各种文字印成的书，都会遇到一个主题问题。

那些有幸获得神来之笔的人们，必是勤奋刻苦地不懈追求者。

让生活赐予一切有志于文学的人们灵感和聪明才智吧。

（1989 年）

人物分析琐谈

我的长篇小说《我们这一代年轻人》《风凛冽》《蹉跎岁月》先后发表以来，两三年间，不断地接到全国各地读者寄来的信，竟有一千多封。由于工作和其他一些原因，绝大多数信我都没有回复，心里总觉得像欠了一笔账似的。感谢《广西文学》编辑部给我提供了这么个机会，可以和热情的文学青年与读者谈谈心。因为在那些信中，有不少是广西读者给我写来的。

许多热爱文学的青年在来信中总要问，你是怎样构思小说的？第一步是怎么走的？

现在说起来很简单了，我是从写作人物分析迈开第一步的。

可在我学习写作的插队落户的岁月里，在我的摸索阶段，却不是这样的。

也许是当时那个时代的关系，我睁大了双眼，老在自己的生活中寻找英雄人物，总是希望自己抢在别人前面发现那可歌可泣的事迹，写出具有光彩的高大完美的人物形象来。

也许是当时我太年轻，还很幼稚，在一个长时期内，竭尽全力地想写尖端题材、重大题材。我想，要是抓准了，哈，那就好了，既具有深刻思想，又富于时代气息。

也许是我的艺术见解太浅，我也曾煞费苦心地去编造故事，认为只需要编出一个引人入胜的故事，能抓住读者的心，小说就能写成功，就能印成铅字。

也许……

我在弯路上走得太久了，废稿一万字一万字地写出来，超过了一百万字。我妹妹后来用这些废稿纸引火，还用了一年多。正因为盲目、机械地学习写作吃了大亏，我才逐渐地意识到，我不该在这条路上徘徊下去，得改换路径，从零做起。

我停止了急于往稿纸上填字的生活，陷入了苦闷之中。看起来，在往方格格上写字之前，我还需要做些工作。

做什么呢？我茫然。

这时候，以往读过的那些书中的人物，成串地出现在我的脑海里。林黛玉、贾宝玉、猪八戒、武松、诸葛亮、关羽、张飞、邦斯舅舅、贝德姨母、赫斯克利夫、布登勃洛克、冉·阿让、于连、索黑尔、丽莎、安娜·卡列尼娜、克里木·萨姆金……

多么辉煌的文学画廊啊！那些作家们，为什么这么熟悉他们的人物呢？他们在写作这些人物之前，曾经做过些什么呢？不会是像我过去那样，拿起笔来，凭着一股热情，就往纸上涂吧。肯定不会这样。

屠格涅夫在每写一本书之前，总把要写的人物，开列在一张纸上。在这些人物名字后面，他还写出人物的简历、身份、性格、手势、神态，写出产生这个人物的依据。有时还写出人物的来源，生活中某一个人的真实姓名。

这是在干什么呢？

剧作家曹禺在介绍他的经验时说，他在写作之前，总要吃透自己的人物。有时把人物性格写下来，有时即使不写，也要翻来覆去地在脑子里打腹稿。

他为啥非要这样做呢？

这么一思索，我才明白过来，他们都是在分析自己即将写的人物！

我失败了那么久，写了那么多废稿，不妨也试试这个办法吧。于是，我开始学着做了。

我把将要写的人物，列出名单来，而后，一个个细致地分析。先写出人物的小传，这个人物出身于什么家庭，他的父母是怎样的人，干什么工作，对这个人物有些什么影响。他童年时代生活在怎样的环境里，对他的性格形成起了什么作用。这个人物在我将要写到的故事里，扮演一个什么角色，他这种性格，扮演这个角色是否恰当，他将要采取哪些行动，他喜欢穿什么样的衣服，有什么嗜好，他说话的时候有什么与众不同的神态姿势，他的结局会怎样，他有哪些好朋友，哪些人不喜欢他……

凡是我能想到的，我都在分析这个人物时写下来。主要人物写得详尽一些，几千字、上万字；次要人物写得简单一些，几百字、上千字；哪怕是出场很少的人物，也要给写上几笔，心中有个底儿。为了避免自己遗忘，我还在人物分析的后面，写上产生这个人物的主要模特儿，那多半是我熟悉的人。有的作品人物，主要来自生活中的某一个人，有的人物则是生活中好几个人合并而成。自然，这样的人物分析，除了我自己，谁也不给看。因为在酝酿的日子里，我有时还会觉得有不对劲的地方，随时掏出本子，做些修正，本子上画得乱七八糟。

起先，这工作枯燥、乏味，远没有我拿起笔来朝稿纸上写来得痛快。当给一个一个人物写着小传时，离写出作品来似乎还十分遥远。但是，久而久之，耐下心来，认真地观察生活，细致地写着人物分析，我渐渐有了兴趣，后来兴趣一天比一天浓了。还没写作品，我已经看到了写作人物分析的好处。首先，这些人物不会雷同，他们都各自带着自己的面貌、个性走进我将要写的作品里。其次，情节和细节不会产生同义的反复，这个人物做过的事情，那个人不会再去做相类似的事。这人爱眨眼睛，那个人决不会再爱眨眼睛了。其三，人物和人物之间的关系非常明确，不会搞错，两个人到同一个地方去，一说话，一做事儿，两人之间就有戏儿。其四，下笔时有把握，不会感到笔力不逮了。我不熟悉的人物，在写人物分析时，就给略去了。即使作品很需要这个人物，我也可以及时补救，在写作人物分析期间，经过调查研究，做到心中有数。

我很快地尝到了甜头。当人物分析写完，这些人物就时常活跃在我的脑子里，走路、坐车、睡觉，甚至在开会、读书或是极偶尔的时候，他们也会跳出来。当这些人物一天比一天鲜明、清晰时，我心中萌动着的创作热情，也一天比一天强烈了。于是，我摊开稿纸，小心翼翼地写下这些我已熟悉了好久的人物。我希望写得慢些，但是不行，他们催逼着我，拉扯着我，迫使我快些写完，写完了似乎才能舒一口气……

寄出去的稿子不再是退稿了，我逐渐逐渐地找到了适合于自己的表达方式。

这是一个笨拙的办法。可我曾经失败了那么多次啊，我写过那么多的废稿啊，为了避免再出现失败，除了执着地、长期地深入生活，泡在生活里，感受生活中的一切人和事物，我准备新写任何一部作品时，仍然坚持这么做。

热爱文学的青年朋友们，如果你老是苦恼自己没有长进，如果你也曾遇到过退稿和多次的失败，不要发牢骚，不要急于求成，不妨也试试这个笨拙的方法吧。生活是不会亏待勤勤恳恳的耕耘者的。

（1984 年）

谈怎样结构长篇小说

怎样结构长篇小说这个题目，应该是由写过很多部书的作家来谈的，我实在不能胜任。我还年轻稚嫩，对于创作，纯在学习、摸索阶段。正因为如此，长篇小说《我们这一代年轻人》《风凛冽》《蹉跎岁月》相继发表以后，热心的读者寄来了上千封信，我只是细读、静思。有人说："写得太快了"；有人说："还可精益求精，不要求多"；有人说："多产""打磨不够"；有人说："以情节取胜"；也有人说："厚厚的一本书，几十万字，细细一读，简直就没有什么故事。"当然还有很多赞扬的话。总之，五花八门，千差万别，人们各有各的见解，无可厚非，我也从未想到要去解释一下，阐述一番。如果允许我说的话，不管是赞扬还是批评，恕我直言，大多是不切实际的。只有我自己知道，我写得有多慢、多么困难。我是一个初中毕业生，一个插队落户七年的知识青年，当纷繁的生活促使我提起笔来学习写作的时候，我走过了一段长长的弯路。我读过一些书，也爱好文学，在我的笔记本上，记着很多大作家谈小说创作的话，当我照着这些话实践的时候，我碰到的往往是失败。在插队落户那个下雨即漏、刮风就摇的茅屋里，在那天天以瓜代菜、以盐巴水充油水的日子里，我写了一百几十万字的废稿。失败的次数多了，在弯路上走得久了，我开始怀疑刻板地、盲目地死记硬背名言录写作的方法了。我是在走了很多弯路之后才想到要从自己的实际生活出发的。

记得，还是在小时候，母亲逼我做读书笔记，我偷懒，说不会做。她教我，第一段写书名、作者、出版单位，接着写这本书里给你印象最深的人，写完就是一篇读书笔记。这倒很简单，因为读完一本书，书中总有我喜欢的人，有时候还不止一个呢。于是，随着岁月的流逝，年岁的增长，我的读书笔记里记下了长长的一串名单：朱老忠、梁生宝、梁三老汉、杨子荣、许云峰、诸葛亮、关云长、贾宝玉、福玛·高尔杰耶夫、邦斯、汤姆·琼斯、丽莎、玛丝洛娃、莪菲莉霞、万卡、卡拉马佐夫兄弟、布登勃洛克世家……这个人出生在什么家庭、爱穿什么衣服、讲话时的神态举止，他在故事里扮演了什么令人感动的角色、有什么动人事迹，后来又怎样了……我的读书笔记，写下的就是这些人物传记。

法国昆虫学家法布尔说过："学习这件事，不在乎有没有人教你，最重要的是在于你自己有没有觉悟和恒心。"

当我在学习写作的道路上屡遭失败、走投无路的时候，我突然想到了青少年时代写下的读书笔记。那些作家们为什么都能知道他写的人物的身世呢？也许他们在写书前就调查得清清楚楚吧？我为何不试一试呢！曹禺在谈到他的剧作时，也讲过搞分析人物嘛！

抱着侥幸的心理，在重新铺开稿纸学习写作以前，我不忙着写气氛、景色、矛盾冲突、环境特点了。我试着给自己的人物作分析：他叫什么名字，长相如何，服饰、声调、癖好是什么，父母兄妹都是些什么样的人，给他什么影响，他在我将写的书里做点什么，结局怎么样……写完一个，我接着写第二个，把我凡是能想到的，统统写出来，该勾勒的地方勾勒几笔，该描绘的描上几句，一个主要人物的分析，总要写到几千字甚至上万字。一般的人物和次要人物，有时哪怕只是在书中露几次面的人物，我也写一个小传，当然，写得粗略一些，仅仅有个简历，有一条大致的发展线索就成了。一本书的准备阶段，写小传总要写五六万字，上面提到的三部长篇，光人物分析就写了好几个笔记本，将近二十万字。自然，这个工作进行得那么慢、那么迟钝，因为我太年轻，要写的人，有的还不熟悉，还要接触、调查、了解。

多么笨拙的方法，多么愚蠢的起步！

我承认。不要讲别人，就是我妹妹也说："照你这么整，哥哥，你一辈子也写不出一本书。"

但是我仍旧要说，对我这个文化程度不高的初中生来说，这么做却是有益的。很小的时候，我就听过龟兔赛跑的故事，在文学创作的道路上，我不是一只跑得飞快的兔子。我只是在撞了壁之后，摸索着循序渐进。我很快尝到了甜头：在进入正文创作的时候，由于做过人物分析，我的作品中不会出现雷同的人物，不会出现可有可无的人物，不会在事件和情节中产生同义的反复，也不至于在写到某个人物时，感到笔力不逮、心中无数；要是心中无数，或者我不大熟悉的人物，早在我写人物分析时，就给剔除了；非写不可的，我也及时地做了了解调查，补救上了。

好像是车尔尼雪夫斯基说过，创造典型人物，观察和把握一个个别事物，是一个起点。对我来说，作人物分析，就是在加深我平时的观察，帮助我准确地“把握”自己将要写的人物，理清这个人物的思想脉络。

林纾在《春觉斋论文》中说，“脉者，周身无所不贯者也。”“‘脉’之一字，按之始见，不按之无见也。”

正是如此，当我写完人物分析，理清他们的思想脉络时，我的长篇小说的结构工作，也同时开始了。往往，在写完人物分析以后，我还做一件事，那就是进一步确定这些人物之间的关系。如果说，写作人物分析，仅仅是使得我明了将写的个别人物面貌，他们可能会有些什么作为和表现的话，那么，进一步确定他们之间的关系，已经在帮助我竖起长篇小说的结构了。

我们都知道，两个不同性格的人相处在一起，对任何事物的反应也是不同的。那么，更多的不同性格的人在一起，他们之间的差异就更大、更加不一样了。这种人与人关系中的差异，形成了我要写的小说中特定的人物关系。这么一群人面临着我所要表现的矛盾冲突和事件，他们的心灵、思想、脸部表情、言语对话、待人接物会是多么丰富多彩、千差万别，那是可以想见的。加上人本身所具有的复杂性，文学作品中人物的性格就会鲜明地显示出来，人物与人物就会冲突起来。

所有这些，就是我长篇小说间架结构的基础。

举例来说，十年动乱期间泛滥的血统论，说起来是触目惊心，也是众所周知的。想写一本反对血统论的长篇小说，是我在初学写作的年代里就产生的念头，可促使我写作长篇小说《蹉跎岁月》的，却是这么一件小事：一个出身不好的姑娘，在插队落户的岁月里，和一个干部子弟爱上了。打倒了“四人帮”，干部子弟抽回大城市，父母亲干涉儿子的恋爱，结果酿成了悲剧。听完这件事，回到自己房里，我在随身带的本子上写下了两句话：“这件事可以写成长篇小说，而且结局一定要让这两个人好。”

产生这个念头以后，我头脑里浮现的第一个人物，就是杜见春。这不仅是杜见春这个人物最能形象地体现主题，更主要的是，我对“她”非常熟悉。在插队落户的日子里，在我去农场采访期间，在我个人的生活经历中，我遇见过好些这样的人。我知道她们怎样说话、怎样生活、脸部表情是怎么样的，顺利的时候如何兴高采烈，逆境中怎么颓丧灰心，甚至她们爱穿什么衣服，有些啥爱好，意外情况下的眼神，我都观察到了。这些平时的积累，以往都在印象的仓库里深埋着，当我写作“杜见春”这个姑娘的人物分析时，就全部涌了出来，熔铸到了她的身上。她在我的脑子里是活灵活现的、鲜明生动的。你要问我，杜见春在逛公园时是怎么样的，我马上就能告诉你，尽管我在小说中不会写到她逛公园。

有了杜见春这个人物，还必须要有个与总体情景相呼应的人物。这个总体情景，我的理解就是两个主要人物之间的关系。在我的小说中，这是必不可少的，如《我们这一代年轻人》中的程旭和慕蓉支，《风凛冽》中的叶铭和高艳茹，《峡谷烽烟》中的小友蓉和白斑狼，《高高的苗岭》中的隆开和石朝山等等。有了这么一条主要人物关系的控制线，有了这么两个相辅相成的处于对立统一中的人物，我就能理出作品的主线，并靠它把其他的一切都带动起来，组织间架结构。

这不是我的发明，在我喜爱的很多作品中，都有这种起着控制作品力量的人物，如《红楼梦》中的贾宝玉和林黛玉，《子夜》中的吴荪甫和赵伯韬；《高老头》中的拉斯蒂涅和高老头，《复活》中的聂赫留道夫和玛丝洛娃，《奥勃洛莫夫》中的奥尔迦和奥勃洛莫夫…… 自然也有例外，当一条控制线不够时，作家就再设置一条，由单线发展到双轨。列夫·托尔斯泰称这种双轨控制线叫“拱形结构”，他的《安娜·卡列尼娜》就是最明显的例子，安娜和渥伦斯基一条线；吉蒂和列文一条线，这两条线又通过亲戚关系像圆拱形一样连接起来。陀思妥耶夫斯基从《被侮辱与被损害的》这部书开始，到后来的《罪与罚》《白痴》等等采用的都是这种双轨控制线。泰戈尔的《沉船》用的也是这种方法。

也许是我太爱读这些书了，我在学习写作时，自然而然也想到了这种方法。我是初习写作，还没用过双轨控制线的写法，每次组织间架结构，我只采用一条控制线。

这样，在确定了杜见春这个人物以后，我很自然地想到了和她相呼应的人物柯碧舟。这个人必须和杜见春性格迥异，出身、经历都不一样。我插队落户和过去的同学中，这种人是不少的。我也很快地写出了“他”的人物分析。有了这两个主要人物，其他的人物，就不难了。我熟悉无数知识青年，要在很多熟识的人中，选出些具有特点的人物来提炼、概括，还是不难的。于是，王连发、苏道诚、肖永川、华雯雯……一个个人物都出来围绕在杜见春和柯碧舟身边了。

基本确定了我的人物，故事大致有了一个走向，这些人物在我头脑里一天比一天地鲜明起来，似乎还不时闪出些精彩的对话和动人的场面来，我进入了紧张地思考、耐心地等待阶段。

思考什么呢？等待什么呢？那就是给我的人物和作品以紧密相关的有致的情节。

阿·托尔斯泰说：“情节是一种发现，一种难得的东西。”

正因为难得，就需要等待、需要思索。不是每天都能发现珍宝、发现稀有的矿藏的，珍贵的宝藏要人不懈地去挖掘、寻找、开采，于作品有益的情节也是这样。

巴尔扎克写小说有一条准则：“要使人爱看。”那就是提醒自己时时刻刻想到读者。为了要使人爱看，许多作家都一再地磨炼自己的技巧，精心地处理情节。大仲马善于铺展故事、设置悬念；易卜生善于用“解开以往生活的谜”这种方式；马克·吐温惯常喜欢让自己的主人翁改装以变换身份，产生强烈的效果；屠格涅夫小说中的情节总是环环紧扣，从来不拖泥带水，取直线发展……

我爱读他们的书，在学习写作时，也喜欢借鉴他们的共同手法，那就是在一本书里，设置不多的几个人物，选择一个贯串全书的情节，充分地写好它。（别以为大仲马的情节复杂呀，厚厚的一部《基督山伯爵》，只有报恩与报仇这一条贯串全书的线索，一拎就起来了。）

对我来说，情节的发现往往是伴随着一个准确有利的开头一起得到的。它不仅是一个故事，还是一种触发，一条能把所有想写的东西巧妙贯串起来的铁链。

前面我说过，在产生写作《蹉跎岁月》的念头时，我就要求自己在结尾时让这两个人好。也许是我早早地定下了这么一条，在我写作人物分析、等待开头、形成总体结构的过程中，我老是在为他们的结局寻找思想基础。当所有的准备工作做完，强压下自己的创作冲动，耐心地等待了近十个月以后，排除了好几十个开头，留在我面前的有两种开头方式，一种是从打倒“四人帮”、柯碧舟与杜见春回上海探亲写起，另一种是从他们在山寨上的恋爱写起。前一种开头方式能疾速地把问题捅出来，吸引读者，揭示主题，艺术效果也强一些；后一种，处理起来就显得很平，不易抓住读者。我苦恼着、权衡着，前一种开头固然好，但故事的场景，要搬到上海，故事的进展，不能不考虑杜见春一家人的种种态度和性格发展，即使要写农村里的往事，也必须采用倒叙、回叙、插叙的手法，很大一部分要通过回忆来展示。对一部长篇小说来讲，斧凿的痕迹也太重。怎么办呢？我翻书、看剧本、看电影、在湖边散步，老在想、想……十个月以后的一天，我和一个老医生在乘凉时聊天，他讲起自己的经历，说了一句话：“一个人和另一个人的关系，总是从他们最早的那一次相识就开始了。”这句话像小锤子一样，一锤就把我敲醒了，他后来说了些什么，我一句也没听进去。我突然明白过来，柯碧舟和杜见春的故事，就得从他俩的头一次相识写起。谁都知道，恋爱着的双方，头一次相识总是留在他们各自的记忆里的。平吗？平是平一些，只要生活基础厚，也能平中见奇。乘凉回到家，已是深夜了，我找出稿纸，把苦苦等待了十个月的开头，端端正正写在方格子里。开头等来了，角度找准了，我的小说一章一章顺序写了出来。

姜夔在《白石诗话》中谈及结构时说：“波澜开阖，如在江湖中，一波未平，一波又作，如兵家之阵，方以为正，又复是奇；方以为奇，忽复为正。出入变化，不可纪极，而法度不可乱。”

我觉得在组织长篇小说的篇章连接、情节铺陈时，更应追求这个效果。前面说到我爱读易卜生的剧本，他写剧本的一个主要方式，是采用回顾式，亦即“解开以往生活的谜”，运用戏剧手段，一层一层往里剥笋壳。这种方式使我入迷，我发现，用这种方式写长篇小说，同样能吸引人。卡维林的《船长与大尉》和《一本打开的书》是我在中学时代就读过的，他把过去发生的事件放在后面去写，前面设置好一系列的悬念、伏线，构成一幅扑朔迷离的人物关系画面，到高潮时才把机关捅破。书读过好多年了，但我仍记忆犹新，可见其艺术魅力。在写作长篇小说《风凛冽》的时候，我就有意识地学习这种结构方式，摊出一些悬念后，层层往里推进，在高潮时戛然而止，迅疾打住。在写作这本书时，类似的题材在报刊上发表已经很多了，很多小说都是开门见山，直接揭露和鞭挞“四人帮”及其爪牙，也有些小说用的是回忆形式。这就逼得我另外找一条路子来写同样题材的东西。从发表后的一些读者来信看，读者是喜爱和能接受这种结构方式的。

以上所叙，仅仅是我学习写作的短短几年中的一些甘苦得失，写给读者，只能说是一份汇报，敬望同志们批评指正。我们经常地说到列夫·托尔斯泰的心灵辩证法，说到陀思妥耶夫斯基的小人物的命运，说到屠格涅夫笔下的女性，说到契诃夫淡淡的哀愁，说到左拉粗线条的勾画。这就是说，每一个人提起笔来写作，总有他个人的情绪、角度和表达方式。对一个人来说是成功的经验，对另一个人来讲只有点儿参考价值。我初习写作后的这些点滴体会，都是一鳞半爪，不成体统的，恐连参考的价值都没有。

刘大櫆在《论文偶记》中说：“古人文章可告人者惟法耳，然不得其神而徒守其法，则死法而已。”

读书能启发我们的思路，开阔我们的眼界，但真正地掌握要领，还需我们在实践中不断地摸索、不断地追求。

我愿意在今后的创作中，摸索和追求下去，争取新写的长篇小说，能在艺术上有所进步、有所突破。

（1981 年 8 月 29 日于贵州猫跳河畔）

想象的魔力

在我的几本反映苗家儿童生活和知青生活的小说出版以后，曾经发生过一件有趣的事儿。和我一起离开上海，到一个山寨集体户插队，后来又一起去修过铁路，在苗家寨生活了两年的妹妹对我说：

“哥哥，你写的环境，那些人说的话，有些事儿，我都晓得。还有一些事，我怎么不知道呢，我不是天天同你在一起嘛。”

我挺得意地说：“你当然不知道罗！”

“那你是怎么知道，怎么写出来的呢？”

“想象嘛！”

“原来都是你想出来的，假的！”

“是假的，但它又是从生活中来的。”

“别胡扯了，虚假的东西还能从生活里来，哼！”

“你不懂！”

我只好摆出哥哥的架子，以这三个字来结束我们的拌嘴。不是我理屈词穷，没话儿说，才用这三个字来做挡箭牌。也别以为我们是兄妹间家庭里的拌嘴，这个话题，已经涉及了一个创作的要素，那就是想象在创作上的作用。而我们争论的，恰恰又涉及一个辩证的关系，难以用三言两语讲明白。

好笑的是，类似的话题，在我去年冬天回上海时又进行了一次。那是同一个当时和我一起插队的知青久别重逢后在街头上进行的交谈。这就促使我想到，要写这么一篇文章。谈一谈小说创作中想象的威力。

一般地说，“一切感觉都是真实的，而许多想象是虚假的。”

亚里士多德在《心灵论》三卷三章中写到的这句言简意赅的话，充分地说明了想象和真实之间的辩证关系。在艺术作品里，虚假的想象来自于真实的感觉，来自于真切的生活感受。

托尔斯泰和巴尔扎克都是伟大的作家，要他们想象中国清朝宫廷里的事儿，我们会觉得那是荒唐的。因为他们没有清朝宫廷的生活，没有感受，也就无从想象。硬要想象，那必然是荒诞的想象。

从这个意义上说，就得承认狄德罗的话：“不能听任想象力的狂热摆布，想象有它一定的范围。在事物的一般程序的罕见情况中，想象的活动有它一定的规范。这就是它的规则。”

我是个知青，我从上海来到贵州山乡插队落户，平时我非常关注知青的命运。我在苗家寨生活过两年，后来又有机会多次采访过贵州、广西的苗族地区。在我构思作品的时候，我的想象就受到这段经历的影响。我不大可能想象黑龙江农村的青年农民怎么生活，我也不大可能提笔写新疆农村的小说，为什么？我没到黑龙江和新疆去生活过，没有感受过那些地方的生活。不论我承认还是不承认，我的想象总是受那特定范围的影响和制约。

尽管这样，我还是能在学习写作的时候，充分地发挥自己的想象。把在实际的生活中不曾发生，但可能发生的一些事儿，通过想象写进我的小说里。

我不曾参与过赌博，我也没有看见过几个知青聚在一起赌钱。我只是听说，周围的有些知青，经常出去聚赌。而这些人，是我认识的，平时他们的言谈举止，我是熟悉的。恰巧，在我小时候，由于一个偶尔的机会，我曾看见过一帮比我年纪大的人聚在一起赌钱，他们当时发牌、摸钱时那种不同一般的模样，始终留在我的记忆里。在写作《蹉跎岁月》赌钱的场面时，我就运用了小时候观察到的场面，把我熟悉的那些赌钱知青的神态举止，通过想象写了出来。读过的人常问我："你赌过钱吗，写得还真像那么回事。"

《我们这一代年轻人》中的沈兆强，《蹉跎岁月》中的肖永川，"强盗""侠客"一类人物，在生活中，我和他们的正面接触极少。在他们面前，我常常很少讲话，听他们吹牛、聊天、观察他们的一言一行。在写到这类人物的心理活动时，我主要依据的，就是按照自己的观察来进行想象，想象他们在我写到的事件和环境中，会怎样思考、怎样行动。

我今年三十刚出头，新中国成立前的生活，一天也没有过过。更没看到过新中国成立前的苗家山寨是怎么样的，写作的时候，我依靠的主要是想象。怎样想象呢？有老人告诉我，山寨外的那座光秃秃的大山，新中国成立前全是双臂抱不过来的大树，是密密的树林。而我看到的，只是一座秃山。没关系，我在其他地方见过繁茂的树林，根据那个地方的观察，来想象新中国成立前寨外的这座山是什么样子罢。有人跟我说，新中国成立前的寨路，没铺青岗石，不像今天这么好走。那好办，寨子外面就有一条泥泞的、蹄迹满地的稀泥浆道，新中国成立前的寨路，多半就是那个样子，写的时候，我就照那么写好了。

要举起例子来，那实在太多了。自然，这只是一般的想象。但即使是一般的想象，也要依靠平时的观察、积累，依靠记忆和联想。

浪漫主义小说家雨果说过："想象就是深度。"没有想象也就没有深度。连自然主义小说的创始人左拉也承认："作家全部的努力都是把想象藏在真实之下。"这自然丝毫也不说明左拉自相矛盾。

对纷繁复杂、各种各样事物层出不穷地翻出新花样的世界来说，一个作家实在是太不易全部认识她了。对广漠强大、变幻无尽的大自然来说，一个作家也不可能全面地认识她所有的面貌。只有通过创造性的想象，才可能更好地接近她，更好地获得自然界的真实。这话是不是在故弄玄虚？

不，在人天赋的自然属性中，就有着"想象"这个响亮的词。米丘林没有想象，世界上不会有梨苹果；科学家没有想象，就不可能有什么创造发明；一个孩子没有想象，他的智力就不可能健康地发展。同样，一个作家没有想象，很难写成一部作品。

想象是我们精神本质里的主要功能之一。

"诗人是哲学家，因为他想象。"雨果说，"没有一种精神机能比想象更能自我深化、更能深入对象，这是伟大的潜水者。"他还宣称，天才的莎士比亚，首先是一种想象。

我妹妹说的是实话，在我写的小说里，有些东西是她感觉很熟悉、亲近的，有些东西，对她来说，则是生疏的。她不知道，我除了和赴贵州的上海知识青年们接触之外，还同去吉林、云南、黑龙江、安徽、江西、内蒙古等省区的上海知识青年交过朋友。和他们有过长时间的交谈和闲聊。我有一个去吉林插队的好朋友，在每次回上海探亲的时间里，我们总要整日整日地待在一起。他给我讲过上山砍柴、拉木的经历，给我讲过在雨夜赶牛车的险遇，给我讲过恋爱时的心情，给我讲过去吉林延边插队的上海青年们，他讲到吉林的山水、天气、树林时，我脑子里浮现的，总是贵州的山水、气候和树林，我听着他讲，常常会想象，他要是同我一起在插队，会是怎么个情形。与在其他省区插队的知青谈起来，我也总要这样想。久而久之，他们曾经给我讲过的许许多多人和事，就和我自己的经历融化在一起，好在知识青年们插队的省区不一样，他们的命运遭际是有共同点的，是带着时代特征的，他们的心情是相通的，他们的待人接物和语言，是有相同之处的。认清了这一点，对我在构思作品时，展开想象的翅膀，非常有帮助。

《蹉跎岁月》故事的雏形，是一个不很熟悉的人三言两语讲的一件小事。他丝毫也没告诉我故事里的人物长得什么样儿，是什么性格的人。这本书里所有的人物，都是我依据这个故事的雏形和我在生活中接触到的各种知识青年形象想象出来的。

柯碧舟这个人物的原型，是和我一同插队的两个男知青。而杜见春这个人物的原型，是我在上海见到的，这个人从来没到过贵州。我早就对这两个人物的个性产生了兴趣，萌生写作《蹉跎岁月》这本书的想法的时候，我就很自然地想到，要是这样两个性格迥然不同的人物，都在插队落户的山寨环境里，他们之间会出现什么样的情况。

可以说，我的小说主线，就是基于这样一个大胆的想象而一章一章理出来的。无论是避雨相识，赶场救人，防火瞭望，哨棚值夜，杜见春和柯碧舟产生感情……书中的情节，全部都是依据想象来写的。

我妹妹读到这些章节，她自然会觉得陌生了。我想不必声明了，虽然柯碧舟和杜见春没在贵州山乡演出过恋爱史，但我作为一个知青，却曾在雨天去知青点避过雨，在赶场天看到过知青打架，在漫长的夜晚值过班……

是不是可以说，生活积累是想象的基础，而把握人物的性格和在典型环境中的人物关系是触发想象的主要因素。

有人说，想象是意境的前奏。我倒觉得，想象是进入意境的途径。意境本身就是一种想象的体现。内心世界的丰富与否，决定着想象的深度。很难设想，一个浅薄的人，能写出有深远意境的好作品来。

我时常听到一些周围的青年在收到退稿后抱怨："我明明写的真事，却又不敢用，还说什么有漏洞。哼，这事儿就发生在我们厂里。"这类青年，除了没有认识到艺术的真实和生活的真实并不是同一个东西之外，在写作的时候，也往往缺乏想象。他们忘了，生活中观察到的真实，是要经过作者的头脑再变成作品的，这个经过作者头脑的过程，就包含着认识、感受、理解、消化和丰富的想象，难道不是吗？往往，我们听到人说一件事儿，总是根据自己的理解，把那件事儿想象成什么样子；而这个样子，不一定是那件事的原貌。

那么，想象究竟有哪些特征呢？

可以说，想象是一种创造力，它的主要凭据是记忆，想象还是一种综合的本领，它能把相距最远的一些东西结合在一起。在进入创作的时候，想象能帮助你张开翅膀飞翔，也能填补你未考虑周全的一些漏洞。至于想象的体现方式，是因作者性格气质的不一而多种多样的。

想象的威力是巨大的，它丰富着世界的未来，它将永远是小说创作的一种有力手段。

（1985 年）

感情与色彩

在一些反映青年生活的小说里，常常可以读到这样的描写：

充满了浪漫情调的海滨浴场，那海的波，浪的笑；

富有诗情画意的花前月下，那喁喁的细语，缠绵的情话；

不断变幻着绚丽色彩的霓虹灯光，那流萤般的亮，悠悠的绿；

开满了鲜花的光线明媚的树林子，那女角银铃般的笑，男角体操运动员样的追逐。

……

听说，描写这样的场景，是为了增强作品的色彩，为了吸引人。

确实，这也是生活中的一种色彩，表面的浮光掠影般的色彩。由于写得多了，写得滥了，我们聪明的读者们看得倒胃口了。我们明智的评论家们，在报纸上发表文章，提出抗议了。更多的人，则把这些描写和电影中看到的镜头联想起来，不以为然了。

应该说，一个作者，为了增加作品的色彩，刻意描绘种种场景，总是想得到读者的好评，或至少是赞许。

但为什么，写出来了，效果反而对评价自己的作品不利呢？有的甚至还要受到读者的指责、嘲讽呢？

原因自然是很多的。但我以为，最主要的，是作者对自己所写的小说，缺乏感情，或是说，感情不真挚。

如果说，我们写小说的目的，是为了寓教育于娱乐之中。那么，这个教育，不是教师在课堂上的宣讲，不是居高临下的指点，这个怎么办，那个怎么办。这个教育主要是通过作品的形象来感化读者。也就是我们时常说到的，用的是潜移默化的手段。

列夫·托尔斯泰在《艺术论》中一再地重复这个观点：“作者所体验过的感情感染了观众和听众，这就是艺术。”换一句话说，一个作者，一定要在自己的作品中倾注真挚的感情。

诚然，研究作品的场景变化和转移，想使小说的描绘富有色彩，是写作技巧的一个手段。但要达到目的，最重要的，不是在自己的作品里添加多少华丽的辞藻，不是选择多少个形容词，而是作者的感情。

须知，只有沉浸在感情中作品才充满了色彩。难道不是这样么？我们面对一片美丽的风景：壮丽的大海，辽阔的草原，层峦叠嶂的山山岭岭，千变万化的云海，烟雨蒙蒙的江南雨景……是旖旎的景物唤起了我们的感情，使得我们倍觉眼前的风景气象万千。

要是同样面对着这样的景物，一个人正处在失意、挫折、厄运之中，他感觉中那些景物的色彩就会是另外一种情调了。面对别人感觉很美的景物，他很可能会觉得自己形单影孤，倍觉凄凉。甚至美好的景物，在他眼里也会变得晦暗、灰淡。

这是什么原因呢？原因只有一个，是感情在起着主导作用。

要使作品富有色彩，需要倾注作者的感情。而这个感情，怎么获得呢？从丰富的生活经历中获得，从敏锐地观察人与人的社会关系中获得，更多的、也是最大量的，是从日复一日的、平凡的生活中获得。

有人说，我整天都处在生活的漩涡之中，矛盾、斗争、与各种各样的人打交道，说起经历嘛，也挺丰富，可就是不知道写什么好。

也有人说，我的生活简单极了，上班、挤公共汽车，每天就同那几个看熟了的面孔在一个班组里，毫无特点，根本没什么可写。

我更多地还收到一些农村文学青年的来信，他们常常向我抱怨，生活得枯燥乏味，扛着锄头下田干活，累了一天收工回家，有什么可写的呢？

除了感受生活的能力之外，这里最重要的，就是个感情问题。试问，你对自己熟悉的生活，倾注感情了吗？也许，一个人确实每天都很忙，处在生活的漩涡中，交际、周旋、和各种各样的人打交道，也不时地进行斗争，解决矛盾，处理问题，但你究竟对自己的生活，有多少感情呢？

至于那些认为自己的生活简单、枯燥乏味的文学青年，你对生活已经厌倦，还能提到感情吗？你还试图从生活中得到些什么呢？

须知，生活对于一个作者来说，就如同土壤和农民的关系一样。不管农民脚下的土壤有多么肥沃，农民不去耕作它，肥沃土壤里是长不出庄稼来的。不倾注感情，随便在肥沃的土壤里播种，那也只能使庄稼和杂草一同生长。只有对土地充满了感情，精心耕作，精心管理，除草、壅土、施肥、防止病虫害，每一道程序都怀着感情去做，即使是贫瘠的土壤，也会长出茂盛的庄稼。

生活对于一个作者，更是如此。当你对自己认为不怎么有趣的生活产生了感情以后，你自会发现许多原先忽略的东西，生活这块土壤就会报答你的感情。

我对这方面，有着深切的体会。

在我插队落户的岁月里，我开始了学习创作的追求。我拼命地在生活中寻找可以表现的东西，可我很失望。我看到的尽是出工、收工，我天天和知青们在集体户的茅屋里一起生活，为下雨滴漏、为没有柴煤发愁。我接触的普通农民，也都不像小时候电影、小说里看到的那么高尚。再加上连天的阴雨，繁重的劳动，为知青的未来生涯忧郁，我根本找不到可以表现的东西。难道我经历的这些生活，还能写成小说吗？连我自己都非常怀疑。天长日久，初到贵州山寨时的一些新鲜感也在逐步消失，我只得遗憾地放弃这一部分我最熟悉的生活，而改从不很熟悉的苗家生活着手。那几年里，我对苗族生活感兴趣，对他们的质朴、坦率、爽朗的性格有感情，我试着写下了《高高的苗岭》《深夜马蹄声》《峡谷烽烟》及其他一些反映苗族生活的小说。硬着头皮写下的反映知识青年生活的《岩鹰》，反而是一部不成功的作品。

一直到了 1978 年，我离开了山寨，闲暇之时，和在内蒙古、黑龙江、吉林、云南、江西、安徽插队落户的知识青年们聊天、摆谈，慨叹之余，我们都还对那种生活怀着一股留恋的感情。

是啊，在那些蹉跎岁月里，我们这一代年轻人有过多少希冀、理想、追求和向往啊！我们曾经经历了多少坎坷不平的生活，遭遇了多少城里人很难相信的事件。

在这种感情的基础上，我逐渐逐渐意识到，我过去所经历的插队落户生活，不仅仅是我个人命运中的一段插曲，不仅仅是属于我个人特有的遭际。那些年月，全国有一千几百万知识青年。上山下乡运动，曾牵涉到了千家万户。这是我们整整一代年轻人遭遇过的命运，经历过的事件。这一段生活，作为历史，虽然已经翻过去了，但是它留给我们这一代人的印象，却是不容易抹去的。把它写下来，对我们自己，对今后的青年人，甚至对我们的上一辈人，也许还是有意义的。我们这一代年轻人，在那些蹉跎岁月里，在那些朔风凛冽、政治气候反常的时代中，是怎样由狂热而变得彷徨，由彷徨、怀疑而变得颓丧、消沉，又是怎样由颓丧、消沉而慢慢地意识到自己肩头的责任，脚踏实地地在生活中潜心奋斗，重新振作奋进。自然，这一代年轻人中有前进者，有思考者，有在平凡的岗位上默默无闻的工作者，也有跟不上时代步伐的落伍者。什么样的人物没有啊！我对他们中各式各样的人，又是多么熟悉啊！他们各自出身于什么样的家庭，有过怎样不同的经历，在插队落户的岁月里又是如何演变着。他们在想着什么，盼着什么，希望、憧憬些什么，追求些什么。他们在怎样交朋友，怎样谈恋爱，怎样看待友谊和爱情，怎样对待未来。现在，他们又变成了什么样的人？有研究生、基层干部、大学生、教员、普通工人、营业员、汽车司机、劳改释放犯（极少数）……这一切我都熟悉透了。每每想到他们，我会激起多少联想，思索到多少问题啊！

就是在这种思想感情的不断触发下，对已经过去了的整整七八年插队生活，激起了一股既有悲愤又有怀恋的感情，许多往事浪潮般地涌来，我才产生要把这段生活有层次地通过几部书表现出来的强烈愿望。

也是在这种感情的促使下，我写出了那些当年我爱、我恨、我厌的人物。让这些互不相同的人物在我的书里冲突、发展、走向各自的归宿。

《我们这一代年轻人》《风凛冽》《蹉跎岁月》一部一部写了出来，在杂志上发表；一部一部印成了书。

为什么当年在生活中，却写不出来？

为什么离开了那段生活，反而能写出来了？

回答只能是一个，当年我对那段生活缺乏清醒的认识，没有倾注足够的感情。后来，回想那段生活，我的感情总是不能自已，按捺不住，非要表达出来不可。

当我怀着感情回忆往事，写下这三部书的时候，当年那些看上去毫无色彩的东西，忧郁的心情、连天的阴雨、滴漏的茅屋、田坝山野里的景色、枯燥繁重的劳动、农民的对话，甚至知青们的牢骚怪话……都变得有色彩了。其实，潮湿的路还是潮湿的路，灰色的砖瓦房还是灰色的砖瓦房，猪圈、牛栏的粪臭还是那种粪臭，为什么会产生色彩呢？

只有一句话可以回答，对生活倾注了感情，作品中就会充满色彩。

在学习写作的道路上，需要不断丰富自己的词汇，需要经常研究场景的转换，有时候也需要一些华丽的辞藻。但是，为了使你的作品富有色彩，那就一定要倾注真挚的感情。

（1982 年 3 月 24 日晨于黔灵山下）

小说：带着感情从细微处着眼的叙述艺术

报章杂志上有人忽然如梦初醒般提出这个问题。

小说究竟是啥？

写了几年小说的我不觉为之一怔。

这似乎是个“不是问题的问题”。记得小时候，查过辞典，专门翻到“小说”这一条目之下，细细地读过几遍。临到实践时，自己提起笔来作小说，平心而论，并没想到辞典上释明的那些定义要素。只是由着情之所至，信笔写来，逐渐、逐渐找到一点表达方式。小说发表、出版以来，也不见挑剔者说那不是“小说”。

凝神往深处究，再三捧读那提出问题者的文章，便豁然开朗，原来他是另有一番说道的。于是乎也就安然自得，不去信那“一家之言”。

这回《小说界》开辟“我看小说”专栏，不免认真忖度一番，在我的心目中，小说究竟是什么呢？回想自己在生活中灵感受到触发，得到启迪，逐渐形成构思，并为一种冲动不已地写下一行行文字，最终印成小说的过程，觉得有两点是可以提出来讲一讲的。

其一谓小说的“小”。

小说小说，处处都得从“小”处着眼。更准确地说，应该是从“细微处”着眼。有人不无偏颇地说，杰出小说写的都是小人物。其实优秀小说包括伟大小说从来都是不排斥大人物乃至“皇上”“将军”及有“公、侯、伯、子、男”爵位的大人们的，只是笔触在描绘这些人物时，写的并不全是大人物处理的大事件，而往往注重的是大人物们的细微之处。诸如服饰啦、眼神啦、一个手势啦、讲话的声调啦、情绪上的波澜啦等等，这细微之处貌似很小，却能使被描绘的人物跃然纸上，常常还能使一个人物形象刻画得入木三分，有“一笔一个人物”之功，久久地留在人的记忆里。所谓“文质相扶，点染在所难免”（纪昀《文心雕龙评》），“辞虽已甚，其意无害也”（刘勰《夸饰》）。

第二点便是小说的“说”字。

有人讲最早的小说都是能说的：讲得出个催人泪下、引人入胜的故事，包括人物曲曲折折的命运，人物间的悲欢离合，矛盾发展的“起、承、转、合”。像《水浒》《三国演义》，都能让说书先生们连续说上多少天，几个月。不知从什么时候起就有人断言此观点已陈旧矣。如今的小说，已不强调故事，着重的是另外一些现代套路。于是乎两家发生争执，争论中不无讽刺、挖苦、奚落对手之处。至于典故引了一个又一个，或是新式名词翻飞，不时还让读者们有眼花缭乱之感。我觉得争论的无非还是一个“说”字。

小说的“说”字，是否可以作叙述解？

你可以叙述一个娓娓动听的故事，他可以借助气氛的渲染道出一段心路历程。你可以从此一角度叙述心灵上难以抹去的惆怅，他可以从彼一方位叙述某种感受。你可以带着主观意识全方位投入地叙述，他可以用冷峻的笔调漠然地叙述。如何叙述？如何来“说”？这应该是有绝大的自由度的，大可不必苛求于某种叙述法或此褒彼贬。关键恐还在于叙述时的情绪和感情投入。

感情投入得真或假，多或少，全能在字里行间显示出来。有的小说场面写得轰轰烈烈，描绘历史上惊天动地的大事件，但是读来往往打动不了人，可算是一个佐证。

综合其上，我觉得，小说是一门带着感情从细微处着眼的叙述艺术。

当然，叙述靠的是语言。而世界上的语言种类之繁多，尽人皆知。仅中国人的语言，虽然写在纸上出现的同是方块字，如若张嘴讲起话来，声音的差别，可用“十万八千里”一词来形容。

故而小说语言自然也就呈现千姿百态的表现方式。

比如北京人和说普通话的大部分北方人，自小如何讲话、思维，以后作小说的时候便照着自己的语言习惯书写下来。又比如上海人或者一部分南方人，自小所说的是地方色彩甚浓的本地话，思维的时候自然所用的也是现成的本地话思维模式。但当他们提起笔来写小说的时候，会突然发现很多本地话须翻比砖头还厚的辞典查阅，很多地方话查出来了写在纸上别人看不懂，还有很多本地话根本查都查不出来，于是他便面对一个矛盾，他说话时思维是一种语言，他书写下来的又是另一种语言，自然而然地他必须用规范的普通话来写作，他发挥的不是他所擅长的语言，不是他的长处，他还冒着使用写小说最为忌讳的“报上语言”的危险……这一前景是否被我形容得太可怕了？逾越了这一障碍的作家会写出独具语言特色的作品，但据我当了不长时间的编辑生涯而言，一部分非北方语系的地方，有些作品语言干涩，谈不上什么音韵感、节奏感之类审美的标准，缺乏生动性和浓郁的色彩，这是不是一个原因呢？

其实这已经是该在另一篇文章里探讨的话题了。但行文至此，权且将此作为问题提出，抛砖引玉，以期求得大家之高见。

（1986 年）

长篇小说之我见

丰富的经历和情感的积累

生活的积累对任何创作都是重要的。对长篇小说的创作尤为重要。

有人曾说，写短篇靠技巧，写长篇得靠积累，循序渐进的积累，有形无形的积累，感情投入的积累。丰富的经历自然能给创作带来很大的益处。但是很多有志于创作的人有了丰富的经历，却苦恼写不出东西，也是时常听说的事情。有一句老话说：读万卷书，行万里路。如果一目十行地读书，心不在焉地读书，那么即使读百万卷书，也是无用的。在当今时代，行万里路甚至十万里路、百万里路者也比比皆是，不用心思，那路多半也是在白行。

读书是一种积累，行路也是一种积累，把两种积累相结合，使其比较有益于产生创作的冲动，那就得倾注感情。没有感情，就不能产生想象的动力，而没有想象，那么就很难进入长篇小说的创作。

写作短篇小说的高手和大家，能用一两句精辟的，甚至是朗朗上口的语言来谈短篇的写作，诸如：直奔结尾，开头要让人眼睛一亮，裁剪要适度、简洁，选材要严，等等等等。但是没有一位作家会用简单的一两句话来谈长篇小说的创作。其实，所有关于短篇小说创作的体会与经验都和创作规律有关，但是如果仅仅只谈及一点，对于长篇小说的创作来说是远远不够的。

人类的感情是说不尽道不完的，有些感情还是让人难以理解的。人们把感情比作大海，形容成莽莽苍苍的群山，或者干脆称作感情世界，大概能说明一点问题。忧国忧民是一种感情，纯洁的初恋是一种感情，婚外的爱也是一种感情，对故土的依恋是感情，对仇人的恨是感情。人类时时遭遇的生离死别是感情，人们时常说到的妒忌是感情，冷漠、狂热、愤怒都是感情的体现。

因而创作本身，就是一种感情的宣泄。我们说的创作冲动，这“冲动”两字，形容的就是感情。长篇小说创作最需要的，就是这种情感的积累。我们经常举到这样一些例子：福楼拜在写包法利夫人服毒一段时难受得呕吐了；有人看见巴尔扎克憔悴得如同大病了一场，问他，你最近生了什么病，他回答，高老头死了。这些例子不断地被评论家和作家们提到，无非就是在强调情感对于创作的重要。但情感又是可以用酒来形容的，似乎是越醇厚，越丰富越好。但是酒这东西，除非在特制的酒窖里使得酒分子的发育处于静止状态或缓慢发展阶段，让它逐渐地缓慢地老熟，一般地来说，过于老化的酒，哪怕它是再有名的酒，无论从香味，从醇厚来说都是要退化的。我不止一次地听一些老作家以感慨的语气说，创作中长篇小说，那是中青年作家的事。作家老了，就会自然而然地写些随笔、散文、杂感、创作谈之类的文字，写小说得有激情，而老年人缺乏的，往往就是激情这东西。这话虽不是绝对的，但从一般规律来说，还是有一定的道理。

丰富的经历能使作家体会多种多样的感情，而多种感情的积累有益于作家写好形形色色的人物。长篇小说因为长，相比于短篇小说的人物就要多得多。很难设想一部长篇小说只写好了某几个人物，而把另外一些人物用寥寥几笔去交代。凝重的主题也好，重大的题材也好，都得靠栩栩如生的人物去体现，而写好人物的关键，就得要作家全身心地倾注自然流露的、发自肺腑的感情。文笔再好的作家，语言功力再强的作家，走马观光一番，只能写些浅显的散文和报告文学。我们读到的一些优秀的报告文学作品，总是因为被写到的人物或事件先深深地打动了作家，激发起了作家的感情和灵感，促使他去深入地采访、了解、调查研究，而后写出了脍炙人口的好作品。有经验的老作家时常谆谆劝导青年作家和初学写作者，一定要写自己熟悉的生活，写不出的时候不要硬写。表面看来这是针对文学青年写作的一种现象而言的，归根到底实际讲的还是一个感情问题。长期沉浸在熟悉的生活里，自然对这一生活会产生种种感情，或热爱，或厌恶，或留恋，或惋惜，或难以忘怀，或摆脱不了，挥之不去——写出来就会让人产生同感，就会让人觉得是那么回事，就会使人觉得栩栩如生、爱不释手，语言也就会自然而然地被感情牵着走。反之，如果写不出，而硬要写，即使笔下生辉，洋洋洒洒、用去很多形容词，因为感情是虚假的，读来总让人觉得不对劲。言为心声，在创作长篇小说时，记着这一点，会使我们在下笔时倍添几分谨慎。

是深沉的，也是有趣味的

长篇小说要有深沉凝重的主题，要有令人深思熟虑之的蕴含，要有高尚的思想和严肃的思辨。看来不会有人提出什么疑义，有疑义的是“有趣味的”的这句话。人们会说，趣味有高下之分。高尚的趣味那当然很好，而低级趣味马上就会让人想到通俗，甚至庸俗。

我们说小说是一门艺术，优秀的长篇小说更应是艺术作品。而且我们生活的这个世界还常常把长篇小说看作是国家和民族的文化宝库。诸如提到西班牙，我们就会想起《堂·吉诃德》；提到埃及，我们很自然地就会讲到《一千零一夜》；提到19世纪的俄国和法国，我们就会想到托尔斯泰、巴尔扎克和雨果的作品。如果稍有些文学修养，我们还会讲到作家笔下所创造的那些个鲜明生动地活在我们记忆中的文学世界，比如福克纳的美国南方邮票那样大小的故乡本土，劳伦斯的马尼托巴矿区，亚马多的巴西等等等等。实地去这些地方走走，你会发现真实的世界和作家笔下的文学世界是有差别的，有时候这种差别还能使你吃惊和觉得不可理解。我曾经到过沈从文笔下无数次写到过的湘西，可能是我对他的小说读得太细致了，我觉得我眼中看到的湘西和沈从文笔下的湘西完全是两码事，尽管我也在从事创作，当时我确实还是有些隐隐的失望。但那也没有关系，沈从文老人创造的是一个文学世界，一个审美的世界，它可能不存在于现实中，但是它被创造在薄薄的纸页上。这就是作家的伟大，文学作品的伟大，长篇小说的伟大。因为作家以其生花妙笔美化了我们这个平凡的世界。作用于人的是看不见摸不着的灵魂，要读者从内心深处发出由衷的反响，必须深沉、凝重、令人深思，才会显示其价值和意义。要完美地做到这一点，那也就必然不可能去和娱乐竞赛。而今天我们所遇到的问题的复杂性就在这里。我们不可能要求每一个读者拿起书来就接受作家所创造的那一个个文学世界，这个世界上有那么多吸引人的有趣的事情，他为什么非要拿起书本阅读呢？人们最可能问到的一个问题就是：你所写下的这个世界和我有什么关系？或者：我为什么非要光顾你创造的这个世界？而作家在读者没有读他的作品之前却无权去责备或是驱使读者。他只有一个办法，那就是想方设法吸引读者。况且我们也没有理由要求每一位读者在拿起一本书的时候排除娱乐功能。

因此当作家创作一部长篇小说的时候，除了要考虑作品的思想内涵的深度，他还必须考虑要写得有趣味。有趣味不排除通俗，小说从其产生的那一天起，就包含着通俗的成分。翻一翻中外的小说史，这个问题就不须多加争论。但是仅有通俗那是不够的。惊险小说是通俗的，侦探小说是通俗的，恐怖小说不但是通俗的，甚至还是刺激人的。可以列入这一项下的还有色情小说、情节小说、暴力小说、武侠小说——所有这一些小说可以吸引不同层次的读者，也不否定有一定的趣味，但绝不可能成为国家和民族的文化宝库。原因很简单，就因为它们缺乏深沉凝重的思辨和启迪人灵魂的力度。

综观世象，可以发现，任何一部伟大的长篇小说都能在不同的社会层次中找到知音。各种各样的读者能在这样的长篇小说里读出自己的意味来，发出会心的微笑。男的、女的、年轻的、年老的、中年的、不同肤色的、遵从不同习俗的、信仰不同宗教的——想想吧，当一部长篇小说能在所有的这样一些读者中被称道、被赞许、被读出意味，发现不同内涵、不同意境，它能不凝重深沉、不充满趣味吗？不知从何时起，有人抬出“媚俗”这个词来为蔑视读者找注解，那么就请你再读一读强调这个词儿的米兰·昆德拉的几本长篇小说吧。在他的长篇小说里，为写得有趣味不知下了多大的功夫呢！索尔·贝娄曾经轰动美国的严肃而又充满高级趣味的长篇小说不是进入畅销书的行列了吗？托妮·莫里森不是因她的既高尚，又有趣味的小说而被誉为“两面异物”吗？他们早已从自己的创作实践中领悟到：写得深沉些，写得更有趣味些。

为了写得深沉写得更有趣味，作家们在做着孜孜不倦的、痛苦的努力和追求。几乎是从21世纪的初叶起，就有人在预言长篇小说的消亡：“长篇小说还能存在多久？”“长篇小说会消亡吗？”特别是30年代以后有声电影的迅疾崛起，更有人变本加厉地宣告：“小说失宠了！”“小说将被取代”“小说还能活着吗？”“小说快没落了。”到了近代电视业及电视剧的飞速发展，使得类似的舆论再次掀起了高潮，仿佛小说真的变成了明日黄花，走向消亡了。但是小说怎么样呢？尽管文坛有着那么多不景气的抱怨，令世人瞩目的杰作还是在这个世界上的这一角落或是那一国度里冒出来。恕我直言，电影和电视的发展与普及虽然对小说产生着不可低估的影响和冲击，但它们绝不可能取代小说，特别是长篇小说。只因为长篇小说用语言创造的文学世界是不可替代的。

长篇小说因为长，体现她的主要优点就在于不让人感觉枯燥乏味。而为了使人爱读，长篇小说也就永远不会排除爱情。作家们或者干脆说长篇小说家们时常为作品要不要一个故事，或是该不该有情节争论不休。有人比如说，福楼拜就直言，我对故事没有兴趣。

在很多现代派作家们看来，重视情节几乎是对他们的侮辱，偏离故事和情节才是他们刻意追求的。而对有的作家比如艾巴辛格来说，“从文学中剔去讲述故事，文学也就失去了一切”。

我倒觉得既然有着一个不甘寂寞的文坛，对这些问题争一争也未尝不可，但众人尽可以各讲各的，千万不要强加于人。创作，特别是长篇小说的创作，是一场令人精疲力竭，而又极富个性的精神劳动，她本没有给世人定下什么清规戒律，有志于书写杰作的作家们尽可以在这一领域里纵情驰骋。但是就如同电影得规范在影院里去放映、电视规范在小小的荧屏上一样，长篇小说总得要给自己寻找一个表现的舞台或说一个框架、一个表现形式。这一舞台、框架和形式再大，比如长到类似于七卷本的《追忆似水年华》，还是有限度的。在这一有限的构架内，长篇小说要有尽可能大的容量，于是不得不考虑深沉凝重，不得不考虑要有主题，生动，易为读者接受。

史诗和哲理

在关于长篇小说的议论中，我听得最多和最强烈的评价，就是长篇小说要有史诗意识，我们还拿不出像样的史诗作品，有些人不止一次在呼唤史诗，并且断言，史诗是长篇小说的最高成就、最高境界。和史诗几乎讲得一样多的是责备我们的长篇小说不含哲理，或者说哲理表现得不够，哲理太浅显等等。

我曾很认真地思考过史诗，很虔诚地拜读那些与史诗有关的文章。读多了我发现，就是那些大声疾呼史诗的人，对史诗的解释也是不一样的。或者说他们自己对史诗是怎么回事也没搞清楚。一会儿有人说史诗是广阔的时代画卷，一会儿有人说史诗往往反映了社会各阶层的面貌，一会儿有人又出来煞有介事地论证，像《战争与和平》《静静的顿河》《蒂博一家》这样的多卷本长篇还不是史诗，那么史诗是怎样的呢？史诗应该是用不大的篇幅，也就是我们平时看到的一本长篇那么长的篇幅，用高度概括的、带有一定象征的、形式和内容统一的、内涵丰富、艺术地表现出来的作品。

应该说细读这些话一点儿也不会感觉有什么不对劲的地方，而且初读还会觉得很有水平，很有道理。但是转而一想，又觉得这些话似乎什么也没说。如若哪个人真依着这样的要求去写作，别说是史诗了，他写出的东西首先在编辑那儿就通不过。退一万步讲，就是所有的人都依照这样的要求写出了“史诗”，那试想一下，我们的文坛该会是多么枯燥、乏味。小说创作之所以吸引人，长篇小说之所以有一代一代的痴情读者，就因为一个人和另一个人写得不一样，一部作品和另一部作品有不同的趣味。

哲理也一样。一部长篇小说具有丰富的哲理当然是一件好事。那哲理能给人以启迪，令人深思，则更为成功之作。但哲理决非小说的标签，它应该是自然地最好还是隐蔽地蕴含在长篇小说的故事中的。如果长篇小说仅仅叙述了一个扣人心弦的故事，而使其他的一切都服从于故事的要求，那尽管可能很好读，但最终也不见得是一部成功的作品。如果长篇小说家根据恩斯特·卡西尔著作思想的启示写出了一部长篇小说，我们不一定会去读，因为真正要理解卡西尔的哲学，我们完全可以去读他的原著。比如“群众是真正的英雄”，“枪杆子里面出政权”等等都不但是真理，而且还富有一定的哲理，但要是写出一部长篇小说来一一证明这些真理，我们会说这未免把长篇小说的主题搞得过于单一了，这些谁都知道的论断需要你去证明吗？不要以为这样的现象已经不存在了，我们不是时常见到一些作家读了一点儿佛学著作或是道教的书，或者是西方比较时髦的哲学书籍，继而写出一些小说来证明其观点的正确吗？这样的长篇小说可能会引来一些人对于其创作中佛教色彩、道教色彩或是西方哲学色彩的赞誉和兴趣，但如果我真正对此有兴趣，我就会去读介绍佛学、道教或是西方哲学的书，我何必通过读小说来认识这些学问呢？如果长篇小说仅仅只用来作为探讨某种新颖的形式，或者是像一些作家热衷的那样做新样式的试验，那么这只可能是一本有弱点的书。因为长篇小说在这时候已变成了一种审美的玩物，这可以解释为什么那么多的读者面对被吹捧到云雾里的小说仍觉得困惑不解，或者干脆说作家们是在玩文字游戏。长篇小说的厚重，关键就在于它既探索丰富多彩的生活，又探索和语言、虚构、表象、结构等等有关的风格。而所有深沉的哲理，都是和生活中的衣食住行、生老病死、周而复始、否极泰来有关的，或者说是由此生发开去的。在我看来，长篇小说始终都在讲述一个追求美好未来的故事，或者说是追求幸福欢乐的故事，它很深奥，也很浅显，很玄妙，也很平常，创作长篇小说忘记了这一点，就有可能去钻牛角尖。

长篇小说的语言

这是一个老生常谈的话题。不必扯远了去说世界各国的语言是多么的千差万别，就是古老中国大地上的语言，也是多姿多彩，发声音韵各有千秋。有的短促简捷，有的文声拖气，有的甘润糯甜，有的厚实粗重——故而各地的方言中都有“宁与什么什么地方人吵架，不与什么什么地方人闲话”的俚语。中国有十多亿人口，书写的同一种汉语（一些有文字的少数民族除外），讲的也是我们统称为中国话的语言。但是可以说没有一个中国人能听懂所有的中国地方话，常常就是在同一省内，发音的方式或尾音决然不同。别说是省与省之间的差别了。对小说创作来说，这正是我们中国作家的优势。各不相同的地方有各不相同的方言俚语、民谣俗谚，北方和南方的遣词造句方式也各有不同，所有这些不同恰好给来自各种地域的作家以施展才华的充分机会，即使是书写同一题材的作品，黑龙江的作家和海南岛的作家写来是不会一样的，云南的作家和上海的作家们写来也是不会一样的。有经验的作家一定知道，很多作家在创作中都主要使用一种语言方式，我把它称为“根的语言”，或者说是来自于故乡的语言，这与一个作家的出生地，和他最早牙牙学语，以及后来用语言思维的方式，甚至作品中的人物、俚俗都有不可分割的关系。当把这一种语言运用到炉火纯青的时候，一个作家的语言特色亦便形成了。比如说乔伊斯的都柏林，格拉斯的但泽，伯尔的科隆——这一些地方不但提供了作家们的语言基础，甚至连作品中故事发生的地点，作家也有意无意地安排在这里。

语言给人以种种奇妙无比的感受，它可能是清新明快的，可能是含有淡淡的哀愁的，可能是简捷的，可能是充满了浓郁的乡土气息的，可能是庄重优雅的——在需要的时候，它也会是粗俗的、啰嗦到颠来倒去的。在长篇小说的创作中，语言除了该有它必须具备的准确性、形象性、生动性之外，还需要追求语言本身的音韵感、节奏感和情绪化。总之，该在不露痕迹、不动声色的叙述中，能把读者带进你所创造的文学世界里去。

我之所以强调不露痕迹、不动声色，是针对有一种认为长篇小说应该散文化的观点而言的。散文也得有情绪有韵致，散文也要抒发感情，表达意志，散文的自由度也很大。在俄罗斯和苏联，长篇小说甚至本身就被称为散文。而在我们中国，散文和小说，特别是长篇小说的概念完全是分开的，散文常常为了更耐读和可以咀嚼，在行文中不时地需要雕琢，而雕琢时不知不觉地就会留下斧凿的痕迹。在我看来，这一斧凿的痕迹，对长篇小说来讲，无疑是同故意编造一个细节那样的失败。

（1990 年）

谈小小说

小说写到今天，已经有了各式各样的小说。一般意义的长篇小说之外，还有上、下两卷本的长篇，三部曲的长篇，史诗式的长篇，更有多至七卷本的多卷本长篇，比如《追忆似水年华》这样的巨作。就是颇受欢迎的中篇小说，也分成两三万字的所谓小中篇，以及十万字以上的长中篇。唯短篇小说，将其细分的比较少。但近一二十年来，小短篇、微型小说、小小说、超短篇时见报刊，甚至还有专选微型小说的《小小说选刊》《微型小说选刊》。可见作为一个小说品种，微型小说已经自成一种格局，受到广大读者，尤其是业余时间较少但又酷爱文学的读者的欢迎。

其实，短小精悍的小说，中国古已有之。蒲松龄的作品，论字数都不长，用今天的眼光来看，似都可以归入微型小说一类。可多少年来，《聊斋志异》决不因其篇幅短小而失其艺术的光辉。相反，一代一代的老少读者，都能从一个个小巧玲珑的神鬼故事中，读出它们的意味来，并时不时露出会心的一笑。可见，只要把作品写好了，微型小说自有其独特的魅力。

鲁迅先生的《孔乙己》《一件小事》是这样的小说。郭沫若的《齐勇士比武》、叶圣陶的《一个朋友》、许地山的《疲倦的母亲》、郁达夫的《立秋之夜》是这样的小说。

川端康成、马克·吐温、海因里希·伯尔、卡夫卡、契诃夫……众多的名家和大家，都写过这样的小说。

尽管如此，微型小说的大量涌现，微型小说的异军突起，对微型小说独特美学特征的研讨和争鸣，便是80年代以来中国文坛一个特有的蔚为壮观的景象。

戴涛是80年代后半期加入微型小说创作队伍的一位勤奋的作家。短短的几年工夫，他已出版了两本微型小说选《人生旅途》和《美是生活》。

我对比着读了这两本集子，明显地感觉到第二本集子，比较两年多以前出版的第一本来说，有了长足的进步。读着戴涛的微型小说，有时我会发出会心的微笑，有时我会为他的机巧怦然心动，有时我又会为他捕捉到的简约美而咀嚼一番。

比如，同是写《小镇的故事》，之一写的是人生的一种境界；之二写的则是家庭伦理；而《沈记臭豆腐坊》写的小镇故事，更蕴含着历史的沧桑、民族的尊严和人格的力量，把一篇记叙风味小吃的文字，提高到了相当的层次上。

又比如，同是写男女之间的人际关系，《男孩与女孩》写的是当代小青年的活泼、可爱、纯情；《一个男人和两个女人的故事》探讨的是社会上常见的婚外情现象，但它的处理无疑极具微型小说的特点；而《打呼噜》则从夫妻关系的角度，探索着更深层次的人际关系。它让人想到的，不仅仅只是容忍、克制和个性的差异，恐怕还能让人想到更多的一点东西。

再比如《名人》讥讽的是某种生活现象；《美是生活》嘲弄的是当代市侩的人生态度；而《将军的敬礼》则让人从将军的一生感受到社会的变迁与时代脉搏的搏动。

同是写“一生”,《一生》这一篇显见有模仿之痕迹。但即使是模仿，也不是常见的机械的模仿，而是极力要从模仿中翻出新意来。

微型小说的创作方兴未艾，戴涛前面的路还很长很长，愿戴涛在微型小说的创作上取得更大的成绩，真正将一篇篇独树一帜的微型小说，送到对他寄予厚望的广大读者眼前。

（1996 年 7 月 8 日夜）

文学语言规范谈

我出版的三十本书，全都是小说，所以我觉得文学语言的规范化这一题目对我来说就是谈小说语言的。而关于小说语言的规范化，我恰有几句话可说。

一般来说，小说语言是需要规范化的。所谓“一切文辞学术，皆以章句为始基”（黄侃《文心雕龙札记·章句》）。这就是说，小说语言的第一要素，仍同一切语言一样，那就是要有它的准确性。

但是我觉得，对于一位小说家或者初学写作者来说，仅仅强调文学语言的规范或者对文学语言的规范化强调得过头，是不合适且不妥当的。对文学语言的规范要求得过分，便会使一些作者的语言流于小说家最为忌讳的报上语。而我们的报上语言，是很难分辨出作者的个性的。相反，文学语言恰恰是最需要表达作家个性的语言。我们对小说家的文学语言，除了要求最基本的准确性之外，更多注意的是其语言有无鲜明性、生动性，有无牵动人情绪的韵味，有无意境。一句话，有没有语言的特色。我当过数年的文学编辑。应该实事求是地说，在编辑部每天收到的一大沓来稿中，除了少数字迹歪歪扭扭、错别字连篇、文句不通的稿子外，大多数来稿的语言都是符合规范的。但这大多数来稿恰恰是不能采用的。除了选材、立意及人物描绘的缺陷之外，其中一个主要原因，就是这些来稿的语言平淡，读来如一碗白开水，无甚特色可言。当编辑拿到一篇语言有个性特色的作品时，会津津有味地读下去，哪怕觉得整篇作品的立意稍差一些，人物形象尚欠缺一些，编辑也会约作者上门来，共同商讨如何把作品修改得达到发表的水平；或是即便不采用他的这一篇作品，也会鼓励他多写、多努力，取得进步与突破。文学语言愈带个性色彩、主观色彩，便愈有潜力可挖。

文学语言的非规范化，还在于文学语言直接地采摘生活语言。有记者问法国作家克劳德·西蒙："在你所写的对话中，往往句子中断，暂时悬着，你不让说话的人把一切都说出来……为什么这样？"如果碰到我们的一些要求语言规范的编辑，他一定会用笔把那些含义不明的对话划出来，请作者务必把对话的意思写明白。理由很简单，连他这样天天处理稿件的编辑都读不懂，广大的读者又怎会读得懂呢？而西蒙是怎样答复的呢？他说："我以为我们说话就是这样。一般人往往这样结束说话：'你知道，事情，那东西……'在日常口语中，人们以十分粗略的方式表达自己的意思，而这并不妨碍相互理解……"

就是这个西蒙，还有美国作家索尔·贝娄，在他们感觉需要时，作品中的人物话语会整段整段地不加标点符号。按常规来说，这又是非规范的，但读者恰恰又能接受这种非规范的文学语言，这也是颇能说明问题的。

至于我在写小说的时候，想得更多的不是文学语言的规范，而是语言怎样更切合人物的身份，语言怎样显得朴实流畅清丽且具音乐感，语言怎样更加生动活泼，把读者不知不觉带进作品的意境中去。

这便是我所理解的文学语言的规范和非规范。

（1991年）

小说需要新形式

和一帮共同插队落户的老知青相聚，不知哪一位先掏出手机提议说：你们玩微信吗？我们建一个群吧！众人赞同，于是纷纷掏出手机，建了一个插队知青群。

从此以后，这些平时少有联系的老知青，在群里发微信，通消息，晒照片，把自己去海内外旅游的感受、体会，把自己含饴弄孙的欢乐和烦恼，把对社会上某些事情的看法，全在群里表达出来。增进了互相之间的交流、联系，也添加了不少生活的乐趣。

和作家们一起重走长征路，共同相处的老、中、青几代作家，男男女女，共计二十几人，也建了一个重走长征路的作家群。这以后热闹了，作家们有什么即兴创作，打油诗，富有生活情趣的段子，文坛上出了什么新闻，全能在群里读到。不但让我们知道了互相熟悉的作家在干啥，读到些什么新作，有些什么思考，即使平时交往较少的中青年作家有些啥活动，想些什么，追求点什么，都有了了解。

去澳洲访问，见到了久别重逢的老朋友、文友，定居澳洲的老同学，同样建了一个群，从此之后，这些多年疏于来往和少通信息的老朋友们，家里做了什么好菜，华人圈里流传些什么新闻，对国内某个事件海外的人怎么看？甚至现在海外又有了一个什么新的厨房用具，很方便的，也会拍一张照片放在群里，国内的朋友想要的，有人探亲时，就给带来了……

群建多了，视野开阔了，信息丰富了，感情交流又增加了一种形式。有作家告诉我，每天临睡之前，或者床上醒来，总要花点时间看看微信。

哦，微信已经进入了我们的生活。

有一天，我突发奇想，何不就以微信这一新的联系形式，来写一篇小说，这种小说，不同于长篇小说、中篇小说、短篇小说及微型小说这类传统的形式，它是微信群体小说，一种新型的表现形式，一种新文体。于是我写下了《婚姻底色》，又写下了《血刃亲属》，还想写《凡人春秋》，请读者朋友抽空读读，判断一下，品鉴一下，这是不是小说的一种新形式？

（2017 年）

两副目光

十九岁那一年，我离开了上海，去到遥远的，对我来说仅仅只在地图上读到过的贵州乡间，拿当时的话来说，走的是一条上山下乡的道路。更准确地说，是到偏僻的村寨插队落户。

也许因为我在上海居住在繁华的市中心，也许因为我读书时几乎天天要在人流不息的南京路上至少走两回，我对城市的景观太熟悉了，故而乍然来到群山连绵、层峦叠嶂的高原，我强烈地感受到了城乡之间巨大的差别。

那些年里，我在学做一个农民的同时，情不自禁地睁大了不无忧郁的双眼，好奇地观望着山乡里的一切：幽深的河谷、吼啸的山风、连绵无尽的群山和一座一座大大小小的村寨，还有稀疏的或是密密的树林子。尤其是栖息在这片土地上的老少农民们，他们的风情俚俗、他们的生活方式、他们的衣着服饰、饮食习惯，都激起了我强烈的兴趣。那时候，我自觉不自觉地用一双都市人的眼睛，观察着山里的一切，并且力图去理解那些陌生的，有时甚至困惑的人和事。也是在这种观察、理解和思考的基础上，我提起笔来写下最初的一些作品。无论是写到我们这一代人命运的小说，还是写到农民们的生活形态，甚或是那些描绘少数民族诸如苗族、侗族、布依族生活的小说，我得承认，那全都是我用一双都市人的目光观察山乡生活的结果。

随着岁月的流逝，我在山乡里浸染得愈来愈久。我会讲一口流利而道地的乡间土话，我的衣着在农民中间几乎和他们浑然一体，我的脉搏已经随着农民们血液的流淌而搏动，我习惯地用一双乡间农民的目光，留神节令的变化，关心气候对庄稼的影响。春天里为旱象犯愁，夏日里因山洪暴发而怕涝，秋天里担忧西北风刮得太早，冬季里盼一场下得透透的大雪——特别是在区里、县上的干部下来催粮、催款时，我的思想感情几乎完全是站在农民一边的。偶有机会外出，坐在火车上，我总是习惯地交叉起双手，用一双局外人的眼睛，观察那些拿工资吃饭的人如何行事。他们的言谈举止，经常还会逗起我内心深处不屑的情绪。跑进了城市，我更是用一双乡下人的眼睛，疑讶而愕然地瞅着省城、瞅着北京、瞅着上海一年和一年不同的新景观，并且把这些新的人和事带给我心灵的震颤运用小说的形式写下来，竟然也会给读者带来欣喜哩。

后来，命运又使我回到了城市，回到了生于斯长于斯自小熟悉的，但如今又有点陌生的上海。于是我不知不觉就用一双乡下人的眼睛来观察上海这座大都市里今天正发生的一切，我惊喜地看到自己有那么多新的发现。我贪婪地呼吸着城市里的空气，这空气虽然没有山乡里的清新宜人，多少遭了点污染，但我认真地让自己去适应，让自己已显迟钝的脚步适应都市的节奏。在融入这个城市的同时，我又开始用一双都市人的目光，来回顾我在乡间已经历和体验过的一切。稀奇的是我顿时觉察到了很多原先并没意识到的东西。我觉得一些艺术的光点光斑在闪烁，在激励着我拿起笔来……

就是这样，我渐渐习惯了用一双当代大都市人的眼睛观察遥远山乡里的现实，用一双偏僻乡间山民的目光看待今天的城市。当这样两双眼睛碰撞在一起的时候，我总是感到心头又有新的写作欲望在萌动。而这种碰撞又是那么多，几乎不用我费劲去寻找。谁都知道上海是我们国家数一数二的现代化大城市，谁都知道贵州在我们国家的经济上是居后的，如此鲜明的对比造成的落差使得我经常能观察得和别人不一样。这是命运的恩赐呢，还是我的局限，我讲不清楚了。但有一点我是清楚的：我是摆脱不了这一切的了，就让我生命的环，在都市和乡村的两极之间摆动碰撞吧。

（1996 年）

电视剧与故事

电视剧既是剧，是需要剧情，需要一个故事的。不管你用什么风格，什么手段，什么技巧去拍摄，一个好的故事能使我们的电视剧更加有声有色、多姿多彩。

时常有这样的情形，我们津津有味地倾听一个故事，听的时候很想知道下文，很想了解后面的进展，甚至巴不得尽快知道结局。当我们凝神屏息地听完了故事，便会有如释重负或恍然大悟之感。随而也就得到一种满足。实事求是地说，这种满足来自故事的进展之中。即使如此，我们仍得承认，在每年生产的几千部（集）的电视剧中，这样的故事也不过达几百部而已。

另有一类故事，情节展示的是人物的命运，人物的命运又让我们揪心，当我们终于得知深深吸引着我们的人物究竟获得了怎样的归宿时，我们也会舒心地喘一口气，或为主人翁的悲惨结局一掬同情之泪，或为主人翁的终获成功欢欣鼓舞。总之，那艺术的真实牵动了我们的情愫，并且让我们联想到社会的变迁，由此折射出一整个时代的影子，看完之后令我们深思。我们得承认，这一类优秀的电视剧每年大约只占数十部（集），而一当出现，往往能大受欢迎，并在年度评选中获奖。

还有一类故事，至少在我有限的视线之内，在我们播出的中外电视剧荧屏上，我还不曾见到过。那就是这类故事不仅有令人深思的主题和引人入胜的情节结构及光彩照人的形象，看完之后观众们还会久久地议论它，猜测它，甚至争论它，并为它的高度暗示性、象征性的艺术能量深深地折服。只要稍稍凝神冷静下来，我们便会惊讶地发现这个故事不知不觉、潜移默化地开始影响我们的生活及其行为方式，而当专家们，诸如学者、教授、专业评论家们试图破译它时，又会觉察它还有穷尽不竭的深奥和含意，似乎是与现实生活紧密联系，却又好像超越了现实，哪怕我们在十年、五十年，甚至更长的时间之后再来观赏，也不会有过时之感，也同样会给那时的人们以启迪。无疑的这是更高境界的具有经典价值的电视剧，我们还没写出来，自然更没见到播出，包括我自己仿佛对此目标也只能望洋兴叹。

但我觉得我们应该为自己树立更高的目标，并为达到这样的目标而努力。不知诸君以为如何？

（1988 年）

从口味到影评

进贵阳生活以来，经常见同行中有人出差上海。寒暄时，难免问及这些同志对家乡的一些看法。不少土生土长的贵州人总要说及上海菜肴的清淡、乏味，吃不下去饭。继而便说耽搁久了，自然而然会怀念贵州的折耳根、辣椒和有滋有味的黔菜。

这是大实话，却不那么客观。

其实，上海菜肴是在本地（上海人称为“本帮”）生煸、红烧、鲜美浓郁特色风味的基础上，充分吸收了苏州菜、无锡菜（烹饪学上称之“苏锡帮”）和杭州菜、宁波菜的新鲜嫩脆、保持原味、雅淡宜人的特色，形成了它自己的重原汁原味、重火候、重入味烹调，保持汁浓色艳，味醇厚鲜美，油而不腻，嫩淡而不乏，尤喜活鲜的风味特色。比起一些重淡雅、清嫩的风味地方菜来，上海菜素来还有汤卤醇厚、浓油赤酱、咸淡适口的说法。

但是，同以辣香为主，配以醇厚重味，酸咸汁厚的黔菜来比，上海菜自然显得太清淡、太乏味了。

回想我们上海知青初入贵州时，一吃到辣味菜，就会被辣得掉泪、舌苔起泡、拉肚子，吃到折耳根、酸菜等，更是不舒服，连声怪叫这日子怎么过得下去。且抱怨即使再好的菜，一旦加入辣椒，便除了辣味，啥滋味都没有了。

能不能因为我们吃不来辣椒，就把黔味菜一笔抹杀呢？能不能因为贵州人吃不惯上海菜．又把上海菜全盘否定呢？恐怕世上还未见过这样偏颇的食客。

但是在大小报刊常见的一些影视评论中，我就感觉到这样一种偏颇。

当我们的银幕上出现《追捕》《卡桑德拉大桥》《警察局长的自白》一类受观众欢迎的影片时，我们的影评便蜂拥而上，又是分析主题，又是评价剧作，又是介绍主角生平，又是盛赞演技的精湛。本来这都无可厚非，问题是在用“高八度”的赞扬语言津津乐道此类影片的同时，影评中不免出现些与其他影片（特别是上座率较低的影片）比较的话，且不无挖苦、讥诮之意。而当时过境迁，银幕上又出现一些如《城南旧事》《金色池塘》《黄土地》等影片时，特别是当一些专家、权威发了什么话之后，影评的热潮又涌向这些颇为引人注目的片子，自然免不了一番赞誉和大堆的溢美之词。这本也无可厚非。但我又惊讶地发现，与此同时，某些影评又会捎带点及重故事情节，节奏明快的影片，同样不无贬义。甚而至于还殃及广大观众，论到什么水平的高低云云。

真正不知从何说起。

一部影片有一部影片的风格，不同的影片有不同的风格，众多的影片会有众多的风格，这正是广大观众所盼望的。影评岂能以这种风格去压另一种风格，并加以贬斥！正如有人活泼好动，有人沉默寡言一样，怎么能以这个人的热情活泼或是那个人的沉静斯文断定人的好坏？

更不消说，有很多观众在喜欢《追捕》的同时也会喜欢《黄土地》，喜欢《城南旧事》的同时喜欢《卡桑德拉大桥》。

电影史本身也雄辩地证明了这一点，在充满人生哲理、体现了生命纯朴形式的《罗生门》(1950 年) 获得世界好评后，一点也不影响以反暴力为主题的涉及性和犯罪的暴力影片《邦妮和克劳德》(1967 年) 成为举世瞩目的经典影片；就像《卡萨布兰卡》(1943 年) 和《教父》(1972 年) 获得奥斯卡奖，一点也不影响《音乐之声》(1965 年) 和《普通人》(1980 年) 获奖一样。

在贵州住久了，很多当初碰点辣椒就连声怪叫的上海人，不但在流逝的岁月中逐渐学会了吃辣椒，而且有不少人甚至比当地的农民吃得更凶。人的口味是会变的，观众对影片的欣赏趣味也是会变的。愿我们的影评也能从中受到启发，做到真正从审美和广大观众的利益出发，更公允、更合理些，不要讲过头话，不要顾此失彼。真正起到帮助观众更深入透彻地理解影片的作用，起到促进电影创作健康发展的作用。

(1989 年)

从爱情说开去

在北京、上海生活的日子里，清晨、夜晚我都爱一个人去公园散步，逛累了，我就在公园的长椅上坐一坐，歇息一会儿。像在其他场合一样，我爱观察身旁的人和事。树荫下、长椅上、花丛中，我随处都见到亲密的喁喁细语着的情侣，他们往往沉浸在倾心的交谈里，忘记了世上的一切。可我也经常见到，一个正在热烈畅谈的小伙子，看一看表，遗憾地说："哎呀，七点半了，我还得赶到单位去。"我也时常看到这样的情景，小伙子给姑娘讲了个下一次约会的日期，姑娘连连摇头说："不行不行，那天晚上我们团支部开会。"不论是忙着赶到单位去的也好，要求对方更改下一次约会时间也好，都说明了，即使是处在热恋中的青年男女，他们都没有忘记除了恋爱之外，人在生活中，还应该工作、学习、过组织生活，或者干脆讲得更简单些，人除了恋爱之外，还得吃饭、睡觉、劳动。这几乎是人人皆知的常识了。

反映爱情题材的文艺作品，当然至少得符合这一最基本的生活真实。那就是说，男女之间的爱情，是不能脱离社会的，相反，它还得受一定的社会条件和环境的影响。比如说，中国人和欧洲人对爱情的表达方式，有所不同。一般地讲，东方人讲究的是礼教，自古以来文学反映的内容中总少不了羞耻礼仪；而西方呢，宗教起的作用甚大，罪孽往往是文学反映的内容。有一位大学教授曾打过一个形象的比喻，说中国人的感情像热水瓶一样，表面上是冷的，里面是热的；而外国人的感情呢，像热水袋一样，里外都是热的。这个比喻是有一定道理的。像接吻，在外国的大街上视同常事；而在我们中国的大街上，恐怕绝少见到。自谓个性解放的“现代派”小青年，他可能会蓄长发、穿洋服，打扮得十分洋气，可要叫这么两个青年男女在马路上接吻拥抱，他们未必肯尝试。理由很简单，他们毕竟是中国人。

遗憾的是，我们的一些文艺作品，却往往忘记了这些最普通的常识，在描绘爱情的时候，只顾笔下生花，光图有劲儿，光图银幕上花俏，却忘了笔下的人物是生活在现实中的中国人。更有一些格调低下的作品，一味地追求曲折离奇、感官刺激……这怎么可能真实地反映生活呢？不错，艺术作品是需要提炼概括的，也是允许想象的，但也请别忘了，所有这些艺术手段，用来都是为了达到叫人感觉真实可信这一目的。真实于什么？英国女作家伊丽莎白·鲍温说：“真实于读者所了解的生活。”而不是真实于读者所不了解的生活。

我们的生活中有爱情，但爱情生活只是社会生活的一个方面，社会的发展，社会上人与人之间的关系，都给爱情生活以一定的，有时甚至是重大的影响。我们的爱情题材的作品，自然也应该反映这种影响，反映时代的脉搏在怎样的跳动。像胡耀邦说的："我们的作家应该把高尚的、美好的东西发掘出来，赞美它、歌颂它，使更多的人在这种榜样面前感奋起来，仿效它，学习它。……也要把那些丑恶的、低级的东西发掘出来，剖析它，暴露它，反对它，使人们警惕起来，同这些东西划清界限，以至最终把它消灭。"

写爱情题材的文学作品，我觉得完全应该这么做。

（1987 年）

文思神远

忙碌的都市生活中，空闲下来，总要选读一些早年读过的佳作。奥逊·威尔斯的《安倍逊大族》是我多次重复阅读的一个剧本。这个本子不像威尔斯的经典影片《公民凯恩》，只把焦点汇聚在凯恩这样一个主要人物身上。它一共刻画了七个主要角色，每个人物各有各的代表意义：

狠毒而自私自利的乔治是贵族世家的最后堡垒。

感情丰富的露西是有着光辉前途的新一代。

安倍逊少校是这一家族的创始人，他活着看到了家族的败落，却并不怨恨气馁，在精神上仍保持着强者的风骨。

芬妮是安倍逊大族中潜在的反叛者，但在心灵深处却又对贵族世家有着无限的眷恋。

宽容大度、温文尔雅的尤金是新兴工业家的代表。

伊莎贝尔为贵族世家的虚伪牺牲了爱情，在抑郁苦闷中虚度了一生。

杰克是时代变迁中一个冷静的旁观者，和贪婪的乔治形成了鲜明的对照。

所有这些人物，既是安倍逊这个大家庭中的一分子，又是当时社会上各种各样有代表性的人物的缩影。每次读它，我都能从这些人物身上读出一些象征的意味。在《安倍逊大族》之前和之后，以作品中的人物作为社会某一阶层、某种思潮的象征，实在是一种惯用的方式和习见的谋篇布局的技巧，其所有的内涵和底蕴，自然也就有了我们时常要求的深度和厚度。遗憾的是，在我们的刊物和大量的作品中，却很少读到这样的故事，偶有所见，甚至连一些自视甚高的编辑、评论家也往往以一句“看不出”“读不懂”便下了结论。

如此这般，我们读到的大量的作品，自然就只感觉到了急功近利，感觉到了肤浅的乏味。

一个人物，如果仅仅只是故事中的一个符号，如果他的身上并无历史、社会、时代赋予的色彩，即使写得再形象、再生动、再有个性特点，那也只能是一个单薄的人物。古人刘勰在《神思》中说：“文之思也，其神远矣。故寂然凝虑，思接千载；悄焉动容，视通万里。”讲的便是这么个道理。唯构思立意时想得深、看得远，作品的人物才可能真正给人以厚重感。

（1995 年）

由一首“绝句”想起的

正是春天，为写作大型艺术纪录片《多彩的贵州》的脚本，和相熟的几个同志一起，驱车下乡。去到春意盎然的黔南黔北，去到逐渐为世人所知的贵州西线风景区，去到林木葱绿、碧水映出幢幢木楼的黔东南苗寨侗村，最后又去到“人人都说花溪好，湄潭处处是花溪”的湄江两岸。一路之上，可说是饱览了秀丽壮美的山川景色。既观赏了大山的粗犷雄浑，又重温了“一场骤雨下，春水满田坝”的山野景物，更在处处见到了春燕入帘、花落庭院的村寨小景。

无论是站在山巅眺望袅袅飘散炊烟的乡村，还是憩息在岭腰间看着山脚下绿树掩映下的寨子，或是拿起照相机对准雾涌峰浮的天际隐约可辨的幢幢农舍，我的脑子里总会自然而然浮起一首自小熟读的古诗：“杏花一孤村，流水数间屋。夕阳不见人，牯牛麦中宿。”

哦，这是一幅多么恬静的乡村的风俗画啊！

记得，18 年前，我对贵州的农村还一无所知的时候，初来乡间，伴着夕阳回归寨子，或是在雨后的林子边散步，嘴里便会情不自禁地吟咏起这四句好背的绝句。甚至在给上海的亲友写信时，也会信笔把这首诗写在上面，省却我对村野景物的好些啰唆描绘。只是后来在乡间住得久了，日复一日，年复一年，对村寨上的一切逐渐熟悉并有所了解，开始震惊地看到了农村的贫穷和极“左”路线重创之下的种种怪现象，我才不再想到这首古诗，不再把农村看作仅仅是一幅恬静淡雅的风俗画。而是把一个村寨、一个大队、一个公社，当成农村社会悉心地加以研究，并身体力行地以一个小小知青的身份在那里体验和感受。是有了这一认识，我才慢慢地写出了后来发表和出版的一些小说作品。如若当初也像今天一样，坐一辆面包车，跑马观花地下乡逛一逛，感受恐怕最多也就是“杏花一孤村……”罢了。

回想起来，自从 1982 年早春由偏远的山乡搬进省城，晃眼之间，竟然已有五年。五年中虽说年年仍往乡下跑，自己插队的山寨还去了两次，但是那毕竟是蜻蜓点水般，同当时住在乡下相比，感受和滋味是不一样的。这一次，跑的面广，每到一处，听到些人和事，总还感到十分新鲜有趣。即便如此，站在乡间的山丘和田埂上，凝目眺望坐落在山野里的村寨，仍有股隔岸观景的心绪，这大约便是脑子里又会浮现清人绝句的原因吧。

回到家来，整理素材，草书脚本之余，静心细想，这次跑的地方真不少，每人的素材都记了一满本。但是真正要熟悉某个村寨，像熟悉我插队落户的山寨那样，讲得头头是道，却是一个都难找。发现了几个人物和一些素材，同行者中有想写报道的，有想写报告文学的，但都说真要写，还得再来第二回，至少住上几天。可见，这样的方式，对写作纪录片脚本可行，而要真正搞创作，写一点东西，恐怕仍得用一句老话："滚"在生活里。

由此，我不由得感慨，一个作家，要使自己的笔下永葆青春，还得时时记着贴近生活，让丰富多彩的生活滋补我们的文思。

（1986 年）

读书三得

所有的人都说读书是一件好事。我们古人说的“读书破万卷，下笔如有神”。一代一代传下来，还要通过我们的传承，传给我们的子孙后代。莎士比亚所说的格言：“书籍是全世界的营养品”，印成了图片，张贴在全国城乡的好多中学和小学校的走廊上、教室里。我插队落户在贵州的贫困山乡村寨里，那是“文革”的特殊年代，社会上到处泛滥着“读书无用论”，偏僻的山寨里村民文化程度不高，许多老乡还是文盲，但是寨邻乡亲们还是希望他们的子女能读上书，省吃俭用地供他们的后代读书之后掌握知识，改变自己的命运。可惜的是，那个年代的偏远山乡里书籍不多，要找一本好书来读，真要费尽不少的时间和精力。好不容易借到一本好书，还得点起油灯抓紧时间读，后面还有人催着、等着呢。

如今这样的情形已经很少了。走进书店，各种各样印刷精美的书籍时常让人要花去不少工夫去挑选。统计数字显示，我们每年出版的新书种类，数以万计。书籍上了网络，更让人有一种浩如烟海之感。

当代人，该如何读书呢？

在我看来，在今天，读书要选择。尤其是要读到你心仪的好书，一定要做出选择。如何选择呢？面对如此大量装帧精美、时常还是名家推荐的书，怎么才能找着一本你真正喜欢的好书呢？博览群书是古人精辟的指点。但是今天的博览群书，和古人的博览群书，还是有差别的，古时候书少，很多书是以诗词的形式、文言文言简意赅的形式写下来的，即便是古代散文，每一篇也不长，博览群书比较容易。而今天的书本那么多，一本本读过来，读完之后才能知道书的价值，那怎么读得过来？今天的文人们碰在一起，交流读书心得的时候，经常会说一句，“翻一翻”或者是“随便翻翻，浏览一下”。其实这翻一翻，浏览一下，就是在做出选择。选择的同时和别人交流，也是一种选择。一本有价值的好书，经常是在读书人的相互交流、口口相传之后，其价值才能被逐渐发现的。如果读者像我一样热爱文学，那么我还可以多说一句，你在选择的时候，一定要挑选那种文笔能够令你怦然心动或者至少吸引你的作品。

选择了书籍，阅读的时候，就要注意消化了。一个少年郎，非要捧起一本哲学书来读，不是绝无可能理解，但很可能就会消化不良。我们的古人提倡读书要“三到”，即所谓心到、眼到、口到。口到是指朗读，眼到是指默读，我觉得也都是基于古代文言文、古诗词的一种读法，当代人读书，无论是在图书馆、校园中，乃至自己家中的书房，读出声来的怕是不多的。我感觉心到最为重要。我理解的心到，就是阅读时必须思考。思考得越深入，越广泛，其收获必然越大。“举一而反三”，就是从思考中获得的。而一本真正的好书，在你读进去的同时，就会促使你思考，促进你思考。思考的同时就会比较，比较的过程中人就会提高，《宋实录》中说的“开卷有益”，就是这个意思罢。

读书要选择，读书要思考，读了书还要“学以致用”。读了书不能结合生活实际，不能运用于实践，就是古人所说“学而不能行，谓之病”。或者像老百姓说的，读成了一个“书呆子”。当代社会，传统意义上的书呆子，是越来越少见了。只是，读得书来，口会说，笔会写，脱离生活实际的事，还是时有所闻的。古往今来，读书做人，从来不是两件事。把自己的阅读所得和体会，结合自己生活的阅历，工作劳动实践，人生的经验，乃至思想上的忧患、感受结合起来，不断扩大我们的视野，提升我们的认识，真正做到学以致用，才能感悟“读万卷书，行万里路”的更深层含义。

读好书吧，读书给人以充实，给人以情趣，给人以才干。

这就是我的读书“三得”。

（1999 年）

对一种生活现象的思考

还是在青少年时期，朦朦胧胧对创作有点兴趣的时候，我们几个爱好文学的伙伴，曾聚在一起热烈地议论过一个有趣的话题：一个作家怎么能在写这本书的时候，又去构思另外一本书。大家都对此感到奇怪和神秘，难道作家会有两个脑子？

事情过去了多年，没想到我最近完成的长篇小说《省城里的风流韵事》（北京出版社即将出版）的构思，恰恰起源于前一本《家教》。这两本书题材不一样，组成故事背景的地域环境完全不同，题旨似也相去甚远，怎么可能扯到一处去。

话还得从《家教》说起。

小说在《十月》杂志发表以后，我曾经收到过一封读者来信。除了谈到对小说的一些看法，信中特地谈起倪家唯一的儿子梦岩这个人物。读者在信中称他曾去过农村，字里行间透出他的感情经历似和梦岩有相同之处。他有心灵上的恋人的倩影，可是回到城市之后却由于种种自己都说不清道不明的原因娶了另外一个女人做妻子。

因此他觉得梦岩很值得同情。他感谢我在《家教》中写出了人物感情隐秘的一面，还感谢我未对梦岩使用谴责的笔墨大张挞伐……且在信尾感慨：只有在命运中有过大起大落感情经历的人，才能真正体会梦岩这样的人物。

不久，小说改编成20集广播剧，在中央人民广播电台数次播出。播出后我也陆陆续续收到过一些听众来信。其中有些来信在谈及梦岩这一人物时，所持态度却与前面那位截然不同，大意是说，梦岩是个道德品质败坏的家伙，是生活中时有所见的脚踏两只船的卑鄙之人。他不但害了自己，整天魂不守舍地做不成事业，他还几乎同时害了两个女人。而作者对这样的人物谴责不够。一时间这种意见还很有代表性，以至我在改编电视文学剧本时，有的同志郑重其事地要我对梦岩这一人物进行态度鲜明的批评。当我笨拙地在电视连续剧《家教》中以画外音表达了那一点公允正确的谴责时，接戏的演员却对我有意见了。刚认识我两天他就迫不及待地说：

"你干吗在画外音中加那么句谴责的话呀？梦岩有什么错，要是他错了，我就无法演好这个角色了。交两个女朋友又怎么啦？"

他的话顿时引起了其他一些年轻同志的兴趣。这个说，人的感情怎么可能受条条框框的限制？《家教》这个本子好就好在写出了梦岩感情不能自控的一面；感情要是都能理智冷静地进行处理，那也不叫感情了。那个说，人的丰富复杂时有变化的感情，有时是不能用道德尺度去衡量的……

我陷入了沉思。

事情是明明白白的，年轻人有年轻人的道理。人那激荡幽深有时如波涛汹涌的大海，有时又似涓涓细流的溪水般的感情，有它神秘莫测的一面。作家的使命不在于对什么样的感情进行评判和褒贬，而在于将其准确地把握并如实地表达出来，使其如一面镜子般给人以映照。我想起了一些仿佛是毫不相关的事。

在一本社会学杂志上，登载过这样一件真人真事：一对各有家室的中年男女，在各自的单位里都是令人称道的人物，由于两个人偷偷摸摸持续多年的私情突然被人察觉并大白于众人，而双双匆忙赶赴另一旅游地服毒自尽……

在一篇纪实报道中，一位中年妇女，众人差不多异口同声地称道她有追求有事业心，羡慕她既有门当户对的丈夫又有可爱的儿子，可她却与一洋人堕入情网……

而在我们生活于其中的社会上，时常可以耳闻目睹这样的现象。当某人一有男女问题，有时甚至仅是涉嫌男女关系，更有时可能还是一些人的捕风捉影，但只消传言一起，流言蜚语就会以十倍乃至百倍的势头传播开来，流传广泛且十有八九会变形。“舆论”自然而然会将这个人物描画得十分可悲可憎，直到这个人自己也觉精疲力竭、心灰意冷甚感懊恼不迭为止……

我绝无替这些男女辩护的意思。家庭的稳固和睦、幸福安宁确实是我们社会安定的一种保证。轻率的男女们的某些行为造成家庭破裂之后，对下一代的成长确实会造成极大的影响。我只是想提出，透过这种种现象我们是否该有一些思考。

思考之一是，在男女两性关系中，除了如我在《家教》中所描绘的人类的恋爱、婚姻、家庭伦理受其所处时代的政治、经济、文化、观念的影响之外，是否还有涉及每一对具体的男女生理、心理复杂微妙，甚或变幻莫测的因素。在关于夫妻或男女的性道德、性心理、性体验的命题之下，是否存在一种颓丧、失望、漠然的情绪或者说下意识和令人陶醉难以忘怀的至善至美的境界？我们又该如何来评判和理解这一切？

思考之二是，即便确实犯有这种过失的男女，周围的人们，以及与他们有关无关的舆论有没有必要大动干戈？这么一种社会心态和文化氛围或者说是俚俗，究竟是有利于我们调动一切人的积极性、发挥他们的聪明才智呢还是反之？是在维护我们这个民族的传统美德呢还是夹杂着封建礼教对人性和人与人关系的抑制？

用小说这一艺术形式形象地来探讨和思考这些生活现象，显然是一件十分有趣味且有意义的事情。于是，在《家教》之后。我写了这本《省城里的风流韵事》。尽管我写到的一些人物和事件并不是典型的，我还是将其写了下来，以求教于每一位读者。

（1989 年）

作家这一称呼，还是有其神圣感的

——答客问

论理，中国的知青何止万千，而独独叶辛的名字与“知青”这两个字分不开。风行一时的《蹉跎岁月》《孽债》等作品曾给他赢得了巨大的文学声誉，并奠定了他在当代文坛上的地位。当年，他的这些小说被改拍成电视连续剧时，其盛况真可用万人空巷来形容，《孽债》在上海也创下了 42.7% 罕有的高收视率。

叶辛在贵州生活了 21 年，正是他的切身经历，使得这些作品富有浓厚的生活气息，引起广泛的反响似乎正是情理中事。可以说，他主要是通过文学创作来表现和反思曾经影响了当时整个中国的知青问题，显示了他对特定时代、特殊社会、特别人生的一种思考方式。这次，对于同样的话题，他却以学术研究的方式进行了新的思考和探究。前不久，叶辛发表了一篇叫《论中国大地上的知识青年上山下乡运动》的学术长文，编者认为这是一篇“仔细收集历史档案，查阅各种文献，严格按照学术规范，对长达十余年、波及几亿人的知青运动的来龙去脉做出系统清理”的重要文章，“这一工作对于当代中国史的研究来说无疑是一个贡献”。此文发表后，时有报刊转载，反响颇大。

人们惊讶于叶辛的“两把斧子”——小说创作和学术研究并举，作家进入学术机构又成为时下一个突出的现象，我们的话题也正是从这一好奇开始的。

问：对于知青问题，您曾以文学的方式作了成绩显著的表现和反思，近来，您又以学术论文的方式研究和探讨了这一问题，能否介绍一下您的那篇学术长文的缘起和写作情况？

叶辛：写作这篇文章，缘起于我的知青题材小说创作，七年前，也就是在1999年，广东旅游出版社出版了七卷本的《叶辛知青作品总集》，包括我写的六部长篇小说和中、短篇小说，以及一些和知青话题有关的散文、随笔（这套书出版前三年，江苏文艺出版社出版过一套十卷本的《叶辛文集》）。当时，我就对广东的同志说，你们要有思想准备，印数不要太大，可到了2000年夏天，责任编辑给我来信说，一万套七卷本，已经销完了。读过我这套书或者部分读了我书的人，时常和我讨论知识青年上山下乡，究竟缘于什么年代？上山下乡的总人数，到底是多少？老三届是怎么回事？上海究竟有多少人去上山下乡了？到农场去了多少？插队落户有多少？知识青年去了农村，到底是收获大还是损失大？等等。很多问题，我随口就能回答，一些问题必须费一些口舌才能讲清楚，还有些涉及具体数字的，则需要翻一翻笔记，查一下书才能说明白。让我吃惊的是，知青上山下乡，才过去了没多久，社会上很多人已经讲不清楚了。于是我就想到，要写一篇长文，细细地把这件事的来龙去脉讲个明白。不过原先我是想等退休之后写这篇文章的，写完以后，就附在《蹉跎岁月》《孽债》再版本的后面，供有兴趣的读者看。不料 2005 年夏天，我奉调进入上海社会科学院文学所，这是一个纯粹的学术研究单位，每个人的主要工作，就是做研究、写论文，我任所长，总不能像专业作家一样，仍旧埋头写小说。于是我就把原准备退休以后写的论文，提前写出来。

但是，写作论文和写小说完全是两码事。如果是写小说，构思好了，不足两万字，以我现在的速度，三天时间就可以写完了。而这篇论文，我用了两个月，八个双休日的时间才写完，比写小说慢了许多。

幸而文章发表以后，还是受到了一些关注。甚至“文革”中的先进典型知青柴春泽，也给我打来了电话。知青网上，全文也挂了上去，引起了不同观点的争论。有的知青纪念馆陈列馆及时作了搜索、陈列，表示要珍藏。

问：您在论文的末尾处提到“知识青年问题的彻底解决，则是上山下乡结束好几年以后的事情。这是下一篇论文的题目了”，您会就这一问题继续研究吗？

叶辛：现在的很多人，讲起知青问题的解决，都想当然地说，“文革”结束，知青问题也就解决了。作为一种感觉，大而化之地讲，这话没错。但是在现实生活中，知青问题的彻底解决，则是拖了好长一段时间，才基本圆满解决的。我本人是 1979 年 10 月离开乡村调进省城的，这时期离“文革”结束，已经整整三年了。而在我之后，还有很多很多知青伙伴，拖了几年才得以找着归宿。之所以用一个“拖”字，是因为具体到每一个人的头上，都十分具体、复杂和难办。故而我正在就这一问题进一步搜集材料，继续研究下去，以准备下一篇论文。

不过，《中国知识青年上山下乡运动的落幕》这篇论文，完成应是一年以后的事了。我的主要时间，还是放在写小说上。

问：近年来，一些作家屡屡被聘入高校，如王安忆之于复旦，格非之于清华，马原之于同济，莫言之于山大，这一现象引起了人们的关注和讨论。现在您也进入了研究机构，然而与他们不同的是，您是由于工作调动来到上海社科院文学所出任所长的。与您此前长期任职的作协系统的领导工作相比，您觉得现在的领导工作有些什么新的特点，能否谈谈您的感受？

叶辛：文学所是较为纯粹的学术研究机构，重要的党务、行政、后勤服务及其他日常工作，大多由社科院各处室承担了。相比较而言，文学所主要面对的是研究人员，加上这些年来学术民主的风气比较好，涉及学术上的事情，都通过由九人组成的学术委员会充分讨论基本取得一致，做出符合大多数人意愿的决策再拍板。

到文学所一年了，这一年里，对于我来说，是从零起步的学习，逐渐熟悉情况，慢慢进入状态。真正融入文学所，在工作上还是有压力的，比如说基本学科和应用学科并重，文学与文化并举，这些话说起来容易，确实把握好“度”，是有其难度的。更关键的是，在学术大环境宽松、民主、科研经费相对保证的情况下，如何真正促进优秀成果的诞生，对于我们这个时代的文学研究和创作，对于我们城市文化建设的促进和繁荣，切实有一点启迪，需要进一步刻苦钻研。

问：能简单介绍一下目前文学所科研工作的重点或特色吗？

叶辛：以城市文化为主的重点学科、以中西文化比较为主的特色学科、独特的个人研究领域和课题、以青年科研人员为主的青年沙龙、画说上海文学这五个方面，将在近三五年内成为我们科研工作的重点和特色。用我的话来说就是，“五朵金花，迸然开放”。他们之间将相互促进，你中有我地相互竞争。我希望，也可以预见我们会在三五年内能取得一些成果。

问：您觉得小说创作和研究性的论文、专著这两种写作，最大的不同在哪里？

叶辛：小说是虚构的，在创作过程中可以充分发挥作家的艺术想象力；而论文、专著的写作，则需要依据史实、资料、综合多种材料的分析及事实本身进行写作。

问：您现在是文学所的所长，也很快进入了科研领导工作的状态，您是如何处理工作与写作的关系的？近年来您的新作《华都》《缠溪之恋》相继出版，虽然描写的中心不在知青，而其中似乎仍顽强地显露着某种挥拂难去的“知青”印痕，这似乎表明，曾经的知青经历仍然可能是您取之不尽的创作源泉。请问，在您的写作计划中，有继续创作像《蹉跎岁月》《孽债》那样既好看又联系着知青一代或几代人命运的作品的打算吗？

叶辛：我做一点研究，写一点论文，是为了体验科研人员的甘苦，尽快融入文学所的角色。前面提到的有关知青的论文，或者像我多年感兴趣的诸如毛泽东、刘少奇的个性和“文化大革命”的发生、发展的关系等课题，如果允许，我也会投入精力去做。但我的第一身份是作家，读者知道我，是因为我写了50多部文学作品，出版了八十几本书（包括其中有重复的代表作系列、选集、文集、总集和书），其中有几部给人留下一点印象。正像我们一位作家曾经说过的，唯有作家的身份是永久的，其他的一切，包括官位、级别，甚至一系列的荣誉头衔，那都是过眼云烟，都会随风而逝。从这个意义上来说，我当然仍要继续创作。你问到了，我可以把近期的写作计划说一下，在今秋完成我已写到尾声的长篇小说《上海日记》之后，我想开笔写作《孽债》的续篇，或者用现在的表述方式叫《孽债（Ⅱ）》。

问：哦，这一定是读者感兴趣的，您能否多说几句？

叶辛：在考虑写作《孽债》续集时，我有一个原始的想法，那就是长大了的五个孩子，每人要有一个好看的青春追求和经历，而这追求和经历又能体现当今一代青年男女的特征，具有事实上的概括性和典型性，而不是随随便便寻找五个带悬念的故事装在他们身上，经过十几年的“等待”和期盼，这五个孩子各自找到了他们的人生轨迹和在书中的位置。特别是那条主线，像“纲举目张”般，一下把整部书提了起来。于是乎，我觉得，写作五个孩子的时机今天成熟了。我现在迫切地希望盛夏炎暑赶快过去，好让我把《上海日记》的尾声写完，然后进入《孽债》续集的创作准备。

问：说到知青文学，顺便问一下：您觉得戴思杰、哈金等海外作家的“知青”写作和国内的知青作家的创作有何区别？

叶辛：我想不同是明显的。戴思杰、哈金他们到了海外，得以用另外一副目光和距离来观照他们曾经的生活，他们的表现方式和思考，必然也就有了不同。况且他们接受的观念也会对表达已逝的生活产生新的想法和视角。

问：戴思杰的《巴尔扎克和小裁缝》讲述了当时知识青年精神文化生活的匮乏、饥渴，“巴尔扎克”一词也成了精神生活的象征，请问，您或你们当年的精神生活是怎样的一种情况？

叶辛：巴尔扎克对于我们这一代中国读者，有着特殊的意义。就是在“文革”“极左”思潮影响下，因为巴尔扎克的小说得到过马克思、恩格斯的赞赏和肯定，所以他的书仍时有流传，没被归入“封、资、修”的作品。我到贵州去插队落户时，两只木箱子里的书中，也选了巴尔扎克的两本小说《高老头》和《贝姨》。戴思杰用《巴尔扎克和小裁缝》这么个书名，是有其代表性和特别意味的。

我本人在插队期间的精神生活，我已在其他文章中提到过，大多数时间是翻来覆去地看带下乡去的两箱子书。无奈中的“炒冷饭”还是有收获的，我从反复的阅读中获益匪浅。但平时，就少有文化活动了，就是放电影，一年当中也只有两三次，文娱生活极少。在偏远的山寨，哪怕是样板戏，老乡们也是看不到的。

问：某种程度上，人们对那场上山下乡运动的了解，可以说，几乎是知青眼中的上山下乡运动，因为知青们有笔，能文，所以能发声，人们便了解。但是上山下乡运动中对农民、农村造成的影响如何，利何在，弊又何在，我们却不大明白，不大清楚，因为农民没有发声，如果现在请您站在农民的一方来看待这场上山下乡运动，或者说看待知识青年，他们将会怎么看呢？

叶辛：这个问题提得好。这些天，我读到一篇小说，作者在小说中借老乡的视角道："知青都不是好东西。"我猜测这位作者一定出生在农村，或者从她的上一辈，或者她小时候，就有过这种感觉，她才会这么写。从我个人插队落户的体会来说，老乡对我们有两种感觉表现得最为突出。

其一，他们对我们这些来自于五千里之外大城市上海的知青有新鲜感，对于我们的相貌、皮肤的白皙，他们都要评头论足。

其二，老乡们认定，我们是要走的。他们说的最朴实的语言就是，你们早晚是要走的，不会待下去，不会待长。现在你们下来，是因为形势，是来耍一耍。老人这么说，娃娃也这么说。尽管我们有安家费，尽管我们写出了大标语：扎根农村一辈子！但他们从来就不相信，问他们你们说的"形势"是什么，老乡都讲不清楚，可他们仍然说，你们要走的。而事实上，话给老乡们说准了。但当五六年、七八年，甚至十年知青还没走的话，老乡们就认定你这知青是没本事也没背景的人，你是来分我们的口粮吃的。你要在这儿成家立业，生儿育女，就要分去我们不少的粮食了。在插队落户后期，见我仍然一个人生活在山寨上，老乡就着急地对我说："你赶紧将就找一个吧！"

在我看来，农民是用他们的文化、他们的伦理价值观念看待知青的，他们并不十分推崇知青，也不歧视知青。在最初的新鲜感过去以后，他们会记得知青做过的好事，也记得知青做过的坏事，甚至劣迹。只因为知青都是从远方来的。毕竟，遥远的偏僻村寨上，是不常有远方来客的。这也是知青至今仍还会被老乡们议论的原因。

问：听说您在插队落户的村寨上捐助了一所“叶辛春晖小学”，这也是基于对知青岁月的感情吗？

叶辛：我在电视上已说过了，捐助的钱是上海几位企业家出的，我在其中只是起了一个穿针引线的作用。当年，我在砂锅寨教过耕读小学，前些年回去，我看到那所小学条件还是不怎么样。上海的几位企业家朋友就说，我们一家出几万块钱，修一座漂亮的小学校，就叫叶辛小学。我说，贵州有个春晖行动，就叫春晖小学吧，不要叫叶辛小学。砂锅寨所在的修文县政府知道了这个事，又拨了配套资金60万修了一条公路到砂锅寨，并且拍板，决定这所学校定名“叶辛春晖小学”。事情的简单过程就是这样。对于我来说，千百年来不通公路的砂锅寨，修通了水泥公路；过去总在低矮幽暗的教室里读书的娃娃，现在坐进了宽敞明亮的三层楼大教室，也算了却了我的一桩心愿。

问：面对图像时代、影音时代中DVD、电影、电视、时尚杂志、网络等新的观看和阅读的方式及内容的冲击，您对文学的处境、前景、功用及影响有着怎么样的判断和认识？

叶辛：如果承认传统的“唐诗、宋词、元曲”的说法，那么，小说这一文学形式，发展到激光照排的印刷时代，是到达了峰巅了。就像登山运动一样，攀上了峰顶，随而就要走下坡路了。

走进21世纪，文学面对影音时代的一系列新的表现形式，也必然会出现一系列顺应时代的表现形式上的改变。但是，万变不离其宗，文学的本质是不会变的。就如同唐诗宋词中的千古绝句的魅力，不会因为电视、光碟的出现而减弱是一个道理。

问：您是如何看待今天作家的责任、作品的意义的？

叶辛：作家提起笔来创作，固然是因为作家有话要说，有情感要抒发，甚至是有委屈要发泄，有目的想要达到，等等。但是作品一经流向社会，读者和社会就会对作品做出判断，判断其作品的意义，判断其艺术成就的高低，判断其是否真正走进人的心灵……面对这一客观的流程，作家怎能不考虑他的责任？

问：过去写作、出版对普通人来说很是不容易，作家成为时代的宠儿，也同时尽享社会给予的尊荣，眼下“博客”(Blog)写作使得人人都有可能成为“作家”，人人也都有“出版”的机会（有专印博客文集的，据说五本以下不算非法印制），往昔“作家”神圣的光圈似乎不再，您是如何看待博客写作这一现象的？

叶辛：我觉得，“博客”写作仅是一个形式，就如像古人把字刻在竹签上，洋古人用鹅毛笔写字一回事。不过，有一件事情要说清楚，不是把自己说的话、写的字能印成书的，就变成了“作家”。作家这一称呼，还是有其神圣感的。前些日子，我接待一位外国作家代表团的团长，他坐下就对我说：“在任何国家作家都是社会中优秀的人……”似乎也在印证着作家这一身份的庄重。

问：您是中国作协副主席，曾任第六届茅盾文学奖评委，对文坛的状况比较了解，您对当下的文学创作尤其是长篇小说的状况有何评价？

叶辛：长篇小说数量大增，有人抱怨，我认为这很正常，只是读者感觉杰作、优秀之作少了一点。这一现象就给每位当代作家提出了挑战，拿出优秀作品来。故而我觉得，在鼓励作家勤奋创作的同时，更应激励作家创作出优秀作品、传世之作。但是，以历史的眼光来观照，传世之作确实也不是年年会产生的，在我们漫长的历史长河中，留下来的传世之作究竟有多少呢？

问：您的小说曾屡被改编成电视剧，并获得了很好的收视效果，您觉得一部电视剧成功的关键何在？当前中国的电视剧怎样才能获得更好的发展？

叶辛：一部电视剧成功的关键，是要走进观众的心灵。我们天天坐在电视机前，几乎打开电视就能看到电视剧，很多剧演员选得很漂亮，戏也演得很到位，故事剧情往往也编得一波三折，能让人看下去。拍得也很精致，但就是让人记不住，看过就算了。什么原因？就是没有走进观众的心灵，打动不了人。

当前中国的电视剧拍得很多，量很大，进步也很快。但要获得更大的发展，除了要顾及电视剧的特性，也要兼顾电视剧的世俗性，我觉得最主要的还应呼唤经典，在呼唤经典中注重文学性，让电视剧真正走进观众的心灵。

（2000 年）

诺贝尔的诱惑

诺贝尔，作为一个杰出的学者和科学家，无疑他是伟大的。诺贝尔奖在全世界范围内，都有着她那不可抗拒的魅力。

但是，作为一个同样具有七情六欲的男子，一个普普通通的人，活着在人世间走一趟，他的个人的感情经历，却又不是那么令人羡慕的。

不是吗，他没有结过婚，因而也没有子女。活在这个世界上的大多数人有过的那种爱情的幸福、家庭的温馨和天伦之乐，他一点也没有享受过。

我们完全可以说，这正是他的伟大之处。我们还可以说，谢天谢地，正因为他没结过婚，没有子孙后代，这个世界上的人们才能享有诺贝尔奖。

自诺贝尔奖设立以来，就成为举世瞩目的一件大事。随着时间的流逝，一年一度的诺贝尔奖的颁发，成了我们生活的这个寂寞的喧嚣的小小地球上的一件盛事。报纸在报道着她，广播和电视追踪着她，人们在谈论着她，文人学士们在说长道短。可以说，诺贝尔奖的诱惑面对着全世界各种肤色的人们。就连《中外交流》杂志，也要约我们这些实在对诺贝尔文学奖了解不多的人来参加这一番议论。

无情的时间冲刷着一切。曾经如此叱咤风云的政客们消失了，战争贩子被全世界善良的人们钉在了耻辱柱上，不断激起青年人一阵阵狂热的球星、风流一时的影星歌星各领风骚数年或数十年之后，也被一批批新人取代，人们对他们的最好的怀念，就是把他们忘记。尽管历史有时候不免要重复，还将遗憾地制造一批批新的政客和战争贩子之类的人物，但这些人物同样只可能像他们的前任们一般被时间淘汰。唯独诺贝尔奖还存在着。

多少聪明人看到了这一点啊。诺贝尔之后，百万富翁中间，不，现在应该说是亿万富翁中间的有识之士，突然发现金钱还有一个作用，那就是还可以在荣誉之外买来流芳百世的名声。这是多么惬意的事情！这些年来，那些生前积攒的财富远远多于诺贝尔的大富翁，也开始设立以他们的名字或者家族、企业的名字命名的奖金来。当然对于学术界、科技界、文学艺术界来说这仍然是一件值得提倡和鼓励的好事，但是我们也可以看看，在全世界范围内，这些奖金有哪一个超过了诺贝尔奖？可以说是没有。以后也很难有。这就是诺贝尔奖的诱惑和魅力。

从很小的时候起，就有人和我讲起诺贝尔文学奖。那时候我们的报纸不像今天这样报道诺贝尔奖的消息，那时候也不能从电视上看到颁发诺贝尔奖的场面，但是我仍然晓得了世界上有这么一个了不起的奖。和所有的中国人一样，在知道她的同时，我也产生了一个问题：为什么生活在大陆的中国人从来没有得到过这个奖？

也是在产生这个疑问的同时，有人开始给我解释，因为这个原因，因为那个原因，我们没有得这么一个奖。尽管我还年幼，尽管我少不更事，但所有那些解释的理由，在我听来都不是那么理直气壮。

后来我长大了，再后来我自己也成了作家。人们开始拿同样的问题来问我。我只有实话实说，我讲不出一个所以然来。

进入80年代，中国文学沸沸扬扬地激起老百姓的很大兴趣，同时也引起世界文坛的瞩目。中国的文学界再次扭结起了诺贝尔情结。谈论诺贝尔文学奖成了一种时髦。向诺贝尔文学奖进军几乎成了一些人的追求目标。没过几天，甚至连人选也有了，说谁谁有可能得奖，谁谁和什么什么人关系如何。好像诺贝尔文学奖成了我们国内某个杂志编辑部评奖那么随心所欲，越说越不着边际了。前些年我虽然生活在比较偏远的山乡，对于各方面的信息可说是孤陋寡闻，但我还是不相信诺贝尔文学奖会是这么一种评法。

接着有比较可靠的信息说，沈从文是诺贝尔文学奖的候选人，有几位我很信赖的老人也提出一定的依据。又有白纸黑字在报纸上登出来，说什么人是候选人中的入围人选，讲得也有根有据。听后我是相信的，也是释然的。为了评奖的公允和民主，候选人自然是多多益善，进入候选人名单，说明我们中国作家有可能得奖，这自然是好事。但也不要夸大了这好事的分量。有可能得奖的人选毕竟是很多的。入围当然又更进一步了，也更不易了，但离庆贺也还远着呢，大可不必忙慌慌地在报纸上登出来，急个什么呢！开个玩笑，我若是个评奖委员，看你如此迫不及待有失风度的样子，先就在你的名字后面打上个“×”。我们的一些报纸记者或是编者，有时候做事情常常就会忘记我们是个有12亿人口的大国。泱泱大国，有五千年的文明史，总该有大国的气度和风范吧。

话要说回来了，听到沈从文的名字曾经入围，听到什么什么人是候选人，我又坦然了。这说明诺贝尔文学奖虽然遥远，虽然辉煌，还不是可望而不可即的。她终究是有一个标准、一个参照系数的。沈从文是中国的一个现代作家，他的作品我们大多都比较熟悉，他是一个杰出的作家，或者说是优秀的作家，称呼他为伟大的作家似乎也不为过。但他绝不是唯一的作家，在他的同时代人中，和他年龄相仿的作家中，在创作上和他取得同样成就的作家还大有人在。我想沈从文若现在仍尚健在，他自己都会承认，和他同时代的作家中，文学成就比他大的人还是有的。至于其他一些获得提名的候选人，比如传媒屡次提到的新时期以后走上文坛的作家，他们的作品我们也都是见过的。类似这样的作家中国还多着呢！问为什么其他人得不到提名，而偏偏是他们恰恰获得了提名呢，只能说国外对中国的现当代文学的了解还是很少很少的，甚或是基本不了解的。

不比中国的作家，那么我们就来看看外国的作家吧。

据说诺贝尔文学奖的评奖过程保密性是很强的，因而她才有如此巨大的权威性。但是，一旦获奖，得奖的作家和作品就会在全世界范围内广泛地进行宣传，因而我们得以比较及时地读到这些获奖作家的作品。

应该承认，获奖的作家基本上或者说大多数是杰出的作家，他们写下的是一系列的优秀作品，他们无愧于“诺贝尔文学奖”的称号。但是几乎所有的读者也都看到了，其中仍然不乏平庸之作。有些获奖作家是好作家，但与那些写出了巨著而没被评上奖的作家相比，还差着一大截呢！

如此看来，面对诺贝尔文学奖的诱惑，作为一个中国作家，应该怎么样坦然视之呢？或者说应该怎么样对待呢？我把这个题目出在这里，请高明的读者诸君来回答吧。

我自己的答案则是：每一个有志气、有才气、有勇气的中国作家，都应该想着，写出一部部更好的书，把我们中国作家的名字，响亮地写上世界文坛。让诺贝尔文学奖来找你！

（1983 年）

亦谈文学走向世界

到了北京，听到会上不时地有人议论一个题目：中国文学要走向世界。无疑地，这是一个响亮的口号。

我认为，和各国作家的交往、对话，发展友谊，交流信息，尽可能多地把中国作家的优秀作品介绍到外国去，召开国际性的汉学家会议、华文会议，都是有益和必要的。但是，今天我要在这里讲的，却是这样一个思考。那便是，只有中国以自己繁荣昌盛的形象自立于世界民族之林时，中国文学才能真正地走向世界。

谈起19世纪的文学现象时，我们几乎很少提到美国，我们讲得最多的是法国、俄国、德国、英国的文学，只因这几个国家在19世纪比较强大，而美国呢，在世界上的影响那时还很小。到了20世纪，到了今天，美国强大起来了，美国的文学作品和作家源源不断地被介绍到中国来，介绍到全世界去，美国文学成了全世界读者们都瞩目的文学。

记得我小时候，日本文学在中国的影响是很小的，新华书店和上海的旧书店里，很少见到日本的文学作品。说老实话，无论是从文学史的渊源看，还是从文化的背景上来考察，日本文学都是远远及不上我们中国文学的。但是，近三十年来，日本由于经济上的崛起而变得强大起来，日本的文学作品（不仅是文学，而且还有电影、电视）也纷纷被介绍到世界各国去。光是我们中国，开放以来的这七八年间，翻译了多少日本文学作品啊。现在，你走进新华书店，走到书摊前，哪怕是我们贵阳小街小巷的书摊前面，随处都能见到日本的文学作品。

有趣的现象还有苏联文学。苏联文学大概是我们中国翻译得最多的。光是刊物就有《苏联文艺》《俄苏文学》《当代苏联文学》等等好多种，还不算大量刊物上译的，出版社出的。为什么会是这么个状况呢？这同 20 世纪 50 年代初期宣传“苏联老大哥”有关，它是老大哥，它是社会主义阵营中最强大的，我们这些老二哥、老三哥就要学习它的语言，那个年头中国有多少人学俄语啊，甚至本来一些开英语的学校，也把课程改成了俄语。试想一下，如果我们中国也只有寥寥可数的一两个懂得俄语的人，那么恐怕光是译托尔斯泰、陀思妥耶夫斯基、屠格涅夫几个作家也译不完，俄国、苏联的文学也决不会像今天这样对我们有影响。

我时常想，世界上好多伟大作家如莎士比亚、歌德、托尔斯泰、巴尔扎克等人，在中国，不但我们这些搞文学创作的人知道，一般的文学青年也都知道。不说达到家喻户晓的地步，一般稍稍有点文学知识的年轻人，恐怕都是知道他们的名字和作品的。我们中国也有伟大的作品比如《红楼梦》，有我们自己的伟大作家李白、杜甫、曹雪芹、鲁迅等人，我们的这些作家和作品是不是像世界上那些作家在中国的影响那么大、那么深入人心呢？

我很闭塞，不了解情况，如果情况真是这样，我觉得很自豪；如果情况并不是这样，那么我们应该心平气和地坐下来好好考虑考虑，分析一下，这是怎么回事儿？为什么我们中国的伟大作家没有在世界上产生应有的巨大影响？

于是我又听到了几种说法，一是说我们的方块字人家不好学；二是说世界上的汉学家太少，有的国家全国只有一两个人；三是说什么文学观念全然不一样；四是说我们装帧设计得差，像宣传品……我觉得这些讲法都有道理，但我觉得，根本问题还是在中国多少年来的贫穷和落后上。

很多及时地介绍进来的苏联当代文学作品，平心静气地说一句，实在是不如我们新时期的许多优秀作品的。有次从斯里兰卡回来，我似乎明白了，原来那里所谓翻译的七十多个国家和地区的文字，大约有不少是作家本国自己译的。即使自己译的也不易啊，要有一支精通僧伽罗语种的过硬的翻译队伍，要有投资，说白了，也就是说要有钱去培养语种人才，要有钱去印制装帧漂亮精美的作品。本来我想在全国人大会上就这话题提一提，结果到了会上一听报告，一听来自各行各业、各族各界的代表一发言，全都在叫，在向上要钱要投资，我就不提了。提了我们的国务院、我们的紫阳同志一下也拿不出这么大一笔钱来培养各种语种的专门翻译人才，拿不出很多钱来给作家们印制精美烫金的书籍来送人。我们还是比较穷啊，我们的国家还有很多更重要更紧迫的问题亟待去解决啊！昨天于黑丁同志说河南还有两千万农民的温饱问题没有解决，马锋同志说山西有五百万，还有其他的一些省份，加起来就是好几千万，那是多么惊人的数字啊。两千万，排排队看，那是个什么样的场面啊。

我开始懂事一点了。

我进一步深切觉得，一个作家的命运是同他的祖国、他的人民的命运联系在一起的。

作为一个中国的青年作家，我更感到是自己肩头的责任。作为人口众多的泱泱大国，应有大国的气派；而作为一个中国的作家，更应有中国作家的气度、有中国作家的志气。一个作家应脚踏着祖国坚实的大地，用自己的劳动，用我们手中的笔，为中华的强盛做出自己的贡献，为建设高度民主的、现代化的中国努力奋斗。

只有到了我们的土地上已经找不到温饱还没能解决的农民，只有我们的国家确实地强大起来了，我们的中国文学才能真正地走向世界。

（1993 年。本文系作者在中国作家协会第四届理事会第二次会议上的发言）

文 学 创 作 谈

难忘的处女作

处女作，对每一个作家来说，都是难忘的。对于我来说似乎更是如此。

在我的一生中，《高高的苗岭》这本儿童中篇小说，是一个新的开始，一个新的起点。今天抽闲再翻读这本小说，我自己都能感觉到她的稚嫩之处了。但是我仍对她有着一份深切的感情，关于她的一切：校样、版本、改编的连环画本、电影文学剧本、插曲、剧照、电影放映时期的广告宣传画、朝鲜文本……我都保留着，隔开一长段时间，不时还要翻出来再看看。

我忘不了，第一次看到《高高的苗岭》初校样时的情景。那是一个秋高气爽的 9 月里的夜晚，我从同学家聊天回来，已是夜半十一点钟，发现桌上放着责任编辑送来的两本校样，我欣喜若狂、倦意顿消，当下守着台灯，一口气把它校改完了。翻过最后那一页，我看了看表，是上海这座大都市的凌晨四时许，我家楼下马路上的 16 路头班车隆隆地开过去了。我相当困乏，但我仍无睡意，还是着了迷似地反复翻阅着那些散发着油墨香味的校样，只觉得这些校样充满了亲切感和诱惑力，好些往事不断地涌来，我的思绪万千，翻腾不已。

天，不知不觉地亮了。我凝望窗外，聆听着苏州河上隐隐传来的汽笛和电喇叭声……我想，读者一定能体会我当时那种激动得不能自已的心情。哦，在艰难的插队落户生活中，我的劳动和追求并没白费。

我也忘不了，1979年冬天，在上海少年宫里，少年儿童出版社的施雁冰同志介绍说，这是《高高的苗岭》的作者，小朋友们蜂拥着向我扑过来时的感人情景……哦，那时我又一次感到，在艰难的插队落户生活中，我的劳动和追求并没白费。

记得是1973年，一年一度的凉秋又来到了贵州的山区，我插队落户的第五个年头快过去了。一年的农事基本上干完了，在贵州山区僻静的村寨上，照例有一段农闲时节。我在这段农闲时间里，干些什么呢？除了学习着写点东西，我还能怎么样呢？总不能让大好的光阴，白白地耗去呀！

为了避开报纸上一再要求的写现实生活中的阶级斗争、两条路线斗争，为了把我感受到的独特的生活写出来，我这次写，得写一个小孩子，这个小孩子生活在过去的年代，生活在解放初期。这是我在胡思乱想吧，是在瞎虚构吧。中华人民共和国成立初期的1950年，我才一岁，我怎能感受那时的生活呢？

我思之再三，觉得不是在胡思乱想，也不是在编“聊斋”——山寨上老百姓爱把好幻想、好摆龙门阵称之为编“聊斋”。

在五年的插队落户日子里，我时常听一些老贫农告诉我：咳，现在变多了，工作组喊开会，哨子吹了几道，人也到不齐。清匪反霸那年头，工作队一喊开会，我们穷得穿条单裤，打着光脚板，在雪地上跑得可欢了！话是简简单单一句，可这句话是个多么清晰的画面！穷苦人对党的信赖，对工作队的信任，对清匪反霸闹土改的热心，都出来了。类似的话，我听得多了，对中华人民共和国成立初期的山寨形势、人情风俗，逐渐逐渐有了底儿。

在苗岭腹地修建湘黔铁路的日子里，我借住在一户苗族老乡家里。十冬腊月间的夜晚，苗家老人陪我在火塘边摆龙门阵时说，如今你们汉族老大哥成千上万人进到我们苗岭深山，帮我们修铁路，汉苗之间亲如兄弟。新中国成立前，可不同，历代反动统治者搞汉苗隔阂，造成了民族怨仇，造成了不少流血的事件，听来让人触目惊心。当然，很多往事随着历史大河的向前奔流早已消逝了。我听到的更多的是有关汉苗亲如一家的故事。有一次，一个苗族汉子告诉我，清匪反霸时，一个解放军飞行小组的战士，负伤后被土匪追赶，幸亏当地苗家出头保护他，让他躲进山洞，给他送吃的、喝的，还给他采草药，才把他救了。

从铁路工地回到山寨上，在一次田头歇憩时，我听一个农民说，隔邻公社有个供销社主任，当年还是个少年，为替剿匪民兵送信，被土匪围在一所寺庙里，亏得他是木匠家的孩子，会脱榫头，趁着天黑脱落了木结构寺庙的后壁，钻进树林脱了险。

在我刚插队的第二年夏天，县里面下令，全县出动围捕逃跑的三名罪犯，每个山洞都要搜，我也随着民兵，钻进了山洞。这使我对贵州山区熔岩形成的喀斯特地形，有了非常形象的感性认识，知道了这些洞奇妙无比，洞中套洞，别有一番天地。

所有这些零零星星的感受和体验，在农闲时节到来的那些日子里，全都浮现在我的脑子里，逐渐变成了一个小故事。随着故事中的人物一天比一天清晰，故事线索一天比一天明朗，我的创作冲动一天比一天强烈，似乎到了非要把它写出来不可的地步。

要是写出来不成功怎么办呢？我犹豫着，踌躇着，决定这次写稿不用稿纸了，先把它写在随便什么纸上再说。在偏僻山寨，要找一叠纸还真不容易，我七拼八凑地买了几本练习簿，找了几张白纸裁开，又把同学给我写来的信也利用上——在反面写！总算凑齐了将近一百张纸。寨子上一说不出工了，我迫不及待地抱着那叠纸，跑到村寨外山头上的一所破庙里，用了一个星期的时间，把想好了的小故事写了出来。这就是我的处女作《高高的苗岭》最初的草稿。

写完了，我感到一阵轻松，一点欣慰。我跑上山巅，眺望着远山近岭，心里说，在这山也遥远、水也遥远，路途自然也是十分遥远的偏僻村寨上，我没有在农闲的日子里白白浪费时间，没有在吹牛聊天打扑克中耗费光阴，而是多少做成了一件事。不过，我的故事中没有“三突出”，也没有尖锐复杂的两条路线斗争，人家要不要呢？因此，尽管故事写出来了，我也不敢送出去，只好找来张牛皮纸，封成一只纸袋，把这一百来张不规则的稿纸装进去，存到箱子中间。不是我能预见到它会印成书，而是这四五万字，是我的心血啊！

这一放，就放了整整两年。

1975 年，我被叫到上海修改长篇小说《岩鹰》，住在出版社的作者宿舍里。很巧，住在我隔壁的是《矿山风云》的作者李学诗，他看我年轻还未脱尽稚气，话语中一再鼓励我写点儿童文学。每周必定要来看他的少儿社编辑余鹤仙同志，也鼓励我写。在他多次鼓动下，我的心也热了。我要了一百张稿纸，把《高高的苗岭》誊抄在上面，送到了少年儿童出版社。我碰上了两位热心的责任编辑姜英和周晓，他们给我提意见、出主意、理清人物思想脉络，前后经过三次比较小的修改，在文字上作了详尽的润色，竟然定稿了！经过画插图，看校样，这本薄薄的小书，在 1977 年的春天出版了。小说第一版二十万册；1979 年 5 月印行的第二版十七万册。美术出版社很快改成连环画本，北京电影制片厂和北京电影学院又根据小说由我和谢飞共同改编拍摄了儿童故事片《火娃》公映。以后又译成了盲文、朝鲜文。

所有这些，都是我当初在偏远的贵州山巅破庙里写这本小说时做梦也没有想到的。

一晃眼，十几年时间过去了。离开我写作《高高的苗岭》的草稿，竟有近二十年了。近些年里，时常收到一些好心的读者来信，询问我的第一部作品是什么时候写的，处女作是怎么出版的，我通过后记把它写在这里，不至于是多余的吧。

（1992 年 6 月于上海）

献给我们这一代年轻人

还是在打倒“四人帮”以后的1977年、1978年，上海的两个出版社出版了我的两本儿童中篇小说《高高的苗岭》《深夜马蹄声》和长篇小说《岩鹰》（与忻趵合作）。文学界的前辈和亲近的朋友读了这些书，曾直率地向我指出，你写的这些东西，拿起来还能看得下去，似乎也有故事、有情节、有点意境，但读完了，也就索然了，不能给人留下深刻的印象，更不会令人深长思之。

这些话，对我的思想触动很大，引起我久久的思索。究竟是什么原因，使我写的书产生的竟是这样的效果呢？记得，写的时候，我也很辛苦，费了很大的力气斟酌故事结构、展示情节，煞费苦心地措辞造句、寻找细节，为什么辛辛苦苦写出来的东西，偏偏受到这样的批评呢？在很长一段时间，我烦恼苦闷，难以下笔，简直不知再写些什么东西好。

随着揭批“四人帮”运动的深入，我的思想有了新的认识，促使我对曾经历过的插队落户、苗寨生活进行了新的回顾和认识。“文化革命”中，我们这一代人的命运，以及这一代青年的苦恼、追求、憧憬、理想，都是我熟悉的。他们所经历的生活，我也都曾经历过。在十年浩劫期间，这一代人的青春、这一代人的鲜血和奋斗，有多少可歌可泣的事迹可写啊！

这时候，我的心里萌动了这样一个念头，我要写小说，就得从人物着手，从人物的命运写起，挖掘他们的内心世界，展示他们灵魂的搏斗，写出我们现实生活中一个个活生生的人物形象来。

有了这样的认识，我决定从零开始学习创作，先是认真细致地阅读了一批中外古今的小说，着重看它们如何写人物，写人与人之间的关系和矛盾冲突。我静心回忆自己七年的插队落户生活，把自己接触到的人和事作了一番回顾，把最感动我心灵的人和事记录下来。同时，我着手写下一些人物分析，看各种不同性格的年轻人在这些年间的变迁和成长。很奇怪，经过这一番学习和生活，我觉得又有了新的东西可写了。大约在半年之后，我怀着练习试笔的心情，写下了长篇小说《我们这一代年轻人》。

感谢《收获》编委会的编辑和领导同志，在他们的帮助扶持下，小说在《收获》上发表了。感谢中国青年出版社的编辑和领导，对我以及作品再次做了帮助指导。

《我们这一代年轻人》现在正式出版了。尽管写得还很幼稚、粗糙、不成熟，但它是我创作道路上迈出的新的一步。我愿意在老一辈作家的指导下，在出版社、期刊编辑的具体帮助下，做出新的努力，争取新的进步。

（2007 年）

当年知青的心声

——《风凛冽》的创作

乡居十年的插队落户岁月中，我有过三次回上海探亲的经历。那是探亲，又不是探亲。当过知青的，大都有过类似真切的体验。

所谓的探亲，往往从秋末冬初就开始了。山乡里收尽了庄稼，村寨上就没了多少农活，知识青年们在乡间难以排泄那份烦恼和苦闷。青春是那么美好，精力是那么旺盛，可是二十来岁的男女青年们却整日无所事事，于是乎大多数知青便不畏路途的遥远，不畏车费的昂贵，回故乡去，回城市去。对于上海知青来说，就是回大上海去！此时此刻，上海的诱惑竟是如此地强大。给城市父母亲属们带去的，除了农村出产的黄豆、糯米或是药材、土特产之外，无非就是一张疲惫的脸和一身陈旧过时的脏衣裳。

上海等待着他们的又是什么呢？

初回上海，亲人之间有一份亲切感不说，知青们自己仿佛也有点事儿可做。给那些一时没有回来探亲的伙伴们代行探望义务，送去他们捎带回来的东西，和久未相见的同学、朋友团聚。忙忙碌碌的一星期、两星期过去以后，就觉得找不到事情做。一个懒觉睡醒过来，家里人都走空了，空空洞洞的一个家陪伴着你，眼看着亲人们上班的上班、读书的读书，都有事情做，唯独自己，身强力壮的，谁都不需要。尽管家人并不嫌弃你，尽管所有见了你的人都说趁这机会多休息休息吧，干了整整一年农活，够辛苦的了，但作为知青自身，心头总是有一种说不清道不明的感觉。这时候，就觉得只有同一种命运的知青之间，才会有共同语言，自然而然地，知青们就会自觉地待在一起。有的本是老同学，有的是老同学带来的同一知青点的伙伴，有的则是同一公社的“插兄”“插妹”，趣味相投的，一待在一起，就会有说不完的话，讲不完的事。

记得有一回，我去看望一位在吉林插队的初中里的好友，他正在家里请客，只见屋里挤满了来自黑龙江、吉林、江西、安徽插队的知青们，他用一只蒸馒头的特大号锅子，煮了满满一大锅从吉林带回来的黑木耳，就这一道菜，请大家就着几瓶五加皮酒吃，边吃边海阔天空地瞎聊，话题之广泛可说是今天的年轻人简直难以想象的：有的细叙自己插队乡间的风情俚俗；有的讲述自己在异域他乡的奇闻轶事；有的饱含深情地叙说自己没有结果的初恋；有的则大言不惭地说着自己在火车上逃票的经历和对付查票的方法；有的说某个知青在设法办理病退，找医生走门路；有的讲他们弄堂里的一个漂亮女知青，为了能回到上海，心甘情愿地嫁给了一个双腿被砸断的工人。有的说这有什么稀奇，有个女知青，为了户口能办回到离上海近一点的江浙农村，还嫁给了一个有三个孩子的老农呢……听来听去，几乎一句话就是一件伤心事，一句话就是一个故事。

在探亲的日子里，我有意识无意识地参加过多少次这种知青们自发的聚会和闲聊啊！每次参加完聚会回到家里，我总是把白天听到的那些事情，一件件、一桩桩记下来，那个时候我已经在默默地学习创作，我知道在那个年头是不允许真实地反映知青们的这股情绪和这种真切的生活的。我也知道在创作上是不准这样反映知青们的心声的。但我还是相信，终有一天，这些故事是能够写出来的。

来自五湖四海的知识青年伙伴们尽兴地喝够了酒，不是拉直了喉咙乱吼乱叫地唱歌，就是借着酒兴大发牢骚，有的人甚至于借机发酒疯。酒瓶喝到了底，茶水喝得没了味，嗓子由于大叫大嚷变得又苦又涩，时间也就快到黄昏了，上班上学的家长和兄弟姐妹们要回来了，于是剩下的就只有叹息。叹息自己生不逢时，叹息自己为什么偏偏摊上了插队落户的命，叹息广播里怎么又在宣讲要掀起什么运动的新高潮，还不断地重申要把“文化大革命”进行到底！

知青们几乎是凭着本能就晓得，只要“文化大革命”还在往下搞，只要还将继续进行什么运动，那么他们就没有希望很快地抽调，那么他们就还将无休止地在农村待下去！正是在无数次这样的聚会和闲聊中，我更多地了解了我的同时代人，更多地洞悉了他们的心灵，更多地知道了他们在想些什么，追求些什么，憧憬些什么……也正是在这样的日子里，我开始明白了，我们这一代人的命运，虽说是微不足道的，但也是和时代、和祖国的命运紧紧地联系在一起的。我们的命运要有所改观，那么首先就应该是祖国和人民的命运开始起变化……

可以说《风凛冽》最初的构思就是起源于那一段知青回沪探亲的生活。

另一个吸引着我写作《风凛冽》的原因是我在《蹉跎岁月》的

后记中简略提到过的，那就是当知青题材的作品在文艺复苏的70年代末80年代初形成一股冲击波一般的浪潮时，所有写作知青生活的书讲述的都是他们在农村、在偏远乡间度过的日子，很少有人挖掘知青们在探亲期间的这段生活。难道他们在这段时间里就不是知青了吗？难道他们一探亲就失去了知青身份了吗？哦不，他们在这段时间里更强烈地意识到自己是一个不被人注意的知青，他们在这段时间里心灵上感觉到的冲击和震荡，绝不亚于他们在乡间熬过的那些日子。

于是我写下了《风凛冽》这部长篇小说。在把它编进我的文集时，我衷心地希望今天的年轻读者也会喜欢这本书。

（1995年3月2日）

我和《蹉跎岁月》

1983 年 4 月末，一个普通得不能再普通的日子，我病了，抱病在家里写作长篇小说《三年五载》的中卷《拔河》。约 9 点 40 分，来了两位新华社记者，他们含笑告诉我，在有 681 个代表参加的省人大会上，刚刚宣布了选举结果，我以 666 票的得票数，被选为全国六届人大代表。闪光灯一亮，记者同志为我摄下了一张有纪念意义的照片。

当天夜里，我躺在床上，辗转难寝，我在想着，该怎样勤奋地工作，不断地努力，为祖国、为人民尽可能多地贡献我的一份微薄的力量。我在想着那些逝去了的岁月，想着蹉跎岁月中成长起来的一代人的命运……

我们这一代人，在当年也好，在今天也好，都有一个简单得不能再简单的称呼——老三届，由于我写了几本知识青年的书，写到了这一代人的命运，近五六年来，我经常收到各种各样的读者来信，累计起来，共有一千六七百封。这些信里，有的人和我谈及知识青年上山下乡这一段历史，有的人和我讲到书中一些人物的命运和遭际，还有的和我探讨一些书本以外的问题。大量的来信，都是当年的老三届、当年的知青写来的，他们写了很多好话，温暖了我的心，使我深受感动。尤其是长篇小说《蹉跎岁月》改编成电视连续剧播出以后，更有好些热心的文学青年，好些念中文系的大学生，在信中问及，你是怎么走上文学之路的，你是怎么想到写《蹉跎岁月》这部书的，你是不是书中的某人，你本人当过知青吗？等等等等。

记得，那是1978年的10月，我带着自己在深山峡谷里写成的长篇小说《我们这一代年轻人》坐火车回上海去。在车厢里，我遇到几个户口由云南迁回上海的知青，闲聊之中，他们对我说："十年前我们扛着红旗，唱着红卫兵战歌，怀着改造世界的雄心壮志，上山下乡去闹'革命'，去'反帝反修'，去屯垦戍边。十年之后我们又扛着背包回上海，还不知道回去以后干什么。生活真会开我们的玩笑。"是生活开我们这一代年轻人的玩笑吗？

夜深沉了。车厢里熄了灯，白天和我聊天的几个知青早已东倒西歪地睡着了，我却大睁着一对眼睛，久久地沉浸在对往事的追怀之中。

我想到了我待了十年的那个偏远的山乡，想到了山乡那一条又一条弯弯拐拐、崎岖不平的羊肠小道，在那里我挑过多少粪、担过多少灰啊。早春时节，跳下冰冷刺骨的秧田里去捧起一团又一团稀泥巴敷田埂，一敷就是整整一天。一天下来，脚冻得通红，沾满污泥的双手发僵，嘴唇发紫，回到屋里还不敢立刻坐到火塘边去暖一暖身子，怕贪图一时畅快而落下关节炎、怕生冻疮。栽秧打田的大忙时节，常常是天不亮就让牛角号吹醒，太阳还没出来就跑到田地里去干活，一直要干到月亮落坡，夜深人静才歇下来。人走进屋里，经常是累得脸不想洗一把、水不想喝一口就往床上倒。夏日里的农活不多，我们就去坡上挖煤，去砖瓦窑上打小工。酷暑天气，太阳火辣辣的晒得人头皮发麻，还要钻进歇窑不久的乡下土窑子，抱起烫手的破瓦，闷热的空气令人窒息不说，单是那满窑飞扬的煤灰，就呛得人不敢张一下嘴。一窑砖瓦出完了，我们这些打小工的知青，从头到脚满身都是黑灰，只好一家伙跳到水渠、堰塘里才能洗干净。挖煤不那么热，洞子里还挺凉爽的。可那一个又一个土煤窑，只有半人高，非得蹲下身子，小心翼翼地踩住一根根尺把长的脚窝杆子，才能往洞子深处走。近的走三四百个脚窝，远的要走千把个脚窝，到了煤层前，抡起煤镐，借着小油灯的火焰，把煤挖下来，装进拖船。进洞一次不容易，总想把船装满，满装一船乌金般的煤，最少有 250 斤，然后把拖绳勒上自己的肩头，拖着煤和船往洞外爬。那是双膝跪在地上，死死地踩稳一个个脚窝，往上使劲地爬啊。到了洞坡陡的地势，那一船煤在身后拼命地逮着你，你非得咬紧牙关，才能将船往前拖动一步。每次拖出一船煤来，我只觉得头晕目眩，天翻山摇，总要紧紧地闭上几分钟眼睛，才能逐渐缓过气来。要这样进出十次，计算一个劳动日。而一个劳动日多少钱呢？五角九分六。这是我们生产队的劳动日工值，也是远远近近最高的工值。初次下乡时，我们不在乎工分，我们不讲究什么报酬。我们是来接受再教育的，是到广阔天地里来炼红心的，是来参加“三大革命运动”的，是在改天换地改造客观世界的同时改造我们的主观世界的，我们怎么能讲劳动的报酬呢？可当我们付出了那么艰辛的劳动、流了那么多汗水之后，听到报酬仅仅是五角九分六的时候，我们不讲了。

我们开始议论，我们开始思考了。

这是怎么回事呢？乡间为啥这么贫困呢？五黄六月间为啥还有农民上坡去挖蕨苔、挖野菜充饥呢？

现实生活是严峻的，随着在山寨上待的时间越来越长，我们想到的问题越多，思考得也愈来愈深入。

就在这个冬天，我听说了这么一件事情：有个干部子弟，由于父亲被打成“黑帮”，关进牛棚，插队落户到了一个偏僻闭塞、有山有水的村寨。在那里，他和一个出身不好的姑娘相识了。姑娘在生产队里放鸭子，他在河滩地上放羊。在那些受歧视的日子里，是同病相怜也好，是命运的安排也好，这一对知青恋爱了，爱得很深沉。随着漫长的插队落户岁月的流逝，两个人的感情越来越好。打倒了“四人帮”，痴情的姑娘满以为命运会给她露出微笑，却不料事实给了她狠狠一棒。受迫害的干部官复原职以后听说儿子找了个出身不好的姑娘做对象，大为光火。父母亲出面以高压手段干涉儿子的恋爱，儿子抵挡不住大城市和舒适的工作岗位的诱惑，抛弃了女友，酿成一个结局很惨的悲剧。

听完这件事，我脑子里受到很大震动，没有心思继续聊天，一个人悄悄地回到屋里，找出记事本，先三言两语把此事记下，并在下面写了两句话：

> 这件事可以写成一部长篇小说，不过我要把它的结局写好，决不能写成悲剧。

要是说写作《蹉跎岁月》直接的起因，就是这么一件事。

在记事本上写下了自己的决心和愿望之后，我躺倒在床，任凭泛滥的思绪跑着野马，往事一幕一幕浮现在我的眼前。

1966 年，一帮煽风点火的红卫兵来到我们学校，兴一套新规矩，每一个进出学校的师生员工，都得自报家庭出身。当我的一个同学，报出他的出身是“小业主”时，一个红卫兵抡起皮带骂道：“资本家就是资本家，还什么小业主！”话到手到，手里的铜头皮带一下子抽到我那位同学的头上，把他的脑壳打破了，血流不止，当即倒在地上。不是抢救及时，生命也危险。当时，我就站在旁边，气得浑身都在抽搐颤抖。

1975 年，有个工矿单位到我插队落户的公社来招工。两个招工的干部，用当时惯常的调包法，把一个出身不好的上海知青挤下来了。这位知青听说后去找他俩论理，那两个人气势汹汹，蛮不讲理，其中一个把桌子拍得“咚咚”响吼道：“我们宁愿牵去一条狗，也不愿招走你这个狗崽子！”

我恰好在现场，听得一清二楚。当然，年岁大了，人也成熟了，不至于像我同学那样拿起刀去和那两人拼命；更重要的，是这样的事见多了，我也不会像十七八岁时那样气得浑身发抖了。但我的内心深处着实愤怒，着实震骇。把人糟蹋到这样一种程度啊！站在那里，我脑子里想，有朝一日，我要写本知识青年的书，一定要把这句话写进书里去。

1978 年，打倒“四人帮”已经两年了，某个单位搞选举，选举一个没有实际权力的名誉职位，差不多众口一词的意见，要让一位有威信、有水平的同志当选。可群众怎么呼吁、怎么选也没用，理由是：此人出身不好。

那个夜晚，我几乎是一整夜都没合眼。类似的事情，在逝去了的岁月里，我见得太多、太多了。

红卫兵运动刚兴起时，上海的南京路上展开大辩论，每一个登台讲话者都要自报成分；在马路上、学校里，到处贴着两条风行一时的标语："老子英雄儿好汉，老子反动儿混蛋。"插队落户时无论走到哪儿，是赶场，是去县城看病，公社、区、县的有些干部遇到知青，开口第一句话就是："什么成分？"和我同一个公社，有一个表现非常好的知青，一天到黑除了干活，话也不多说一句。大队领导几次亲自上知青办替他说话，只因为他出身不好，接连四次推荐他出去，都被刷下来了。

"血统"在那几年里成了衡量一切的标准。

可以说，反动的"血统论"对我们整整一代中国人的戕害，那是太严重、太厉害了。这是我写作《蹉跎岁月》的一个主要原因。

写这本书一个更重要的原因，是我想写一写我们这一代年轻人的命运，我们这一代人在十几年里走过的路。

我们这代年轻人，走过了一条"之"字形的人生道路，都经历了这样三个阶段，三个思想层次。

第一个阶段，是1966年到1969年，这一阶段我们思想上的特征是盲目、虔诚和狂热。我们一拥而上地横扫一切"牛鬼蛇神"，"破四旧、立四新"，我们为一次又一次最高指示的下达和《红旗》杂志社论的发表而欢呼，我们坚信，一个红彤彤的世界一定会在我们这一代人的手里实现。当号召我们上山下乡接受再教育的时候，我们千百万人一起涌进了广阔天地，要去那儿炼一颗红心，滚一身泥巴，要去那儿开展轰轰烈烈的"三大革命运动"，大干一番事业，要把农村建设成为祖国的大花园，真可谓豪情满怀走天下。

第二个阶段，是1969年至1972年，即“九·一三”事件的真相向全国人民公布以后。这一阶段我们的特征是由盲目、虔诚、狂热而一下跌入失望、颓丧而彷徨、迷茫，徘徊一段时间，逐渐地走向更深层次的思考。到达乡村之后，严峻的现实生活本身给我们上了最好的一课。繁重的体力劳动，当日复一日枯燥乏味地打发日子成了我们生活的内容，当乡村的贫穷使得我们触目惊心、不能理解时，我们是多么失望啊！有的人自暴自弃，得过且过，有的人牢骚满腹，怨天尤人；有的人抽烟喝酒，打牌赌博；有的人忧郁颓废，苦闷至极；更有甚者，也有些人走向歧途，就此堕落了……想大干一番的美好理想被铁一样的事实击碎而破灭。就在这时，震惊中外的“九·一三”事件发生了。消息传到偏远的山寨，知识青年震惊之余，都在议论，都在思考，他们中有的人为自己以往的所作所为脸红心跳，有的人深叹自己在“文革”初期的“革命行动”是头脑发热，有的人在思考着，为什么我偏偏看不出历史发展的轨迹。思考于人有益，思考能促使人振作，我们这一代人中的好些代表，都是在60年代末和70年代初的思考中觉醒的。

拿我自己来讲，就是通过那一段时间的思考和探索，逐渐意识到，靠豪言壮语、靠谁的恩赐走未来的路靠不住了，必须得靠自己，脚踏实地地从偏僻山乡的崎岖小路上，一步一个脚印地往前走。也是在那个时候，我开始提起笔来学习着写一点东西，试着把自己经历过的、感受到的、经过一番思考的生活写到稿子上去。可是……

学习创作，谈何容易啊。

我们插队时的知青屋里，放下四张床，就找不到放桌子的地方了。到了晚上，没有电灯。再说，白天还得虚心接受再教育呀，劳动有多累人哪，挑粪、耙田、铲田埂、钻进煤洞挖煤拖煤，在土砖窑上当小工，背灰、打煤巴、栽秧、薅秧、收割……一天干下来，那张床有多大的吸引力啊。

这些还在其次，可以想办法克服。没有桌子，我掀起铺盖，以铺板当桌子，坐在小板凳上写。没有电灯，用墨水瓶改制个小油灯，点起来照样写。劳动累人吗，我挤一切空余时间练笔。清晨，搬条板凳，带块搓衣板，坐在后屋檐下，把搓衣板搁在膝盖上写；夜里，伙伴们睡了，我以床铺当桌子，点起小油灯写。油灯摇曳的火焰，把我的帐子熏得漆黑。我妹妹曾给我洗过一次，后来，她不愿洗了，我更顾不上了。下雨天不出工，我找一个安静处去写。赶场天，我躲在屋里写。到了农闲时节，我就起大早，到山寨外岭巅上的古庙里去写。那儿非常安静。我可以写到妹妹在山下招呼我，该吃饭了才搁笔。

我在羊肠小道上跋涉着，艰难地跋涉着。为我的这些努力和追求，我开始付出代价，牙齿在连年剧痛后一颗一颗地脱落，遇到天阴雨落，膝关节就隐隐作痛。那当然都是这段生活给我留下的纪念和烙印。但我仍在往前走、走……

第三个阶段，是 1976 年至 1978 年。这一阶段我们这代人的思想特征是急于要求兑现，要求有个归宿，是振作起来奋进。打倒“四人帮”，解放思想，拨乱反正，给我们带来了希望。落实多年老知青的政策，大学恢复高考，给我们带来了欢欣。大家在这一时期的共同想法，是把逝去了的青春追回来，是要重新从自己的脚下，迈开步子，踏出一条新的人生之路，新的追求之路。

我自然而然地想起了唐朝诗人李颀的诗句："莫见长安行乐处，空令岁月易蹉跎。"

哦，这十多年来，我们就是在蹉跎中度过的。

写一写"血统论"对我们这一代人的戕害，写一写我们这一代人走过的路，同时更希望写出我们当年那些知青各不相同的形象。可以说，这是我要写作《蹉跎岁月》的第三个原因。

啊，知识青年。

在那些年里，差不多每家每户都有知青，都受到这场运动的波及。不论走到哪儿，都能听到关于知识青年的议论。

起先说他们如何有志气、风华正茂，开创了一代新风；跟着说他们如何的光荣，如何在乡村里大有作为，有的当了赤脚医生，有的当了记工员、会计，有的当了山乡的教师，有的当上了农技员，有的还提拔起来当了干部；接着说他们在乡村里待久了，开始变了，变得调皮捣蛋，偷鸡摸狗，坐车不掏钱，问题严重，得好好地管教。只要一提知青，人们不是唉声叹气，便是迭连摇头，将他们说得一无是处，一团糟。

实实在在地说，知识青年在乡村的生活，是复杂而又丰富、艰苦而又充满了向往色彩的。"知识青年"，这个普通得不能再普通的字眼，在60年代末到70年代的蹉跎岁月里，是我们用汗水和眼泪、期待和希冀、探索和追求充实起来的。看到这个字眼，不该只让人仅仅想起艰辛的生活，不该只让人想到留在城里的待业青年，它应该让人想到更多的一点东西。就是我们这一代知识青年，也是不完全相同的。和任何一代年轻人一样，我们中间有奋进者，有为祖国做出了杰出贡献的人，有普普通通的劳动者，有退伍者……一句话，这是整整一代人的青春，有各种各样不同的命运和遭遇。我应该把这一点写出来，告诉所有关心我们这一代知青的人。我的青春，我的追求和事业，甚而至于我的爱情，都是从那儿开始的，我有责任写。

由于这样三个主要原因，促使我要写《蹉跎岁月》这本书。长篇小说的人物、故事、情节，整本书的结构、层次、段落，我都是基于这么一个认识来酝酿的。当然，写作一部书，是由于多种多样的因素促成的。要在一篇短文中，把诸多因素逐一讲明白，几乎是不可能的。但正是有了这三方面的认识和理解，有了我本人近十年的知识青年生活积累，写作这么一本书的愿望才一天一天地明确起来，并且不断地像浪花般激起我的创作冲动，逼着我去思索、去实现自己的创作计划。

于是乎，我找出了一个本子，把以上的认识和想法一点一滴写下来。同时，开始我写作之前的另一准备工作，写作人物分析，给每一个主要人物作传……这已经是另一篇文章的内容了，不在此啰唆。唯一可以讲的，是写作《蹉跎岁月》的时候，我还没有工作，既没有工资，也没有人给我发粮票。那是 1979 年夏天，十年岁月蹉跎过去了，我个人可以说是一无所得，但是得到的似乎又比任何人都多。我手中那支笔的笔端上凝聚着写作最需要的感受和情绪，于是我写、写、写……一直写到今天，并将写一辈子。

（1982 年）

写作三部长篇小说的前前后后

1979 年的秋天，我在贵州山区猫跳河畔的一个偏僻的峡谷里写作长篇小说《风凛冽》。那儿山高水深，多雾多雨。每隔两天，才从省城贵阳开来一班长途客车，送来隔了好几天的报纸，送来脱了期的杂志。恰好我的半导体收音机坏了，外界的一切，似乎也都给重重的山岭、重重的云雾隔断了。每天，除了远处的山岭上隐隐地传来开山的炮声之外，峡谷里静极了。我正在给《风凛冽》结尾，因为没有把握，我把已经写成的稿子请周围的老同志提意见。虽然不知道这部稿子的命运怎么样，可我仍然决定，写完《风凛冽》，立即着手写作一部新的长篇《蹉跎岁月》。这本即将动笔的书中人物不断浮现在我的脑子里，我早就想写它了，只是因为找不到一个准确的开头，而在苦苦地思索着、等待着……

当时，我这么急于写作，还有一个生活上的原因，那就是我插队已经十年，快三十岁了，还没有一个固定的工作。我落户的山寨说，我的户口迁出去了；县属的工厂说，户口在我们这儿，你要来还是学徒工待遇；上海街道的知青办说，你的户口不在农村，我们不能把你作为知青调回。这就是说，我还要继续过第十一年没有工资的生活，也不能再在山寨挣工分了。我必须想法养活自己。

就在这个时候，在一个难得的晴天里，我收到《收获》编辑部的一封短信，信上告诉我，长篇小说《我们这一代年轻人》(以下简称《年轻人》)将在刊物上发表。这对当时的我来说，无疑是打了一剂强心针，我的高兴是无法形容的，我的劲头一下子提高了十倍。《风凛冽》以出奇快的速度结了尾。《蹉跎岁月》的开头，也在一个乘凉的夜晚从老医生的话头里得到启发。两个月以后，《年轻人》在《收获》第五期上刊登，《蹉跎岁月》也写完了。1980年，《风凛冽》和《蹉跎岁月》相继发表。

从《年轻人》上半部分发表以后，直到现在，我不断地收到刊物编辑部、出版社和本省作家协会转给我的读者来信，计有一千多封。除了一封是一位四十二岁的同志写来的之外，其余全是青年们写来的。热情的青年们写了许多好听的话，差不多每封来信都要问及，这几部小说是怎么写成的。一些爱好文学的青年，有的称呼我叶辛老伯伯，有的称呼我叶辛阿姨，有的称呼我叔叔或老同志，还要我谈谈创作经验。

他们不知道，我也是一个年轻人，根本没啥经验可谈。问起这些小说是怎么写成的，我倒有一段坎坷的经历可以讲。

追溯起来，就得从小说发表前的十年，1969年那个难忘的早春谈起了。

那时候，风起浪涌般的上山下乡运动正在兴起。我正逢中学毕业，像许多同学一样，是厌烦了大上海的喧嚣和马路上的人流，怀着满腔豪情踏上插队落户征途的。当列车南下的时候，我们对未来将要生活的农村，充满了五光十色的幻想。

到了偏僻的山寨生活了一段日子，我才知道，我们插队的寨子很穷。根据工值，我们计算了一下，发现一个知识青年就是出满勤，天天劳动，也仅够偿付口粮款。至于今后的添衣置被，日常生活的开支，是要向家庭伸手的。面对这一现实，五光十色的理想像肥皂泡一样破灭了，怎么办呢？我是像一部分知青那样，抽烟、喝酒、打牌、游山玩水、谈情说爱，混一天是一天呢，还是像更多的知青那样，先从适应体力劳动做起，争取留下个好印象呢？

面临着这一抉择，我必须从现实环境中踩出一条路来。贵州山区的村寨特点，少数民族地区的异域风光，和我自小生长的大上海决然不同的生活环境，世代居住在山区村寨上的那些各种各样的人物，已在逐渐地吸引着我，萌发着我表现他们的激情，我决心拿起笔来，学习写作。于是，在每天的体力劳动之后，在集体户的茅屋里，点一支蜡烛，或是点一盏油灯，把床铺当桌子，开始了最初学习写作的生活。说起来真的很可怜，我们四个男知青住宿在茅屋里没有桌子；即使有桌子，也没地方放，四张床已经把屋子挤满了，平时大家写信，都是在床上写。贵州雨多，茅屋常常滴漏，每个知青的帐顶上都铺了一大张塑料布，雨珠滴下来，落在塑料布上，像在敲小鼓，我就在“小鼓”声中，学习着把感受到的生活写到纸上去。为了够着当桌子使的床铺，我必须坐在低矮的小板凳上。一天的劳动过后，我多么想舒展四肢在竹床上美美地躺下休息啊！但我克制着这种强烈的欲望，还是坐下来写作。

经常写，好像爱抽烟的人有了瘾一样，得空就想提起笔来。没多久，信纸写光了。那年头，贵州正在“武斗”，商店里不但没稿纸，连小学生的练习簿也没有，墨水也买不到。感谢我在上海的同学，他们分配在工厂，一开始过领学徒工资的生活，就念着中学里的友情，凑钱买了几千张稿纸寄给我。我们集体户里年龄最小的小冯，从家里带来了满满一大瓶墨水，这瓶墨水有一大半是给我写光的。住在四人一间的屋里，埋头写东西，不但别人影响我，我也影响别人。后来我就躲到后屋檐下，膝盖上放一块搓衣板，起早贪黑地写。这么写了几个月，寨上的社员告诉我，在村寨外的山顶古庙里，有几张缺胳膊断腿的桌椅，可以到那里去写。从那以后，寨外的山顶古庙，就成了我每天清晨必然光顾的地方，趁出工前的时间，我总是能写上二三千字。后来上了湘黔铁路工地，生活在苗族聚居的清水江两岸，接触了许多少数民族，在和他们的摆谈、交往、共同生活、劳动中，了解到他们苦难的过去和今天的生活，熟悉了他们的风俗习惯，整天处在颇具特色的山光水色中，我充满了新奇感，更加激发起学习创作的热情。修湘黔铁路，搞的是大会战，千军万马一齐涌到苗岭腹地，不讲其他的事，就是住宿，也无法解决。女同志还可以到偏屋、牛圈、马栏上头搭个铺位。男同志就一人发一根木棍、一张芦席。到了晚上，木棍撑起芦席，人就钻在芦席下睡。在那样的环境里，我也从没间断学习写作。我在 1977 年、1978 年相继出版的三本书的草稿，就是在这样的条件下咬紧牙关写出来的。那时候，我只有一个信念，就是写、写，继续不断地写。

这么写，自然引起很多非议和流言，什么“走白专道路”“极端个人主义”“资产阶级名利思想”“想成名成家”等等。平心而论，我提起笔写东西的时候，与其说是为了发表，不如说是为了寄托一种感情，为了使自己极枯燥乏味的体力劳动生活有一种依托。在我坚持学习写作的时候，“文化大革命”初期被砸烂的出版社牌还没挂起来；那些被赶到“五七”干校去的编辑们，也还没回去呢。就是我的第一部稿子，也是我的两个同学看着有趣，以他们的名义送到出版社去的。不过，我没有反驳种种流言蜚语，谈这些往事这也是第一次。我当时抱定了一条宗旨，随他们说去，愿怎么说就怎么说，我写我的。我是一棵黄豆苗，决不指望结成大西瓜，但我一定要使我这棵黄豆苗长起来，结出颗粒饱满的黄豆。到那时候，人们会认为我这颗黄豆是有用的，是能熬豆浆、制豆腐的。说起来显得可笑，但我当时确是这么想着给自己鼓劲儿的。自然，中小学时代读的一些作家传记和书籍，“天生我才必有用”及“人只有献身社会，才能找出那实际上是短暂而有风险的生命的意义”这一类警句，也给了我很大的力量。

我满以为，只要有这种愿望，只要有这种奋斗精神，只要把看到的、经历过的许多事情通过故事的形式写下来，准能成为一篇小说，而且是好小说。哪知道，事实远非如此。我在那么艰苦条件下最初写出的书稿，周围几个要好的同学、朋友都不爱看。别说是他们，就是我自己，拿着书稿和一本已经印成的书比较，脸也涨红了，连我也不要看。

这时候我才意识到，写作，只有虔诚的愿望和满腔的激情是不够的，还需要技巧。这就需要掌握丰富生动的语言，需要向有写作经验的人请教。

在偏僻闭塞的山寨上，全寨子也找不到一本文艺书籍，到哪儿去请教老师呢？我开始苦恼了。久久的苦恼逼得我思索和留神，逼得我注意观察身旁发生的人和事。在劳动中，在开群众大会时，在大树下或是场坝里闲扯，甚至是在周围发生吵架、打骂的时候，我都竖起耳朵听社员们说话。我发现，在这些极普通的社员嘴里，有着惊人的丰富的语言。往往一个老农说句话，会把一个结结巴巴的小伙子啰唆半天没说清的意思点得明明白白；一个难以阐述的道理，也只需一个简单的比喻，就讲得形象而又生动。我开始找到了学习的方向，备下一个本子，按山寨上住户的顺序，把每户人家的住屋、成员的名字写下来，然后又把几年插队生活中了解到的这些人家的情况，详详细细地记下来。这么做，对我了解自己周围生活中的人，太有益了。我们寨子上有一个面容慈祥的老太太，整天笑嘻嘻的，我插队几年，对她印象一直很好，但在一次集体分配中，她却表现得极为自私，非常粗野，蛮不讲礼。我怎么也不理解，她怎么会是这样一个人？后来有个老人悄悄告诉我，新中国成立前，这老太太天天自己做芝麻饼，晚上到赌场上去卖。那时候，赌博的人正饿，又不想离开赌台，她就趁机卖高价，一个芝麻饼卖得比白天贵几倍。赌场上的钱好赚，她只需转一圈，就能赚好些钱。听了这段往事，我对这个老太太的认识就深了，也能理解她为什么整天笑眯眯的，更能理解她为什么如此自私了。还有一个说话直嗓门的老农，我总觉得他耿直纯朴，但不少人却说他心眼儿细，对集体化不满意。我老是不相信，合作化都快二十年了，他还留恋单干吗？有一次，两个作业组为地界问题发生了争执，吵得很凶，这个老农说另一个组占了他们组的地，另一个组不承认，为了证明他的话，他气呼呼地停下犁地，从五六尺的地里挖出一块地界石来，把对方弄得下不来台。原来这块地过去就是他家的。土地划成片的时候，人家都把地界石挖丢了，唯有他，把地界石深埋在地里了。

类似这样的事和细节实在太多了，一两年间，我记下的笔记厚起来了。在和山寨社员们的长期接触中，我了解他们每一个家庭的历史，每一个人的过去，以及他们在几十年生活中形形色色的表现。我不仅记下他们的口语、对话、谚语，还搜集歇后语和歌词，也把一些农业知识、气象、地理、风俗方面的知识，往本子上记。

这一阶段的苦恼、烦躁和追求，在今天看来似乎仍是一片空白，因为几乎没留下什么直接可发表的东西。但也就是这一阶段，对我来说比什么都重要。没有这一阶段，是没有以后的发展的。

这个过程由于种种原因，在我的身上拖得很长。我劳动着，在生活中做一个有心人，天天读一点书，差不多每天挤时间提起笔来写一点不成样的东西。在这漫长的学习过程中，我曾经无数次地为自己没有进步而犯愁、焦心，无数次地想歇手不干了。但鲁迅先生那种“韧”劲儿鼓舞着我。在乡下的后几年，我身体不好，精神尤其不行，我把鲁迅先生的话“不要自馁，总是干；但也不可自满，仍旧总是用功”抄下贴在墙上，天天读上两遍，以此自勉。

打倒“四人帮”以后，我与别人合作的四部作品，陆续出版了。(中篇小说《高高的苗岭》《深夜马蹄声》，电影文学剧本《火娃》，长篇小说《岩鹰》)我自然是高兴的。并且准备顺着这条路子写下去。文学界的前辈、昔日的同学和亲近的朋友，读了我的书，曾率直地提出，你写的这些东西，不能给人留下深刻的印象，不能发人深省。有相熟的老朋友，还毫不客气地问我，为什么不真实地深刻地反映一下知识青年的生活和命运?

听了这些话，我的思想上受到很大的震动，也引起了我久久地思索。

其实，促使我比较深地思索一代知识青年的命运这个题目，还要追溯到1974年春天。

那时候，我当知青已有六个年头。回到上海去探亲，家里的亲属，过去的同学、朋友，几年不见的亲戚，周围的邻居，碰到了我，总要关切地问，你下乡几年了？抽调了没有啊？现在怎么样啊？当听说我下乡六年还没上调时，好心善意的人，总要安慰我几句；也有些人，脸上立刻就会露出轻蔑的神色，或是虚假的同情，以一种居人之上的口气对我说话。每当这种时候，我便会感到非常难堪，不知说什么好。是啊，在我的周围，虽然有很多相同命运的知识青年，但也有许多正在上海工作的青年人。他们每天或去读书，或去单位上班，他们的生活安定，拿一句插队知青常说的话来讲，他们的生活有了轨道。而我们插队落户的知识青年，生活的轨道在哪儿呢？为什么我们天天在乡下劳动，到头来还是要被人看不起呢？和一些知青谈起这个话题，我们都会有同感。好多人发誓说，以后再不回来探亲了，省得再碰到这一类的询问。多么可怜的阿Q式的自尊啊！

有一次，我到一个图书馆去，像许多单位一样，图书馆门口摆着一张牌子，上写“请出示工作证”。我没有工作证，工作人员不让我走进阅览室去。报纸上把插队落户说得那么光荣，而在现实的生活中，我们连公共图书馆也进不去。

又过了一年，我在一个偶然的机会，看到了我们县四百多名知青的花名册。经过近七年的插队生活，尤其是在铁路工地的相处，我们互相之间都很熟悉。面对着这份名单，我眼前这些知青的名字活起来了。他们中很多人的命运，我都是熟悉的。我了解他们这些年是怎么走过来的，我知道他们的恋爱史，我很清楚地明白他们过去、现在都在想些什么，期待、追求些什么。和人闲聊时，我可以讲出许多知青的真实的故事。

我们省里有一位知识青年，为了育出适合本地区的良种，经年累月，废寝忘食，不知经历了多少坎坷，甚至一段时间被人认为是疯子，但他终于战胜了种种困难，在艰苦的条件下育出了良种，做出了重大贡献，先后被选为四届、五届人大代表；他的两个良种，被评为全国的优良品种之一。他的事迹早就深深地吸引着我。在刚下乡时，我和几个同学也搞过育种，但是失败了，我体会过这样的感情。尤其是我周围，很多知青都搞过各种各样的科学实验，我知道他们的成功和失败，亲眼见过他们在实验中的笑容和眼泪。最主要的一点是，从那位育种知青的经历中，能看出一个普普通通的知识青年，想干一点事业，需要付出多么巨大的心血和代价，需要付出多么艰苦长期的默默无闻的劳动。

在我们县的女知青中还有一个姑娘，在插队落户期间和一个男知青恋爱了。不久，这姑娘抽调进了工厂；而她的男朋友，直到1979年，才安排了工作，她比男朋友早抽调足足有七年，但她一直没听从那些好心人的劝告去另交朋友，她一直等待着艰苦岁月中爱上的男朋友，终于结了婚。和知识青年中那些一回城或一抽调就把对象甩掉的人比起来，这个姑娘的事迹老是吸引着我。

这些人物在我眼前一一浮现出来，我拿起笔，写下了《我们这一代年轻人》这个题目，并且很快写出了人物提纲。当然，我也想到了在我当知青时见过的那些流气十足的人，那些自谓“混客”的自暴自弃者，那些讲究实惠的青年，还有一些盲目追求所谓“进步”的姑娘，也有像陈家勤那样削尖脑袋往上爬的小野心家。

随着人物分析的写成，我觉得这些已经有名有姓的年轻人在我头脑里一天比一天鲜明、生动起来，他们聚在一起的时候，会说些什么话，他们在相恋时，将如何交谈，我都能想象出来。每天，只要一空闲下来，我就同他们相处在一起，想象着他们在各种不同的环境里，将怎样生活、怎样学习和劳动。有好几次，我试着拿起笔，想把故事梗概写出来，想把基本架子搭起来，想理出一条情节的线，但往往写到一半，就扔下了。我总觉得不对劲儿，总好似在等待着什么。等待什么呢？我也说不上来。

那个时候，社会上只要一提起知识青年，不是唉声叹气，就是闭目摇头，仿佛知识青年们一无是处。有不少人，常常会讲起插队生活的艰辛，讲起知青们在艰苦生活面前的苦闷和彷徨。是的，插队落户生活有它艰难的一面，这点谁都知道。可是，有些人为什么忘了呢，那些在上山下乡运动初期提着糨糊桶穷刷大标语的人，那些整天跑到中学毕业生家里轮番去做思想动员的人，那些敲锣打鼓挥舞小旗欢送我们一批又一批去“干革命”的人，似乎从来没在生活中存在过。我甚至震惊地发现，就是这些人，往往把知识青年说得一团糟。其实呢，他们并没到乡下去过一天，也不知知青们究竟怎样在生活，往往根据一些夸张了的传说在下判断。实在说，知识青年在乡村的生活，是复杂而又丰富、艰苦而又充满了向往色彩的。知识青年，这个当年我们用汗水和眼泪、期待和希冀、憧憬和追求充实起来的字眼，饱含着多少更深沉的意义啊！看到这个字眼，不该只让人仅仅想起艰辛的生活，不该只让人仅仅看到留在城市的待业青年，它应该让人想到更多的东西！

我是从那条路上走过来的，我的青春、我的追求、我的事业，甚至我的爱情，都是从那个时候开始的，从偏僻山乡的崎岖小路上走过来的。我要写，就得真实地把自己体会到的生活写下来。

渐渐地，我憋了一股气，随着日子的流逝，我越憋越觉得难受，越憋越想立即提笔写，到了后来，我简直变得烦躁不安，焦灼不宁，吃饭不香，夜里失眠。因为找不到一个恰当的角度，因为找不到一个准确的开头，我好像欠了谁的账似的。那一段时间里，我每打开一本书，每新看一部电影或是一本誉为名片的电影剧本，我总巴望这些东西能启示我写好开头，找到准确的角度。

这时候，我从北京回到上海，我妹妹当夜讲给我听的一个知识青年的遭遇，陡然间提示了我。她说一个在山区插队落户的知青，表现很好，突然收到上海方面的函件，要逮捕他，并把他押送回沪。当地的干部和社员，根据这个知青的现实表现，抵制了这件事。

听到这个知识青年的事儿，我眼前突然光亮起来，顾不上旅途的劳累，当夜我就写下了小说的故事提纲。1978 年，我的工作问题还没落实，我带了这个提纲，抱着一沓稿纸，用了一个来月时间，基本写完了《年轻人》。

稿子交出去了，我意犹未尽。在写作《年轻人》的时候，插队落户的生活，一幕一幕地呈现在我的眼前，多少往事，多少知青的形象，多少生动有致的细节，没有在《年轻人》中得到表现啊！于是，我只好在桌上另放了一个本子，把这些零星的、稍纵即逝的文思草草笔录下来，划上着重号，待来日再说。

因此，《年轻人》刚写完，我就着手整理这些笔记，分门别类，写出人物分析。《年轻人》写的是“文革”初期到“九·一三”事件的知识青年，这些青年人后来怎样了呢？他们是怎么从乡村的道路上一步一步走过来的呢？我的脑子里萌动着《风凛冽》和《蹉跎岁月》的具体构思。

在上山下乡的知识青年生活中，差不多每一个人都有那么段特殊的时期。那就是每当秋末冬初，每当年底，农事基本结束之后，知识青年都要回到城里去探亲。探亲的知青们怎样在城市里打发日子呢？他们一住就是整整一冬，他们看着自己的亲人们上班、下班，他们无聊地在家里睡懒觉、做家务、发牢骚，他们口袋里没有钱.苦闷而又无所事事，随着知青政策的松动，不少青年人开始了一种现实的追求：争取病退回城。在知青中，这句话叫“搞病退”。有病的知青按政策回城，这是天经地义的，为啥要“搞”呢？这是人人都明白的道理，也是人人都见惯了的现象。而在众多的反映知青生活的短篇小说、中篇小说、长篇小说中，却很少有人写到，我为啥不写一写呢！

这就是我为什么要写《风凛冽》的原因。只是我在写作《风凛冽》的时候，没有就事论事地去写知青在城里的生活，而是把时代背景放在 1976 年 1 月那个朔风凛冽的冬天，把反映知青生活和揭露“四人帮”爪牙的罪行结合起来写，事件和人物集中在一个点上，整个故事的进展，发生在不多的几天里。

在艺术上，我也做了些新的探求。《年轻人》的结构，是建立在意外事件引起的悬念上，始终扣住事件引起的风波来行文的。《风凛冽》不能再用这个老套子了。小时候，读易卜生的剧本，我非常喜爱他那种回顾式的结构。略大一些，我也很爱读那些以“解开过去的谜”为总体结构的长篇小说。这样的小说人物形象生动，情节的展示严丝密缝，篇章之间环环紧扣，读来使人爱不释手。我也很想追求这样的艺术效果，就在《风凛冽》的写作上，运用这种一层一层往里剥笋壳的手法，把故事推到高潮，然后在高潮中突然结束，戛然而止。学习高尔基写作他的著名长篇小说《母亲》的结尾。

《风凛冽》的最后一章搁下四天之后，我把稿子锁在抽屉里，就进入了《蹉跎岁月》的写作。

前面我说过，在那个时候，我刚刚得知《年轻人》将要在《收获》上发表的消息，我的劲头一下高涨了起来。精神的因素是很重要的，那以后的两个多月里，我只觉得形象和意念喷涌，坐在桌前，常常是感到笔跟不上脑子里闪现的画面。我要说的话是那么多，我要写的东西是那么多，那么多，而这一切，统统要通过形象来体现，统统自然而然汇聚到了我的笔端。

想写一本反对“血统论”的书，这不是我一朝一夕的想法了。可以说，早在“文化大革命”初期我就产生过这个念头，随着踏上社会，随着岁月的流逝，这念头一年比一年强烈，直到1978年的冬天，我听到两位知识青年因出身悬殊，恋爱酿成悲剧的事，这念头迫使我坐定下来，着手写人物分析了。但是，当我觉得非把它写出来不可的时候，面前却摆着三个大难题。

第一个是，怎样把前后十二年的生活融进一本长篇小说里。在我已经发表的几部书里面，时间的跨度都不很大，长的四五年，短的一两个月。这一次要写前后跨越十二年的时间，难度很大。我阅读了一些时间跨度大的长篇小说，《克里木·萨姆金的一生》《布登勃洛克一家》《大卫·科波菲尔》《简·爱》《卡斯特桥市长》……我发现，在这些作品里，时间的跨度虽然很大，但作家的笔触，始终关注着主人翁的命运，紧扣主人翁的命运来写，并通过主人翁的命运，来展示时代的特征。同时，作家总是抓住一个重要的时期，着重落笔。这些名著使我受到了启发，渐渐地有了一点把握。

第二个难题，怎样反映十年动乱时期恶性膨胀、四处泛滥的反动“血统论”。是把书写成凄凄惨惨，还是写得调子高昂，这个基点定在哪儿？要知道，找不准这个基点，就不容易竖起整个作品的间架结构。反动“血统论”这个东西，对我们这一代年轻人心灵的侵蚀、伤害，是很厉害的，即使到了今天，也不能说已经肃清了。“龙生龙，凤生凤，老鼠的儿子打壁洞。”这种封建的思想影响至今有之，门第、权势观念的影响同样存在，要一味地描写这些东西在“文化大革命”中的泛滥，以及造成的后果，真可以写得很悲。但是我并不想就此停留在对生活现象的描述上，我还想写得更深一些。我翻阅着笔记，插队落户岁月里的札记，回顾着我们这一代年轻人在这些年里走过的路。我注意到，即使我的同时代人中那些受过伤害的人，也并不曾颓丧下去。他们恰恰是在这一段岁月里，认清了自己的道路，意识到了自己肩负的责任。一旦明白了这点，理清了这条总的脉络。我就给已经写下人物分析的那些知青，尤其是作品主人翁柯碧舟和杜见春，定下了这么一条路径，那就是他们曾经苦闷、彷徨、失望，我应该写出他们在那段岁月中的徘徊和消沉，但我也应该写出他们的逐步清醒、振作，更应该写出他们在现实生活中认清了目标，朝着这个目标奋进的姿态。弄清了这一点，《蹉跎岁月》大的层次我也找到了，这便是消沉——振作——奋进。

第三个难题，提起笔来，该怎么开头呢？像《年轻人》《风凛冽》那样开头，自然是不行了。虽然同是知青题材，但想要表现的东西，却是不同的。新写一部长篇小说，总该寻找一个新的表现形式吧。在排除了好多开头方式之后，摆在我面前的，有两种开头方式。一种是开头便把问题捅出来，打倒“四人帮”，相恋多年的一对知青回到上海，遭到家庭的反对，两个年轻人在与家庭争辩中，回想到他们患难与共的插队生活……另一种是平铺直叙，从他们早期的插队生活写起，顺序写来……第一种方式开头能吸引人，很快可以进入故事，弊病是回忆过多，长篇表现起来牵强；第二种方式开头写起来顺，但显然要平的多。怎么办呢？我久久地苦闷着、思索着、等待着……

到《风凛冽》写完的那几天，我安心地休息，做点体力劳动，晚上不看书，和人聊天。就在同一个老医生的闲聊中，他的一句话触发了我的文思：“一个人同另一个人的关系，往往是从他们认识的第一天就开始了……”他后来说了些什么，我都没听见。我一下子明白了，我的长篇小说，就得从男女主角的第一次相识写起，写他们的感情基础，写他们心灵的颤动。这么写，平是平一些，但我有插队落户生活的体验，平中也能设法见奇。一当找到了这个开头方式，小说就顺畅地一章一章写下来了。

回顾我短短的学习写作的过程，要说有什么感受，那我要说：学习写作的生活是困难的、艰苦的，有时甚至是非常苦恼的。有些人爱夸大地说创作欢欣喜悦的情形，我很少体验到。这三部小说的写作时间虽然很短，但是酝酿、构思的时间很长，前后达好几年，比我其他几本书花费的精力都要大。这三本书的写作，是和我长达十年的坎坷经历分不开的，是和我重新回顾和认识过去的生活分不开的。没有长期的插队落户生活，没有对这段生活的经常思考、重新加以认识和分析，书也是写不出来的。

我愿意借此机会重申，像我这个人一样，我的书是很幼稚的。在今后的日子里，我将争取再接再厉，深入生活，努力追求，写出好一点的长篇小说来，献给我们的祖国和人民，献给我的同时代人。

（1983 年）

写作《绿荫晨曦》之前

1970年秋末冬初，我参加了湘黔铁路大会战。百万筑路大军，坐火车、坐汽车、步行进入会战工地。我所在的连队，驻扎在苗岭腹地、重安江畔的一个寨子里。每天上山扛木头、下河捞沙子，挑石头，挖桥基，一天紧张繁重的体力劳动下来，累得直想趴下来。可我们的工棚没盖好，初初上路，一切都显得匆促杂乱。女同志可以借宿在苗家乡亲的家里，男同志只得委屈一下，一人发一根棍子，一张芦席，在山坡上歇夜。

在那些日子里，我天天到苗寨上去，在妹妹借宿的苗族老乡家里，度过一个又一个寒冷而漫长的夜晚。

坐在苗家的火塘旁边，烧起松枝火，一边听着苗族老人摆谈往事，一边望着蹿起的火焰出神。枯脆的松枝烧起来哔哔剥剥作响，把整间屋子烧得暖乎乎、热乎乎的。真不想离去啊，那些个夜晚的交谈，就是我熟悉苗家生活的开始：他们烧火时有什么规矩，他们男女青年在坡上“摇马郎”时唱些什么，结婚的程式分成多少个层次，稻田里的鱼如何放养，新中国成立前这一带的山川河谷是怎么样的？也是在那些个夜晚，我听到了这么一件事，在重安江畔有两个寨子，新中国成立前为了放木排争河道，经常发生械斗……

对少数民族的生活，对他们犷放剽悍的性格，对他们特有的风俗习惯有了兴趣，我就有意识把看到、听到、想到的一些东西，往本子上记。

在我们民兵团周围，还有很多其他民兵团，这些民兵团里，有布依族、水族、侗族的农民，空闲下来，我就和他们去交朋友，看他们玩耍，注意他们的习俗和我们汉族、苗族有什么区别，更主要的，是和他们有了友谊，更进一步熟悉了他们的性格。

以后的几年中，我又有多次机会到苗寨侗村去。每去一次，我都为清水江两岸、重安江畔的旖旎风情、山光水色而赞叹不已。在江边、在岭腰上、在峰巅，我能留恋地站上好久好久。当然，差不多每次到林区去，每次到森林、大山、河谷组成的苗岭腹地去，我都能听到一些盗卖木料的事情……

也许是我太留恋这些地方了，也许是我觉得这一切和其他的地方太不相同了，我心里总有一种抑制不住的欲望，要把这里的人民生活，要把他们的过去和今天，要把一个个我接触过的活生生的人，都写出来。不写出来，心里好像不踏实似的。

我写了《绿荫晨曦》。

书是很幼稚的，感谢编辑同志的帮助指点，感谢他们付出的辛勤劳动，并愿听到读者和专家的宝贵意见。

（1983 年）

我写《巨澜》

《巨澜》总算写完了。搁笔的时候，我长长地吁了一口气，感到一种还清了债务之后的轻松和坦然。

小说在写作以前，在创作过程中，在上卷和中卷陆续发表以后，我不断地听到一些议论，就是在下卷刊出以后，仍然还有比较亲近的同学问我：你为啥要写这本书啊？这可是个吃力不讨好的题材。这过程中，我也拜读了一些关于它的评论。作为一个年轻的作者，对于评论界给予的关心，读者给予的爱护，我是十分珍视的。同时也产生了一些想法。我愿意借此机会，谈一谈创作这本书前前后后的一些情况，以求正于广大读者和评论界。

从提笔写作这本书的 1981 年开始，到此书脱稿的 1984 年为止，前后用了将近四年的时间。但脑子里想写这么一本书，朦朦胧胧地产生一种创作的冲动，则要追溯到很久很久以前，追溯我对于祖国农村，对于生于斯、长于斯的广袤大地，对于这块大地上"日出而作、日入而息"的勤劳农民的认识，对于祖国农村的历史和现状比较长时间的观察和思考。

我出生在上海。

对于十九岁之前从未离开过这个东方大都市的我来说，农村意味着什么呢？意味着那是一个出产粮食和蔬菜的地方，意味着淙淙的小溪流和清新宜人的空气，意味着广阔无垠的田野上，四季变幻无穷的景色。意味着“河网密布”“鸟语花香”，充满了诗情画意。后来，进入了中学，每年要有那么两三个星期或者一个月的时间，到上海市郊参加“三秋”劳动。但就是在那里，我看到的农村，也还是“炊烟袅袅地升起在村落上空”，是“高压电线杆伸展到遥远的地平线上”。在作文中，我写着：通过下乡劳动，我由衷地感到，社会主义农村到处都在胜利地前进。这是出自肺腑的真切感受。

上山下乡运动掀起来了，坐着火车到贵州来的时候，我对云贵高原上的如画山水和乡村生活牧歌般的诗意，还是充满了学生气的憧憬和向往。

初到贵州，我简直被偏僻山寨上的一切迷住了。壮丽的山川河谷，山乡的风土人情，勤劳纯朴的老乡，这一切有多美啊！我给上海的一个同学，写去了一封散文诗样的长信，喜鹊停落在大牯牛的背脊上休憩，岭腰峰巅徐徐飘散的雾岚，纯朴的乡风民俗，总之，把我看到的、感受到的一切新鲜印象，统统告诉了他，足足写了十五页信纸。

但是，插队落户的生活是严峻的。随着岁月的流逝，我逐渐逐渐感到了困惑，感到了迷茫和不解。

记得，那是我们知识青年带着新鲜感头一次赶场，偶然了解到，一斤苞谷竟售价三角二分，这使我们大吃一惊。回到寨子上，我们向熟悉的农民打听，证实了这个价格并不是敲竹杠，还了解到一斤米也要五六角，而我们一个劳动日的工值，还不到这么个价格哩！赶场天的上午，常有农民到我们知青点来，掏出三个鸡蛋放在桌上说："我拿这三个鸡蛋，换你们一斤粮票，赶场时可以吃一顿晌午。"

三斤粮票换十只鸡蛋，就是在墟场上私下交易的时候，也成了公平的兑换标准。

有一回，赶场回寨路上，我走进隔邻大队一位支部书记家找水喝。他家正在吃饭，我看见饭桌上摆着苞谷羹羹，连颗米星星也没得。小方桌中央，放着一碗辣椒水，一大碗煮南瓜。我问他："你咋吃这个？"他用竹筷习惯地击打着碗沿，声气大大地说："有这个吃都不容易啦！有些人家户，苞谷中间还掺洋芋哩！""那你们去年不是向公社报的是丰收嘛！"我不由顶了他一句。"哪个大队不是这么报的？嗯。"支书显然有些不悦了，"你们这些学生娃娃，真不晓事！"

是不晓事啊！刚下乡那几年里，我们怎么也无法理解，为啥要一边向上报粮食增产百分之几，一边却还要愁粮食。日子久了，听多了、看多了，我们才慢慢地习惯过来。习惯日复一日的繁重体力劳动，习惯计算低得令人难以相信的劳动日工值，习惯于看待山乡的贫困、粗粝的食物、破旧褴褛的衣裳……寨子上这么穷，是不是因为农民懒惰，不勤快呢？非也。

我曾借住在一户农民家里，这户农民没有钟，更没有表，每天一早，他蹑手蹑脚摸索起床，喊醒自己的小儿子随他一路上坡去割草时，我也总醒了。醒来一看表，是清晨四点。天天清晨四点起床，除了吃三顿饭时坐下歇息，他总是一刻不停地在干活，忙了坡上忙田头，忙了屋里忙院里，即使出工为集体干活，他也本着良心从不偷闲，天天如此，月月如此，年年如此。可他的家里还是穷。我经常听他给我算家里的粮食账、现金账、人情账，每回听过之后，唯一可以做的事情就是陪着他叹气。

啊，偏僻山寨上为什么这样穷呢？我百思不得其解。常常，有农民和我摆龙门阵，摆谈新中国成立前的农村，摆谈他们怀念的50年代的日子，摆谈三年自然灾害时遭的难，摆谈他们的生活和命运。听着听着，我常常是越听越糊涂，越听越觉得农村今后的路，不知该咋个走。

是啊，在我长居乡间的十年岁月里，有多少生活小事儿，镂骨铭心地留在我记忆的仓库里啊。那些不为正史所传的，渴求着过吃饱穿暖的生活，然而恰恰温饱又不得解决的普通农民，给我这颗年轻的心上，添加了多少沉甸甸的分量啊。我不就在他们中间，经受了磨炼、认识到生活的真谛的嘛。是印象太强烈、太深刻、太难忘了，不须翻日记，我随手还能写下多少关于乡间的事啊。可以说，写不完……

我们寨子里有个铁匠铺子，叮叮咚咚地打铁，声音是寨上人天天都听惯了的。忽然连着好几天，打铁声听不到了，寨子里显得分外沉寂。去堰塘洗衣服的时候，我碰到了挑石灰的铁匠，问他怎么不打铁了，他摇了摇头说：“打不动了……”他像有些不好意思地苦笑了一下，满脸显出辛酸的神情，一双大眼睛里闪出寒凛凛的两股青光，有气无力地说：“天天吃洋芋，连吃十一天了。没得气力打铁。”

望着他那种目光，我一句话也讲不出来。这天中午我陡然发现，铁匠的婆娘脸肿得老高，脸色就像一只熟过头了的苹果，红润中透出苍黑色，说话声音发颤。这件事发生在 1973 年。

我们寨上有一户姓陈的人家，连续一整个春天吃蕨芥拌苞谷，吃得脸泡脚肿，不到天黑就睡觉，太阳升起老高才起床。他们用睡觉来驱赶饥饿、消磨时间。这事发生在 1971 年。

在我们集体户对面，一个三十多岁的壮汉，赶场天一早就夹条米袋，吆喝着去街上买米来吃。到了下午，又垂头丧气地挟着空米袋回来了。我好奇地问他："没得米卖么？"

"米是有的，七角钱一斤，太贵了，吃不起。"他回答时那绝望的语气，这一辈子我也不可能忘记。这件事发生在大旱的 1972 年。

年年大好的春天总是伴随着愁粮的日子一起来到偏远的山寨。久而久之，我清楚地意识到了，这就是我生活在其中的乡间的现实，必须正视的现实。

后来我提起笔来学习写一点东西，想写写这些生活，但我没有写，我有一个很现成的认识在脑子里：我所见所闻的这一切，所有这些小事儿，都是生活的支流，而我们的文学，应该表现的，是生活的本质和主流，是奔腾向前的现实生活。所有那些小事，只好蓄存在我印象的仓库里。

但是，有一点我是认识得相当清楚的，那就是即使是支流，这样的农村现实，也必须变革不可，不变革，中国的农业就没有出路。

是什么时候，我又觉得所有的那些往事，可以写了呢？

说起来也是一件极小的小事，牵动了我的文思。

1979 年的 10 月份，我抱着在乡间完成的《风凛冽》和《蹉跎岁月》两部长篇小说草稿，离开猫跳河畔三县交界的深山老沟时，在那条短短的赶场街上，苞谷的价格仍然是三角钱一斤。这个价，从 1969 年我初来插队时算起，徘徊也足足十年了。山寨的形势好不好，农民的口粮标准，我都是用这个尺子来衡量的。在乡下住久了，我觉得没有其他的标准能替代它。

1980 年的 10 月份，离开一年之后，我重又回到了那里。在同一条赶场街上，苞谷只卖到一角六七一斤了。

为啥偏偏在我离去的一年中，生活发生了那么大的变化呢？我无须去打听，人家就主动同我讲了，村寨上实行了责任制，一年，仅仅一年，面貌就大不一样了！

责任制，当地农民们直呼为包产到户。近几年来拉锯似的想搞而不让搞的一种生活方式。

听了这话，我惊愕得愣住了，我脑壳里还拐不过弯来，简直还有点儿不相信。

插队落户的时候，我所在的那个寨子，瞒着上头的干部，把生产队的田土划分成六大片，分给六个作业组定产包种。农民们热热闹闹、欢欢喜喜地干了一个多星期，把往常需要一个来月干完的活，都干完了……一个星期之后，有人偷偷地跑去汇报，上头派人下来纠偏了：解散作业组，田土仍旧连成片，出工照样搞大呼隆。

我脑子里很自然地浮现出 1975 年秋末冬初的一件往事。

那时节，多雾多雨的山乡已经下凌毛毛了，我插队的寨子上又冷又潮湿，我和几个老农在收割后的田块上犁泡冬田。冰冷刺骨的田水浸到膝盖，冷得我直打寒战。在田坝里干两三个小时的活，就得跑回屋头烤一阵火。除了冷和累，我精神上还直感别扭和压抑，那么苦地干，寨上的农民还老缺粮，就连我这个单身汉，那年也仅仅分到一百九十斤湿谷子啊，我也在愁来年的口粮哩！这一块土地实在太穷了，是没法富起来的。烤火时，我憋不住了，忧郁地问一个相处很不错的老农："这地方，有没有法子富起来呀？这样子下去，咋个活得出来呢？"

大约是我忧虑的语调打动了老农，他双手扶着膝，两眼茫然地望小窗外雨蒙蒙、雾沉沉的山野，直率地答复我："咋个没得法子，有！"我问："啥办法？"他答道："把田土划分到各家各户头上来种，一年工夫，准能富。只是，不成啊，政策不许可。"我哑了。

我晓得，这老农是把我当知心人，才掏真心话的。不过，当初，我心头却不觉得他的话对。多年来形成的一个观念使我觉得，眼前这个老农，集体化都搞了快二十年了，他还在想着闹单干，搞自发哩！

万万没想到，五年之后的现实，竟真被老农说中了，生活本身的变化，在我心头引起了震惊。我看到街场上的粮价跌下来了，菜油比上海还便宜，猪肉吊起卖，肥的人家还不要，农民屋头顿顿吃起了白米饭……这景象，不都是好些农民怀念的50年代的喜人情景吗！可农民们跟我说，就这样干几年，比50年代还要强！哦，要真这样，该有多好啦！

喜悦之余，我到寨上去了，我要晓得，这么大的变化，究竟是咋个来的啊！

农民们端出米酒、摆出满桌菜和我连夜摆开了……啊，原来这变化也不是那么简单地得来的，在这过程中，普普通通的农民也好，生产队、大队、公社一级的基层干部也好，区、县的干部也好，都有过苦恼、有过犹豫、有过“顶牛”状态。人们曾经度过了多少个激烈争论的夜晚，在你拉过来，我揪过去的“拔河”过程中，多少人有过痛苦、有过欢乐，有过忧心如焚的时刻呀。不说基层了，就是上层领导中间，也有他们的痛苦、迟疑、不解和欢乐呀。拿我们省委第一书记的话来说，那就是：“回顾省委在放宽农业政策上的经历，我们不得不承认，这是一个被动的、痛苦的过程。”

多少人的命运在这么一场大的变革当中发生了变化啊。上亿的农民在这么一场变革中开始解决了温饱问题，开始摆脱了贫困，开始在社会主义的康庄大道上豪迈地迈出了坚实喜人的步子。难道这不值得写一本书吗？

是在这时候，我想到了，要写一本小说，写一写乡间这场变革的始末。

可以说，这就是我写作《巨澜》最初的起因。从产生这个念头的那一瞬间起，我就意识到了，在这么大的背景上，原先储存在我记忆仓库里的很多感受，很多自以为不能落笔的东西，是能写出来的。并且，我满怀信心地感到，我要写好它。

那么，我又是怎么把农民们温饱问题不得解决，偏僻村寨上的拐卖妇女的现实写进这样一部小说里的呢？

是 1981 年的冬天，我趁回上海改稿的空隙，开始写作《巨澜》上卷《基石》的草稿。从产生写它的念头起始，过去一年多了。在这一年时间里，我尽可能地做了创作前的准备：写作人物分析，初步写出三卷的大纲，确定着上、中、下三卷里先后登场的人物，把每一个人物的命运尽可能地揉进小说的主线中去……头绪繁多，笔记本上涂写得东一个箭头、西一个括号，但总算有了一个初步的架子，至于开头嘛，差不多从产生写这本书的念头时我就想好了，就从一年一度愁粮的春天写起，写山寨上农民们的情绪和笼罩整个寨子的气氛。

上海的冬天是寒冷的，不过我写得倒还顺手，一个多星期，已经写下八十几页，四万多字了。这天下午，有人敲门，原来是我的一个同学来请我去喝他的结婚喜酒。我问及他这次从贵州来沪途中的见闻，他同我讲着讲着，就骂了起来，骂硬席车厢的拥挤，骂火车上没水供应，骂车上拐卖妇女的人贩子。

“啥，还有人贩子？”我惊异极了。

他见我有兴趣，又比较详尽地讲了起来。

我一言不发地坐在那儿。插队落户的年月里，秋末冬初回上海去探亲，我在火车上见过这样的人，带着几个穿戴入时，但一眼就能看出是来自农村的姑娘，她们在火车上不声不响，从不主动和人搭讪，被人推来搡去，也不吭声。眼神呆滞，脸上的表情漠然。当时我曾有过一种感觉，她们都是出于无奈，才走上这条路的。打倒“四人帮”后的一两年里，我还遇见过一次。后来，在贵州到上海的旅途上，我每次都坐卧铺，再没见过这种现象。我也想当然地认为，随着形势的逐渐好转，这种现象肯定也绝迹了。却不料，我这个同学说，他在 1980 年、1981 年两次回沪途中，都见到这样的事。

同学离去了，我顺当地写下来的小说，写不下去了。我在思考着，这是什么原因呢？具体的原因可能是多种多样的，我在法院的布告上看到，有的姑娘是年幼无知受了骗；在《中国妇女》杂志上看到，有的妇女是因家庭不和，愤然出走时被拐骗；还了解到，甚至城市的待业青年中，也有被骗的。在我住的那幢楼里，有一位在公安局预审科工作的同志，就多次和我谈到他亲手处理的拐卖妇女案。即使如此也不能否认，其中有些人，晓得自己远行的目的，她们的身上还揣有出外相亲的证明……这些姑娘是咋个回事呢？

个人的具体原因，可以说人人都有一本难念的经，不尽一致。但有一点，仍可以认定，她们都嫌偏僻的山乡穷，想到好一点的沿海的省份去，能过上吃饱穿好的生活，把日子过得舒坦些。

经过一番思考，一番调查了解，我发现，原先写好的那四万字开头部分，显然是表现得一般了些，穷……愁惨的气氛……吃苞谷糊糊……这谁都知道，谁在动乱年头下过乡都曾见过或听说过。而拐卖妇女这件事和“穷”联系在一起，就算抓准了特殊性和一般性的关系，我应该抓住这一点来落笔，抓住山区的寨邻乡亲们渴望改变“穷”的命运的心理来开头。

春天快来了，2 月间我回到贵州，把已经写好的四万字草稿留在了上海，不要它了！ 4 月份，当我重新拿起笔来写上卷的时候，我已经决定了，重起炉灶，就从我的主人翁在火车上，撞见拐卖妇女这件事写起。

这便是后来发表出来的《巨澜》上卷《基石》的第一章。

相对讲，我比较熟悉青年人的命运和遭际，比较熟悉生活了多年的农村生活。可是在《巨澜》这部书里，我除了写到山寨，写到普普通通的农民和基层干部，写到农村和城市里的年轻人之外，还写到了和农村直接有关的县委的干部、地委的干部，写到省城里的干部，写到省委书记和工作人员，这是为啥呢？

有人说，这是我试图开拓自己的题材面，写出生活的广度来。

平心而论，我不是这样想的。在前面谈到的例子中，我已经讲到了一点，即便是在十年动乱那样的年代里，农民的心头，也是想搞划分田土、责任种地的，甚至可以说，他们因为60年代初曾经尝到点甜头，想得很厉害，相信这是一剂良方。但是，正像我们寨子上曾经搞过一个星期的包工到组那样，多少年来，他们也不曾搞起来过。为啥偏偏在1980年，一搞就搞起来了呢？

我说过，在1980年回到山沟里，产生写作这么一本书的愿望以后，我做了一年多的准备工作。我在乡下走村串寨和各种农民交谈，我和对责任制有不同看法的县、区、社干部聊天，我甚至还听一两个这样的干部骂过娘；我剪贴报纸、杂志上有关农业生产责任制的种种报道、通讯、理论文章，我还阅读了一些有关的材料。在这个过程中，我在学习着、思索着，加深对这件事的认识。在我的笔记本上，自然而然地写下了这样的话：

> 农业生产责任制，之所以能迅疾地搞起来，这是上上下下的有心人，想到一处去了。要没有党的三中全会，没有从中央到省委、到地方各级领导同志扭转农村工作中存在的“左”的倾向，下面的农民再怎样想搞，政策不许可还是搞不成的。相反，是广大农民群众有这么迫切的愿望。不是广大农民群众深感变革的需要，光靠几个领导干部吼，农业责任制也绝不可能犹如烂漫山花，迅速地开遍神州原野的。

我是从自身的经历中、从深有感触的体会里，由衷地感到，这一事实本身，给广大农民带来了摆脱贫困的希望，它的气势，犹如大河长江，奔腾向前，给祖国农村带来了历史性的变化，它不仅在国内，而且在国际上，必将产生深远的影响，它还为我们国家各行各业、各部门的改革，提供了带根本性的宝贵启示。

要表现这样一个伟大变革的潮流，显然，仅仅只写一个偏僻山寨或公社是不够的，远远不够的。基于这一认识，我调动了其他生活积累，写了从省委到地委以及县、社的各级干部形象。

小说的上卷、中卷发表以后，有几位好心的同志曾跟我提出，小说中要表现党的领导，有一个县委书记的形象就足够了，无须写到地委、省委，这么写，有点儿画蛇添足了。

我怎么对这些同志讲呢？我只能说，只要这些同志到生活里来走一走，看一看，和各级领导干部交谈一下，就不会提出这样的意见了。

在我为写作《巨澜》做准备的日子里，在《基石》《拔河》陆续发表以后，有些同志，甚至是很有见地的老编辑，曾经劝过我：不要去搞这一题材，搞出来，不又是一个图解政策的东西吗。

我不这样认为。如果这些同志知道我和农民一起在乡下挨过饿、愁过春粮，忧心地在大旱之年的深更半夜还在徘徊于田土头边；如果他们知道我因为营养不良一颗挨一颗地掉了十几颗牙齿；如果他们也曾像我一样久居过僻远的山寨，他们绝不会说这种话的。当然，我也不想图解农业政策的变化，我关注的，要描绘的，是这一场变革过程中，各种各样人物的心理、情绪和命运。但我也不回避政策，我们生活在祖国的大地上，生活在社会主义的大家庭里，人民中好多事情的变化，哪一件不是来自政策呢？拨乱反正、改正错划右派，经济体制改革，对外开放，工资调级……都和政策相关啊！尤其是一个政策关乎人的生活和命运，关系到祖国的前途，它是绝对回避不了的。况且，这一政策将为振兴我国农业开辟一条切实的康庄大道呢！

另外，我还注意到，我们的涉及农村题材的文学，在70年代末到80年代初的几年中，有一个陡然的变化。起先，我们的农村题材，总是写以阶级斗争为纲，写两条道路、两条路线的斗争，写学大寨，写老队长、老支书、老贫农，写改天换地……到了拨乱反正的年头，这一切眼看全不行了。于是农村题材的文学陷进了泥坑，进入了低潮。有一阵子，农村题材的作品少得可怜（当然是有几篇好作品的）以致报纸上在呼吁，要加强这方面的创作。突然地，随着责任制的推行，农村题材的作品以一个崭新的面貌出现了，掀起了一股新的潮头；搞了责任制，农民伸腰出气了，农村富裕了，农业战线出现了新气象，懒汉变勤快了，穷汉娶上老婆了，盖上房子了，偏僻村庄买上电视机了。至于这变化是怎么来的，这变迁的过程中有过些怎样的矛盾和斗争，几乎不曾触及，或有些触及仅轻轻一笔带过或用一两句话交代过去：党的三中全会以后……党的富民政策……自从实行责任制……缺乏的恰恰就是农业生产责任制推行的三年五载间乡村的面貌。如果把前后两个阶段的文学放在一起比较，明显地会觉得变化得太突兀，会觉得中间少了一段什么。

自然，文学史绝不是逐年逐月的编年史，我也无意想在其间填补啥空白，但恰好在这三五年间，我生活在农村，我目睹了这一变革前前后后的很多现实，我深感到这一变革来之不易。我觉得，生活本身在呼唤着我、催促着我，把这一阶段的感受和理解写出来，把这一阶段的生活真实记录下来，我又为何要回避呢，我当然应该写。

遗憾的是我毕竟年轻，不能更好地从艺术上反映这段生活。而所写的题材和生活确实又离得太近了一些，有些东西难免看得不准、不深。我愿意在今后的岁月中，在不断深入生活的基础上，把小说修改得更圆满一些。

最后，我要感谢《红岩》编辑部的领导和编辑同志，感谢贵州人民出版社的同志，他们对于我创作这部书给予了极大的帮助和支持，并又嘱我把上、中、下三卷合并成《巨澜》重新做详尽的增补、修订，给予出版，使得这部书更为集中和完善地呈现在读者面前，我由衷地感谢他们付出的默默的辛勤劳动。

（1995 年）

《悠悠落月坪》题记

我插队落户的地方叫修文久长。它是川黔公路与铁路的制高点。一片屏风般的山峦高耸于连绵的岭巅之上，因而到了冬腊月间就格外地寒冽和凄冷。多少使得它在周围有点名声的，也是因了这一缘故。四百多年前被谪贬的学士王阳明先生就栖居在离此西面不到三十里地的栖霞山阳明洞。至于离久长八九里地的阳朗坝，到我离开的时候（快进入 80 年代了）还没有电灯。那里曾关押过杨虎城将军。近年来重被甄别的女烈士张露萍等七人，也牺牲在这里的松林坡上。而北去三十里，便是名声算不得小的息烽集中营。这么一描述，自然可以让人联想它那山势的险峻、泉水的清凉和路途的遥远。荒寂与贫困自不用说。

离开山乡十几年了，数次路过那里时总要下车去走一走、看一看，会会寨邻乡亲。在前些年的几篇随笔散文中，我慨叹过它的偏远闭塞，慨叹它的变化实在慢了一点。总是淅淅沥沥的雨声中夹杂着萧萧飒飒的风声，总是春种秋收，总是暴烈的酷暑和落暮般的冬阴……谁知很突然地，这土地上冒出了一个实实在在的百万富翁。拿当地老百姓的话来讲，冒出了一个卖石头发大财的人物。这以后，关于这个人的传闻就经常地传入我的耳朵里了。有人说他到北京去住宾馆受了气，一怒之下把160元一天的高级宾馆包了一个月，却只住了三天就扬长而去；有人说他捐款修了区卫生院；有人讲他买了北京吉普，坐坐又不过瘾换了一辆伏尔加；有人不无妒忌地说他狡兔三窟，非但在久长盖了堂皇的住宅楼，还在黔北重镇扎佐、在风景胜地花溪、在贵阳闹市街头，都买得有房子。直到我离开贵阳，还从报上读到，他因捐款多而被选为整个地区几百万人口中唯一去北京观赏亚运会的人士。至于他的头衔，他的奇闻轶事，到我提笔写这篇小说的创作谈时，还有人传给我听。说他现在成了电视台的特约记者，贵阳周围出了什么事儿，架子不小的电视台记者还没到，他早抢先到了那里，并把那事儿拍成了电视。因而晚间播出的新闻中，便时有电视台特约记者某某报道的新闻播出来。他的名声于是也更响亮起来。

总而言之，在我离开贵阳前两年中，已不止一次听人说，你们久长出人物啊，一个会耍笔杆写小说，一个是肥得猪脚杆上流油的百万富翁。说到最后一句时，语调声气全然不同，顿时提高了八度。可见财富之威力。给我形容百万富翁种种传奇的人，那眉飞色舞的兴奋之态，时常逗得我憋不住想笑。其实他们谁都不知，我和这位人物不但算得认识，并有一些交情。那些越传越重的流言我无从去落实，但是当年在久长火车站当矿石装卸工时，他捡了我们一位知青丢弃的绿叶牌的确良衬衣，被那流里流气的知青硬敲去一元七角钱，才允他把衬衣交婆娘，洗净补好，穿在身上白净了几天，那是确确实实的往事。而且我还知道，他今日之所以能卖石头赚钱，就是因为当年做装卸工时多少懂得了一点矿石的知识。自从在贵阳的一个会议上相遇，他得空就去我家坐坐。一旦做成了一笔买卖，生意上又赚了一大笔，他的兴致势必更高，喝一碗甜酒粑，他会兴致勃勃和我摆上半天龙门阵。不是谈他如何摆阔，不是给我吹他的生意如何发达，虽然他究竟有多少钱从来也不瞒我，但他大约也晓得我不喜欢听这些东西。他给我讲的，倒是真正的心里话：他们这些当年穷得叮当响的汉子，在致富以后精神上的苦恼、郁闷，在伦理观念上的变化和困惑，讲着讲着会道出好些故事，举出不少实例，当乡间的汉子们在离开故土以后，几乎人人都遇到了如何对待原先的婆娘娃崽，如何应付城市里各式各样的女人，他们中出了些什么样的笑话和风流韵事、桃色新闻……看我听得入神，他更谈得细致。他虽文化不高，写的字像“蟹爬”，但他确乎懂得我的职业，知道讲得越细对我越有好处。听得多，我便渐渐地往深里去思去想。特别是贵州省威宁县城东160公里远一个叫“松发”的小山寨里发生的，姑娘邹美湘心甘情愿当偏房，而原配发妻竟然像煞有介事地与丈夫签订合同，同意他讨小老婆的咄咄怪事传进我的耳里之后，更是引起了我一番思考。哦，20世纪80年代，广袤的中国大地上那些荒僻偏远的乡村，初得温饱的农民汉子，挣脱了土地和公社的羁绊，热血沸腾地怀着满腔致富的欲望，开始潮流般地涌向都市，他们步出乡土，他们告别妻儿对象，他们出来闯荡世界，有的地方称他们劳务大军，有的地方叫他们为农民工，在贵州那里人们习惯地呼之“川军”，他们充满活力地莽撞地闯了出来，把故乡的一切暂置脑后，把妻儿家小相好对象的缠绵和依恋也搁置一旁，于是乎古朴的、传统的婚恋观念遭受撞击，于是乎便有了我这描绘断线姻缘的《悠悠落月坪》。

（1996 年）

《恩怨债》后记

收在这个集子里的四部中篇小说，是在 1981 年的冬天到 1983 年的秋天之间陆续写出的。这四部中篇小说所写的生活，正好是我生活经历的几个侧面。

在贵州山乡偏远闭塞的村寨里，我度过了青春岁月中最宝贵而漫长的时光。从 1969 年的早春抵达山寨插队落户，到 1979 年秋天调入贵州省作协，整整十年半的时间，我始终在山乡的崎岖小路上跋涉和追求。这以后，关系虽然调入了省作协，但直至 1982 年 3 月，我还是生活在猫跳河畔一个遥远和僻静的电站，那儿紧挨着寨子。我有幸在最近这几年中看到了农村实行生产责任制前后的变化，看到了实行责任制过程中人与人关系的变化。也许是我对山乡以往的贫困太有感触了，也许是我太盼望着这样一场变革了，除了当时正在酝酿、后来陆续写出的《三年五载》上、中、下三卷长篇小说之外，我满怀欣喜地写下了中篇小说《同样是收获季节》。

在来贵州山乡插队落户之前，我生活在被世界称为东方大都市的上海。像每个人一样，是时常怀念故乡吧，是对上海总有着一种眷恋的感情吧，提起笔来写作以后，我一直有种愿望，想写一写我对这座大城市的认识。十九岁之前，我大睁着一对好奇的眼睛，对上海社会各阶层的生活都有所观察、有所感受。那当然是一个青少年的观察，一颗童稚心灵的感受，但也正因为是如此，我格外珍惜这段童稚和青年时代的观察和感受。1977 年以来，由于工作关系，我差不多年年有一次机会回到上海。虽然这往往是短暂的、匆匆的，但也足以使我对今天的上海生活有所认识，并在不知不觉中把这种认识和青少年时期的观察、体验做些比较。稍一比较，便会情不自禁地发出些感慨，引起些思考。《发生在霍家的事》，可以说是这种感慨和思考的结果。如果读者能够接受我的这篇小说，我想今后还可以陆续写出一些的。

而《雾岚山之行》的写作，则带有一些偶然性了。最先是在旅途中，同车厢一位工程师告诉我，某国一位帮助他们厂工作的“专家”，详尽地了解了他们厂的一项技术革新，回国之后，把这一技术革新成果写成论文发表了，并无耻地说是他的成果。作为一个中国人，听了这件事，我当然极为愤慨。我曾自我安慰地说，这种事该是很少的吧。却不料，在六届人大一次会议期间，一位年近七旬的高级工程师又给我讲了一件类似的事情。某位外国专家，到我们一个重点工程来协助工作，借工作之便，了解到我们两项技术改造的详情，回国之后，写成了论文，获得了两项专利。高级工程师感叹地说：“怪我们一些同志太热情了，外国人问什么，我们答什么；也怪我们一些同志太幼稚和自卑了，总认为我们比人家落后，把啥都给人家介绍。”

我忍不住问："为什么不引起警惕呢？"

老代表道："这件事，我们已经向国务院有关部门领导做了反映，目前正在引起各方人士的关注和警惕。"

从北京开会回来，我应邀为一所大专院校文科教师的会议作专题发言，会后和这些教师闲聊时，一位来自四川的教授给我讲了件事儿，有位借讲学、考察为名的外国人，进入了四川一个自然保护区，窃取我自然保护区内的资源，被及时查获了。这件事受到了国务院有关领导的表扬。

三件事，都是在极偶然的情况下听来的。但这三件事，已足以使我原来早在构思之中的一个中篇小说趋向完整了。于是我写下了《雾岚山之行》，我想，这不会是没有意义的。当然啰，没有我的山乡生活和对山区的熟悉，没有我原先在上海生活，这部作品也是写不出来的。

插队落户期间，有两年我曾作为一个民兵参加了湘黔铁路建设。1982 年之后，我迁入省城，开始熟悉省城的生活。小说《恩怨债》是在这样一个背景上构思的。我想通过一个过去的知青对犯罪分子的处置，让人们认识到，应该相信生活，个人的恩怨必须服从社会主义道德法律的制约。

但愿我在今后的岁月里，不论在认识生活和感受生活方面，在创作实践和艺术追求之中，都能在已有的基础上，往前迈出新的一步。

（1984 年 4 月于贵阳）

初次尝试

还是在文学讲习所的时候，听过一次广播剧。

中篇小说《家教》由中央人民广播电台的王芝芙同志改编成了十集广播连续剧，并很快播放，是我认真接触广播剧的开始。播放的那些天，正巧出差，因为是根据自己作品改的，所以不但每一集我都细细地听了，还顺便通知了在沪的亲朋好友，让他们也抽暇坐下听一听。

出乎意料，在征询家人及朋友们意见时，大家几乎是异口同声地说："以往很少听广播剧，这回认认真真耐心一听，没想到广播剧还有如此大的艺术感染力。"

这可以说是改变我对广播剧敬而远之的开始。但是，真正要提起笔来写作广播剧，我还有点儿不知所以，有点儿畏怯。

我是 1982 年早春从贵州的山沟沟里搬进省城贵阳的。当时，我家所在的那幢楼房，坐落在巍峨壮美的黔灵山旁的一个山坡上，每次从黔灵公园那头沿着北京路走过来，仰望我所居住的那幢耸立得高高的楼房，我都会情不自禁地感到，这幢楼房的外形多像一本巨大的书啊！

在省城里住久了，交友、会客、串门，走街串巷，拜访新、老朋友，开始熟悉贵阳的条条街道，熟悉居住在一幢幢高高低低、鳞次栉比的楼房里的人家，很自然的，就想写一写生活在这里的人。况且，我始终认为，不但我们时常写到的广袤大地和偏远乡村里的变化能够体现时代的风貌和历史的进程，市井里人际关系的微妙变化，伦理观、道德观、价值观念的演变，同样也在折射出我们这个时代和社会的风貌来。基于这样两个认识和体验，渐渐地，我酝酿构思了中篇小说《我们的楼房像一本书》，甚至把小说开头那一段还在笔记本上写了下来：

> 秋风起了，弯弯拐拐的窄巷子口口上，烤豆腐果的烟子，又袅袅地飘了起来，直要在巷子里弥散良久良久。巷子窄，两边的墙又高，烟子久久地飘悠着，缭绕在悠长的高低不平的巷子里，一缕缕丝带似地升腾起来，成了窄巷子里特有的景致。
>
> 茵茵看惯了这一幅景，看得有点儿麻木了。在这里仅仅住了几个月，茵茵就像过了几年、几十年似的漫长。有人说生活像流水，真像流水还好哩，流水还有淌得湍急的时候，欢腾的时候，流水还有不同的节奏。可她的生活中，啥色彩啥变化都没有。
>
> 梁宜浩见她每天瞅着窄巷子出神，总会探头过来说："别看烤豆腐果小小的生意，也发大财呢！"
>
> 他总是这样，开口闭口离不了钱财。
>
> ……

读者一定看得出，用这样的叙述语言来写广播剧，显然是不成的。

在广播连续剧艺术感染力的影响下，在王芝芙同志的几次鼓励催促之下，我决心尝试着来写一个广播剧本。中篇小说的构思是现成的、人物关系和内容也是丰富的。关键在于要用广播剧的形式将它写出来，所有的那些矛盾冲突、气氛意境和我心中的东西，都得通过对话和音响来表达。当然，原来要用五六万字来写的小说内容，这里很多只能割爱，留下的，仅仅只是原来小说构思中的一组人物关系。于是乎，我把自己关在屋里，一段一段琢磨着、费神地用广播剧的形式往下写、往下写。开头已变成一组黄昏时各家各户繁忙起来的音响效果，很有音乐交响曲的味道。

这便是广播剧《我们的楼房像一本书》的剧本。

本子写完的时候，我有一点遗憾，原来该写成五六万字的中篇小说，现在只剩了这么一万六七千字；拿着这薄薄的一叠稿子，我又有一点惆怅，不知它会不会真的制成广播剧。直到要播出了，我还有一点疑惑，疑惑广大听众是不是愿意接受呢?

这毕竟是我的初次尝试啊。

丑媳妇难免要见公婆，就让这个丑媳妇，在广大听众面前接受检验吧。

（1987 年）

附注：广播剧《我们的楼房像一本书》由中央人民广播电台多次播出。

我曾是一个上海人

——关于《家教》及其他

继去年4月中央人民广播电台播送了十集广播连续剧《家教》之后，《家教》的单行本即将问世，《家教》的电视连续剧，已被中央电视台电视剧制作中心投入拍摄。导演仍由曾经导过《蹉跎岁月》的蔡晓晴担任。再度合作，这对我无疑是件高兴的事儿。

自从中篇小说《家教》在《十月》杂志发表以来，自从广播剧播出以后，不时地有些读者和听众来信转到我手里，或直接寄给我。广大读者和听众从不同角度谈了自己对这部作品的看法，谈了对作品中几个人物的看法，有的同志还把他们那儿交谈中发生的争论告诉了我。不少人在读了小说、听完广播剧之后，甚感不满足，有的来信询问，小说中的人物后来怎么样了？有的干脆把自己对这些人物未来的设想，续成广播剧下半部分，寄给了中央人民广播电台。读者、听众和写续集的同志们，怀着良好的愿望，把自己认为的《家教》中那些人物该有的结局，坦率地谈了出来、写了出来。这无疑说明了大家对我的作品的关心。出了二十来本书的我，还是第一次遇到这样有趣的事儿。

当然，也有不少年轻的同志，在来信中问我，为什么要写这么一部小说？写作意图是什么？据他们所知，近一二十年来，我长期生活在贵州，写的不少作品都是取自当年的知青生活和农村题材，怎么突然想到写起上海题材的作品来，等等问题。

借《书林》杂志给我提供了这么一个机会，我想就《家教》这部小说，谈谈个人的一些想法。

说不清是从什么时候开始的了。反正，自从我写了反映上山下乡知识青年生活的几部长篇小说《我们这一代青年人》《风凛冽》《蹉跎岁月》《在醒来的土地上》之后，自从我写了反映农村生活的《三年五载》、三部曲《基石》《拔河》《新澜》之后，自从我写了一些反映少数民族题材的小说之后，我总有一种不满足，总觉得还欠着一笔什么账没有偿还，总感到心里还有很多话要讲，在我记忆的仓库里，还有一些鲜明生动的人物形象和画面没有诉诸笔端呢。那该是啥呢？

那便是我自小是个上海人，我从小就在上海长大。随着年龄的增长，童年时代、青少年时代的许许多多往事，历历在目地浮现在我的眼前，那么清晰，那么牵人的心绪。是哪位作家说的，创作，便是在回忆中进行创造。不是有人说我在贵州生活了十七八年吗。有时候，对一件事物的认识，是需要隔开一段距离的。就如同从来没坐过飞机的人，对他天天生活在其中的环境，对他司空见惯的楼房、马路、弄堂、街道的认识是有局限的一样，他会认为城市就是这个样子的。一旦他头一次坐上飞机，透过舷窗往大地上望去（当然是要晴天），哦，他会突然意识到，原来他所熟视无睹了的一切，还有另外一副面貌。我在偏远的贵州住久了，陡地回到上海，就会有种强烈的对比感，哪些东西是外地没有的，哪些东西是上海没有的，哪些东西是过去的上海早就有的，哪些东西是上海近些年来才出现的。毋庸赘言，所谓“东西”，当然不仅仅指的是物质。况且在我脑子里，在我记忆中，上海自有她那始终未曾变化的一面。记得是在小学快毕业到中学头一两年的那几年中，我和一些伙伴们刚刚学会骑自行车，做完了功课，我们就推出自行车到马路上去“兜风”，就如同今天刚刚学会骑“雅玛哈”的上海小青年在马路上洋洋自得的“兜风”一样。我们有计划地先兜大圈子，再兜小圈子，绕着上海城兜圈子，也绕着十个区兜圈子。我们骑着自行车，去过康平路、武康路、宛平路、高安路一带的高级住宅区，我们也穿行过闸北、南市、普陀区的一些破街陋巷，我们带着欣赏的眼光，观察过老式弄堂房子和新式弄堂房子的区别，对比过公寓和楼房的不同之处，惊叹过花园洋房和棚户地段的巨大差异。哦，上海这个有一千多万人口的城市，有着全世界三百多个国家和地区的房屋式样，日本式、荷兰式的、法国式、英国式的，站在马路边上瞧不同的阳台和式样迥异的窗框，实在是件有意思的事情。我们当然不会忘记利用自行车去远足，骑到南翔，骑到浦东的高桥，骑到松江，甚至还骑到嘉定、昆山、苏州，自行车轮胎爆了，我们还乐呵呵的。

这些事儿自然只是一帮十五六岁小伙子的闹剧，仅凭这些经历，是永远也写不成小说的。但是，恰恰又是这些事儿，加深了我对上海环境的认识，对上海地域风貌的了解。这无疑对写小说是有好处的。

“文化大革命”的风暴掀起来了。不知什么缘故，我们这些要好的伙伴们，不约而同地当起了“逍遥派”。除了去南京路看大字报，除了躲在家里看书听唱片，我们一觉得腻味了就互相串门。读书的时候就很要好，常有来往，互相都尊称对方的父母叫“爸爸妈妈”。到了停课闹“革命”的年头，我们串门聚在一块儿，就无所节制地纵谈起来，不必担心第二天上课会迟到，无须为作业所累，谈久了，谈到夜深人静，干脆在同学家阁楼上、地板上搭起铺，五六个、七八个同学躺在一间屋里继续聊。但是，随着“文化大革命”的深入，常常出现一些不对劲的时刻，兴冲冲跑到同学家去，坐下不足五分钟，就察觉到同学家里气氛不对头，赶紧转换阵地，到另一个同学家去。要好了，相互之间无话不谈，就要问，怎么回事儿，噢，是同学的父亲受冲击了，挨批斗了，关牛棚了，家里被抄了，是同学的母亲受牵累了，为啥？为过去的某件事，为新中国成立前的某一段经历，为在单位得罪某某头目，为……讲完了，听的人都默默无言，叹息几声，另一个同学又讲起来，讲的也是他们家的情况，祖父、外祖父干什么，父母亲过去怎么样，这次遭受了怎样的冲击。天天相处在一块儿的同学、伙伴，原来一个个都出自不同的家庭，一个个家庭里都有很多很多故事，叔叔是干啥的，娘舅在做什么，这一位的爸爸是教授，那一位的父亲是烧锅炉的，第三位的父亲是老板，那模样就像个笑弥佛，某位同学家里从来没见“父亲”露过面。过去我们不注意、不在乎的这些情形，原来都是有缘故的，都有一段长长的或是短短的故事。有位同我很要好的伙伴，一天晚上跑到我家里，神秘地告诉我，他那当和尚的舅舅到上海来了。为什么，说红卫兵砸五台山的庙宇，他舅舅从山上跳下来，折断了腿，跑到他家来了。他还说舅舅是“佛学家”。我们慢慢地开始领悟到了一些什么，原来这就是社会，这就是社会上一个又一个家庭的内幕。糊里糊涂的，我们就在那样的岁月里慢慢地懂事了。虽然当初盛传因为记日记被批斗、惹祸的事，虽然自己也亲眼见到一些人因日记上记了些什么话惨遭毒打的场面。我还是瞒着所有的人，跟谁也不说地记下了很多很多听来的事情……

今天翻出这些笔记来看，变得很有滋味，很有意义了。老友相逢，人近中年，互相再团聚在一起喝酒聊天，问及过去那些事儿，伙伴们先是一怔，怎么你还记得那么清楚？继而就滔滔不绝地讲开了，父亲当年经商那段经历，为什么会被打成“资本家”，后来怎么落实了政策。当老板的那家抄去的财产，后来怎么还了，还了以后家里出了什么事儿。你问那位舅舅吗，他现在受重用了，在福建讲解佛学，收了好几个研究生，终身未娶，他当和尚就因为在大学时代恋爱受挫，一气之下远离凡尘的……

故事还在继续着呢。

我有多少这样的伙伴啊，有多少这样无话不谈的同学啊，另外还有亲戚，还有一些老的和新的亲戚，还有哥哥、姐姐们的子女，眨个眼的工夫，他们都是风华正茂的年轻人了。不知不觉的，就如与生俱来的一般，我记忆的仓库里至少有着这么几个层次的感情积累和生活积累。首先是我同时代那些伙伴们的经历和命运，其次是我们这些伙伴们的父辈的故事，再有就我们这些人的祖父母、外祖父母们的遥远的往事。小时候不便打听，现在长大了，我又在搞这工作，问起老人们来，他们谈得可爽快哪！我有意无意中得到的素材越来越多，越来越多，创作的念头自然而然萌生了！

我一直觉得有本大书可写，不仅仅是写这些人和这些事，而且要写出历史的流程，写出沧桑变迁，写出20世纪的中国社会和她的动荡，她的进步和挫折。这本书可能写得很长，很厚。几次冲动，几次歇笔。

我总感到不能贸然而行，得酝酿得更成熟一些，得考虑得更周全一些，得写得更凝重深沉一些。不是有人说我写得太快太多了吗，（其实这并不是罪孽。近两年来，我到编辑部工作，作品写得少了，有读者就给我来信：叶辛，你到哪里去了？一个小小的主编职务，就把你引向宦途了吗？真没出息！）我得慎重些慢慢地来，不要着急，尽可能准备得充分一点。

怎么准备呢？除了有计划地进一步充实素材扩大我的视野，还得练笔。当然不能提起笔就写大部头，几卷书，随着题材的转换，用词遣句也要随之转换。而纯粹的上海话，是很难入书的。我得尝试着来，先写一些中篇，写那些我最熟悉的人和事，每个中篇只写一家人。这些人家要能代表上海的各个阶层，职工家庭、高级知识分子家庭、普通知识分子家庭、小市民家庭、民族资产阶级家庭。1983年，我写下了第一个中篇《发生在霍家的事》，接着我便写了《家教》……

原谅我还得在这儿提到贵州农村，提到我的插队落户生涯。如果说一个作家有什么长处的话，那么这个作家势必也会有他的局限，作家要受本人经历、本人气质、趣味和爱好的局限。

那是一些不易忘怀的往事。

秋末冬初，一向静寂的山寨上忽然喧嚷起来，我们集体户里的知青们纷纷跑了出去，只见青岗石级寨路上到处都是人，人堆簇拥着一个披头散发的年轻妇女，衣裳撕破了，满脸满身都是泥痕，她一边走一边嘶声哭泣，围着她的农民有的在咒骂她，有的在恶狠狠地喊打，污言秽语劈头盖脸朝她咒去。这不是昨天刚娶到寨上来的新娘子吗？娶她的那户农民也姓叶，还同我攀亲戚呢，下乡几年来，我同这户人家的关系一直很好。眼前的情形，究竟是怎么回事儿？

听三五成群围着的寨邻乡亲们说，天蒙蒙亮，她就逃跑了，寨上好些人追了十几里地，才硬拽着把她追回来。

原来她根本不爱我们寨上那个姓叶的小伙子，原来她早在父母替她找男人之前偷偷地有了自己心目中的人。

哦，又是一出包办婚姻酿成的悲剧。

在我插队的那个偏远的山寨上，这是第几起了？多得连我都记不清了，光是这一年，已经有过两起。那个和我一道修过铁路的袁老六，修湘黔铁路存下了一笔钱，回到寨子上来请媒人说了一门亲，娶来了一个秀雅文弱的姑娘，却不料这个姑娘半夜里要用铁丝缠住他脖子扼死他。我们寨子上那个年轻貌美、个头颀长的叫李可芬的姑娘，早早地死了爹妈，自小随着儿女成群的大哥长大，从她记事的时候，她就肩负起了大哥家里里外外的好些事务，由于大哥是个独眼，大嫂是个断臂，她喂猪、料理家务、照顾娃崽，在辛劳中长大成了个漂亮姑娘，她的哥嫂却一点不顾她有了意中人，而把她许给了一个年龄比她大、个儿却比她矮得多的男人，暗中收取了这男人家定亲的款子七百多元。娶亲前夕，李可芬反抗了，仓促逃到了自己意中人的家里，结果寨上同李家沾点亲的寨邻们聚集起一大帮，硬是去把她抓了回来，关在猪圈旁边的柴房里……

在我长居乡间的十年间，周围村寨上，包办婚姻酿出的悲剧，我们这些知青可是看够了。

一出这类事儿，我们集体户茅屋里就热闹了。有的说新娘子可怜，有的说男家更惨，为娶个婆娘，一家老少勤扒苦挣不说，还背了一屁股的债啊，还有的讲，说到底是包办婚姻害死人……

讲到最后，总是摇头叹气道一句：唉，这类触目惊心的事，只有在偏僻闭塞的山寨上才会发生，那儿落后，那儿文明程度差，那儿的好些人没文化，太愚昧。在城市里，特别是我们自小长大的上海这样的大都市，是不会有这种事的。

当初，连我都持这样的观点。

曾几何时，就是说这些话的当年那些知青们，有的跑到我家里，闷闷不乐地坐在沙发上，向我说起恋爱婚姻中的苦闷和痛苦，有的怨自己一念之差贪图了对方的条件，有的怨家中父母替他撮合了婚姻。这不是颇具喜剧色彩吗？

时至80年代，我们的妇女刊物上，我们的社会性杂志、法制宣传材料上，不是时有关于父母威逼子女成亲、纯真的姑娘反抗包办婚姻的报道吗？

记得那是个夏天，我在省里主持一个全省小说散文作者的会议。会议期间，省报上恰好登了一篇女儿反抗父母包办婚姻遭毒打的通讯，作者们议论起来，自然而然提出一个问题，为什么到了农村逐渐富裕起来的今天，还有这类事儿发生呢？有人说，在偏远闭塞的乡村，封建的幽灵还在横行，陈旧落后的观念还在束缚着人们的思想。

当真仅仅是在乡村中才如此吗？我想起了知青伙伴们当年以嘲弄讥笑的口吻谈及山寨上出的那些事儿，而今天他们本身也陷入苦闷难言的境地的状况。

生活在城市的人头脑里就没有封建的幽灵在徘徊吗？家长式的作风在我们的城市里，在社会生活的各个角落真的荡然无存了吗？情况似乎并不是这样的。

岂止是在乡村，就是在城市，在省城里，在北京、上海这样一些举世闻名的大城市里，甚至在大城市的一些很有水平的干部、很有地位和名望的知识渊博的高级知识分子家庭里，在我们的身旁，都有一些令人遗憾的事情发生呢。

我认识这么一个人，父亲是个大学教授，父子之间平等相处，关系不错。可当这个同学找了一位饭店服务员作对象时，他的父亲就有态度了……结果闹得父子不欢而互结怨尤。

我还认识这么一个老干部，当他和自己多年未逢的老战友晓得彼此的子女未找到对象时，于是便想当然热心地为子女撮合婚姻。子女的品貌、为人、工作都极为般配，顺着他们的意愿成了家，但是夫妇之间没有感情，一层阴影笼罩在小家庭里。

我曾多次听一些女同志抱怨，在名义上她们有了工作，可以同男人们一样从事所有的社会活动，她们也算有了经济收入和生活保障。可实际上，她们并没有真正地获得解放，她们除了要上足八小时班，回到家里还要整整地做三四小时的家务，时间和生活本身限制了她们成家以后的发展。每当听到这样的抱怨，我便会很自然地想到法国存在主义作家西蒙娜·德·彼伏娃讲的一段话："今天，妇女虽然不再是男人的奴隶，但却仍然依赖男人。男女两性从来没有平等地共享这个世界。就是在今天，虽然妇女的境遇已经开始改善，但她们仍然受着重重束缚。妇女的法律身份不同于男子，她们经常处于极为被动的境地。在抽象的意义上，妇女的权利得到了法律上的承认，但传统习俗在很多方面限制她们充分运用她们的权利。”（波伏娃《第二性》序言）我还收到过这样一封读者来信，信里说，他屈服于家长意志结了婚，以至多少年来一直在吞噬着苦果，内心矛盾重重，且有苦难言……

要讲，这类例子可以讲很多很多。

由于陈规陋习的影响，由于我们头脑中，或多或少还有封建的幽灵在徘徊和作祟，由于客观存在的感情上的隔阂和落差，由于处在改革与开放时代新旧思想和观念碰撞得又格外激烈，家庭内部的伦理关系中，父母与子女之间，丈夫和妻子之间，就会演出一幕又一幕虽不是大起大落却也并不是无波无澜的戏剧。

循着这一思路往深处去想，去思考，我便写下了《家教》这部小说。

（1987 年）

电视文学本，你姓什么？
——兼谈《家教》的改编

一

长篇小说创作，是我生活中的主要功课。而电视文学剧本的写作，我几乎是个门外汉。

是在《蹉跎岁月》改编成电视连续剧的时候，我开始注意电视文学剧本这一形式，并留神琢磨它的一些特点的。

《蹉跎岁月》电视连续剧播出以后，不少人误认为这是一部电影，拍成后拿到电视台播出的。我碰到过很多人打听，这是哪个制片厂拍的？最有趣的是一次电影歌曲联欢表演，公然把男女主角邀上了台，并播放了电视剧的主题歌。由此可见，电视剧有电影的很多特点，他们都姓“电”，说他们是姐妹艺术，大概不算过分。

但是有同志曾郑重其事地对我说，电视剧更应该注重那个“剧”字。应该有意识地把电视剧和电影区别开来，更向话剧靠拢。

不琢磨倒好，一琢磨反而弄得越来越糊涂了。于是我干脆来个大而化之的“一闲对百忙”的态度，不管人怎么说，电视剧就该是电视剧，她不能等同于电影，也不能等同于话剧和任何舞台剧。要不人们干吗想出这么个名称呢？这样一想事情倒又显得简单了，我多少感觉自在了一些。

记得长篇小说《蹉跎岁月》初次发表那段日子，先后有三家电影厂找我试图改编，但要求是共同的。要对三十万字的小说进行大刀阔斧的删削和压缩，我心痛没改，并耿耿于怀，难道生活就该受制于两个小时之内这一电影普遍要求的形式吗？但是在改编电视连续剧时，没有这一限制，相反连续剧还能充分表现小说中的一些感人的篇章，组成紧紧揪住观众心灵的“重场戏”。

由此，至少我尝到了这么点甜头，有了这么个体会，一部长篇小说更适宜于用电视连续剧这一形式进行改编。

二

《家教》电视文学本，是根据我的两部分别为十二万字的中篇小说《家教》和《家庭奏鸣曲》改编的。说是两部中篇小说，不如实在地讲是一部长篇小说，因为它们的构思是一起完成的，人物关系、情节和氛围是一脉相承的。之所以写成两部中篇，只因为写完上半部分时，我在主编任上非得处理一些突如其来冒出的事情，工作压上来，抽不出时间，只好被迫暂缓写出下半部分。应该说明的是，先期发表的十二万字《家教》，并不是一个未完成品，它和隔开几乎两年才发表的《家庭奏鸣曲》一样，都是可以独立成篇的东西，是相对完整的小说。这也是我最初构思时的一个想法：小说是有开头和结尾的，我们的很多电影、电视剧更是讲究开头和结尾的，而正在进行着的、流逝而去的当代人的生活，却很难说从哪儿开始、更无法讲清在哪儿结束。

于是我在构思时一方面遵循艺术规律相对做些概括和提炼，另一方面又使其结构尽量显得自然、流畅，别给人以人为的开头、结尾之感。现在完成的《家庭奏鸣曲》和《家教》电视剧本结尾也是这样，既可以说是这一段故事的尾声，也可以说是另一段故事的开始。

《家教》顾名思义，讲的是家庭里的故事。但家庭历来都是社会的细胞，任何伟人、任何叱咤风云的人物，任何平凡得不能再平凡的小人物，甚而至于流落街头的乞丐、盲流，谁又会否认他是从“家庭”这一细胞中走出来的呢？从这一意义上来讲，它又不仅仅是一个家庭的故事。从这个家庭中的人物命运和人物关系，折射出的应该是社会，是一个时代，以及形成今天这个时代的中国当代人恋爱观、婚姻观、伦理道德观念冲突的长长的一段历史。从某种意义上来讲，它该是我们国家社会生活和文化心理结构的一种象征。[①]

要体现这些年来我逐渐孕育成熟的想法，在小说创作中，我是表达得比较得心应手的。人物铺开以后，我往往注意在一章中侧重写一组矛盾，让其他线索和各组矛盾隐伏着，或通过家庭这一每个家庭成员天天都要相见的场合来做些自然交代。但是改编电视连续剧本时，这样一种小说的结构方式，就显得单一、平淡了。因此，改编时我碰到的第一个题目，就是打破故事的原有结构，把五条线（一对老人、四个子女）理顺之后，采用并行推进、各有侧重的办法

---

① 请参阅我发表于上海《书林》杂志的谈创作文章《我曾是一个上海人》。

任其发展。使得整个剧本繁而不乱、不露痕迹地显出井然有序和丰富多彩的自然面貌。

三

为了追求这一效果，我在改编时从以下几个方面做了一些努力。

其一，戏要集中。连续剧，在我作为一个普通观众抽暇观赏时，总觉得某些作品有股拖的感觉。很精彩的戏，很有咀嚼味儿的戏，一拖则拖走了味。改编时我把此作为一戒。力求在短短近一个小时的一集之中，有个小小的高潮，说白了就是至少要有一整段“揪”人的戏。围绕这段“揪”人的戏，结构这一集的内容，使其有层次、有隐伏、有悬念、有画面感、有生活气息。

电视连续剧的交代和过场，像很多作品一样，是避免不了的。但是，必要的交代和过场，一定要简练而又清晰。改编时我把交代与过场和烘托、渲染气氛和节奏扣起来一同考虑，堆叠的地方尽可能提炼，浓缩在几组画面里，相信观众能通过清晰的场景、画面和简短对话，领会剧情，相信广大观众的鉴赏能力和水平。

《家教》里有四对子女，这四对人物恰是四组主婚曲。这四组主婚曲既反映出 80 年代中国中青年各个层次的婚恋现状，又同家教这一传统命题紧紧相连。这样的内容恰好适合戏要集中、各有侧重、并行推进的整体考虑。使得剧作的每一集都有实在的内容，力求拍出来让观众感到“有看头”。

相对集中的结果，会产生场景相对减少的感觉。这时电视剧本就能显示比话剧创作优越的一面来，那便是可以适当补充外景和画面。

补充外景、画面或是空镜头提示时，我在改编中绝不把它当作一种点缀、一种增加色彩的手段，而是同人物心境、情绪、同整个剧情的气氛结合起来考虑，使其达到错落有致，情景相融的诗画般的意境。

第二点，想着一个“连”字。连续剧，光是考虑每集的相对集中和一集之中那个小小的高潮，显然是不够的，还得想到它的连续性，贯穿始终的主线。在《蹉跎岁月》电视剧本的改编以后，我写过一篇体会文章，抓住一条主线。在这里就不炒冷饭了。想补充的一点是，在考虑这个“连”字的时候，在抓住一条主线结构整个剧作时，要防止人为地制造表面的效果。我们在观赏电视连续剧时，常常会有这样的感受，当荧屏上的人物背后出现一条黑影，而那条黑影手里拿着枪、抓着匕首或是举起雪亮的大刀时，画面定格。一集正好到此结束。意思是很明白的，让你“且听下回分解”，吸引你看下一集。而在电视机前，就连孩子都会说，这是“噱头”，骗着人往下看。靠这种廉价的手法，是不能真正打动千百万观众心灵的。在改编《家教》的过程中，我也想着主线，想着“连”，想着悬念这些问题。但我把整个剧情的悬念，当作一股“潜流”来考虑。使其隐伏在故事后面，让人感觉到它，不时惦念着它，却又不能轻易地摸着它，看清它。

最后一点，几乎仍是老生常谈，那便是让整个剧作自然形成一个总的高潮。

我们的生活，尤其是和平时期的家庭生活，虽然不时地有诸如牙齿痛、胃出血、冠心病、糖尿病、癌症甚而至于意外的事故来骚扰，但是就广义而言，大多数家庭的日子还是在平静、无波无澜、有时琐碎得令人生烦的“天天如此”之中度过的。生硬地编造出一个“高潮”，只可能显得不真实而让人感到不舒服。俗话说，“家家都有一本难念的经”，而这本经往往又让“家丑不可外扬”遮掩着。于是乎，家庭中的矛盾，尤其是涉及婚恋、伦理方面的矛盾，总是在起起伏伏，有时遮遮掩掩、有时异峰突起的情况下表现出来。要使这一矛盾冲突来得自然、水到渠成不显斧凿之迹，就得考虑整个剧本的思想内涵，使其蕴含的意犹未尽之处统统体现在高潮之中。那么，即使表现出来的冲突没有拼杀，没有搏击，没有你死我活。但矛盾的本身就会具有撼动人心的力量，激发起观众的共鸣。在我看来，《家教》的高潮就该是这样的，我在改编过程中也是竭尽力量去这么争取的，效果如何，只有请广大观众和专家们来评判了。

需要感谢的是，在《家教》小说发表以后，文学评论家们多次在评论中谈到了她的思想内涵，谈到了人物的文化心理结构；在《家教》改编成广播连续剧为中央人民广播电台数次播出以后，无数的听众来信给了我不少教益，我在改编电视剧本时，较为充分地考虑了来自专家和群众两方面的意见，做了一些弥补和努力。这该是必须提到的。

我曾经是一个上海人，我出生在上海并且在那里度过了美好的青少年时代，上海的很多读者经常给我写信称我是“上海的儿子”。尽管如今我生活在遥远的贵州，随着逐渐步入中年，脑海里时常会浮起怀乡的情思。对我个人来讲，《家教》还是一部怀乡曲，就让我把这部怀乡曲，献给生我养我哺育过我的那片土地吧。了解这点，对于认识我的剧作大概不是无益的。谢谢。

（1988年）

《家教》与当代青年的婚恋

《家教》这部作品对我来说，已是过去的事，我记得那小说上半部分的 12 万字，是在 1984 年除夕的爆竹声中完稿的。到拍成 9 集电视剧播出，整四年了。其间中央人民广播电台曾将其改编成 20 集广播剧播出，中央电视台于电视剧播出前在北京、上海分别召开了研讨会，各种好话和意见，我听得很多了。坦率地讲，目前我的注意力已完全在新的思考和新的题材上了。

不料，刚过春节，一位 71 岁的农学院老教授到我家里，和我逐个逐个地讨论《家教》中的人物，话题集中在几对子女的恋爱婚姻上。谈兴正浓，一位中医院院长和他的女儿也上了门。他们参加进来的谈话更逗，女儿是贵州大学一位品学兼优的好学生。因容貌俏丽，一进大学门就有勇敢者前来追求，其间不乏令年轻姑娘动心的小伙子，可是院长父亲的家教甚严，又叮嘱，又关照，又打招呼，刚刚进大学不准恋爱。女儿自小尊重父亲，自然不敢违拗父亲，于是便婉辞了对方。待到现在女儿即将毕业，年年从学校捧回三好生的奖状，院长父亲松了口气，说目前大局已定，你若恋爱我不再持反对意见。谁知女儿直通通蹦出一句："等你批准我找对象，好的小伙子都让人挑完了。"看完《家教》，女儿对父亲说："瞧，《家教》中倪维宇院长说的那些话，你都对我说过。"当院长的父亲在我家坦然承认："是啊，类似的话我是说过，可这些话难道说错了吗？作为父亲，我完全是为了女儿好才说这些话的。你写倪院长这个人物的意图究竟是什么？是褒，还是贬？还有，倪院长老两口子的婚姻，在中国社会有代表性，你到底是赞颂他们的婚姻呢，还是在抨击这种婚姻？"春节后在贵阳市郊花溪和日本青年访华团联欢时，一位青年刊物的总编辑对我说："我们对《家教》中的几对婚恋关系很感兴趣。在马路上遇到几位老同志，站下来就和我谈《家教》中的子女婚恋问题，这个说他家有位三十好几的大龄姑娘，那个说他的儿子媳妇小家庭里在闹矛盾，他们共同感叹着，离休后回到家里，没想到还会遇上这些不大不小的烦恼。"这些同志我都较熟，家庭的经济条件在中国社会上都属中等偏上的，不论是上一辈或子女辈，基本都在物质生活上不感匮乏，至少是小康型的。从贵阳来到北京，我发现有那么多人愿意和我讨论《家教》。一位离休的高级干部对我说，荧幕上接吻太多了……马上被一位中年同志接过话头："怕啥嘛，没见北京街头，大学校园里面有人在大庭广众面前接吻搂抱哩！"参加七届二次人代会，我和一位民主党派的老教授住一个屋，他看完《家教》，感慨地叹息着对我说，家家都有本难念的经啊，他的二女儿和女婿关系紧张，时常闹矛盾，只要二女儿一回娘家，不消问，准定是小两口又闹了，并且吵着要离婚。他说他起先以为仅是自己的二女儿有此烦恼，没料想他和多年的好友一谈起这话题，老头们话匣子一打开，闹离婚的子女还真不少，闹得他们简直不明白这是怎么回事儿。正说着，省人大一男一女两位随团工作人员走进来，一位处长说他两个月前刚离了婚，不是夫妻中有谁有了外遇，不是我们想象中为经济、为某方行为不检点，纯粹仅是性格不合。那位女同志说，她的孩子几岁了，可她和丈夫感情不好，说不上是怎么回事，就是凑合着过吧……这两人一去，老教授（是从美国回来的）对我说：“你瞧，你瞧，这都是怎么回事儿？你的《家教》写的就是这码事，你给我聊聊，怎么理解？”

在中央党校我所在的学员支部，在人大贵州代表团里，不少学员和代表对我说，春节播《家教》，我们都因忙，只零星看了几集，希望趁学习和开会的业余时间系统看一遍。找来录像带放完了，他们不由自主发表起了即兴感想，话题仍然集中在当代中国人，尤其是青年的婚恋上。有位搞研究的老太太夸孟慈：“这个人很好，很正派，很自觉，不愿插足人家家庭。”另一位担任领导的女同志当场打断她的话说：“这人有什么好，他是个窝囊废，人家充满感情，满怀希望找上门去了，他还在装憨。”一个中年女同志说：“梦岩这个人物值得同情，他心理上负担很重。”话未讲完就让人截住话说：“梦岩根本不值得同情，他是个脚踏两只船的坏家伙，他一下害了两个女人。”第三个人接过话头道：“好就好在写出了梦岩这个人物感情不能自控的一面，这种感情有它的神秘性，有时是不能用道德的尺度去衡量的。”还有人说梦颖和金源华这一类凑合型的婚姻在中国可不是少数，更有人到我屋里，和我讨论倪院长老两口的婚姻实质，以及恋爱婚姻、家庭伦理方面的哲理。

这一切都是出乎我意料的。

尤其是中央电视台的《电视你我他》专栏节目在两个周末，让观众来发表他们各不相同的种种观感，很多人谈的还是婚恋这个话题，使我不由陷入了沉思。

在小说《家教》发表以后我曾经说过，《家教》不仅仅是一个家庭的故事，它更是一种象征。《家教》的后面有政治、经济、传统文化心理结构组成的社会背景、人际关系。《家教》是社会的缩影，是概括、提炼了的文学作品，作为电视剧，它就是戏，不是生活的原始面貌。生活中的一个家庭里若是每对子女都像《家教》里那样，这个家非闹翻了天不可。但作为艺术作品，作为戏，这样一个家庭又是合理的存在。

我还曾对上海的广播听众说过，作家的任务并不是回答社会提出的问题（尽管作家时常回答回避不了的问题）。作家只能做到把社会存在的现象（包括问题）通过有血有肉的形象表达出来，给人以思考或是启示。

但我也不想否认，《家教》是一个家庭的故事，《家教》确实集中笔墨写了一个家庭里几对人物的恋爱、婚姻。读者和观众的话题集中在这上面无可厚非。道理也很简单，人的性格，往往在恋爱、婚姻问题上展示得最为充分、表现得最为鲜明。而男女之间的关系，人对恋爱的憧憬和对婚姻的抉择，人与人之间彼此相吸引或彼此相疏远的原因，婚姻的幸福、家庭的和睦等等又都是差不多令所有人关注，且能拨动所有人心弦。

不少有关恋爱婚姻家庭的著作宣扬过，恋爱、婚姻，以至家庭关系纯粹是一种个人的事。我同意就个人感受来说（比如倪梦岩这一人物，身处两个他所爱的女性之间的感受）纯粹属于个人的事。

可我仍想强调，对婚恋家庭伦理的探讨，甚至如近几年来我们报刊多次讨论过的“第三者”“婚外恋”一类问题，是脱离不了人们所处的时代和社会这一特定外部客观环境和历史条件的。这一道理就如在1966—1976年中国的报刊上不可能深入探讨“第三者”“婚外恋”问题那样简单。

正是基于这一认识，《家教》中所有的人物都是在传统和现代交织这样一个时代画面之上产生的。大女儿梦颖和金源华的婚姻，是凑合型婚姻，有人问既是凑合型的不合理的结合，作品为何还要让这样一对感情已呈苍白的婚姻维持下去？我只能说生活中很多凑合型的婚姻仍在维持，这一存在本身便有着合理的客观外在原因。稍有生活阅历的人会懂得婚姻的延续和离异，常常并不单纯地取决于千万遍强调的男女双方的感情基础。顺便说一下，倪院长和周静梅这一对婚姻关系，有人对其肯定，有人提出质疑，这种观众很难统一认同的现象本身，恰恰表明这样两个人物是现实的最好反映。二女儿倪梦湖和吴善清的结合到离婚，有人持赞赏态度，但也有人表示无法理解，就是在拍摄他们离婚的上海南市区法院现场，围观拍摄的法官也直率道出，要在他们手中，这样的离婚不能判。要一判，那离婚率马上会急剧上升。再有苦恼徘徊于妻子和恋人之间的倪梦岩，勇敢挣脱家庭束缚的倪梦琳，都有众多层次的观众读者不能认同，且持完全相悖的意见。对此如何看待？只要细究一下，不难发现，倪梦岩的婚姻裂变悲剧，起源于上山下乡；倪梦颖的凑合型婚姻，来自于“文革”；梦琳对父母的抗争，是开放的时代给予她那么大的勇气，而倪梦湖的结婚和离婚，也无不打上了变化中时代的印记和痕迹。而所有这个故事里的人物，又都不可回避地生活于社会意见、传统伦理的氛围及封建礼教的遗毒造成的有形与无形的禁锢之中。

细心的观众或来信或直接问我，大女儿梦颖是那种家教的牺牲品，自己深感苦恼且处于无奈的精神状态中，为什么在她劝慰小妹梦琳、教育女儿眉眉时，又不知不觉地以类似的说教对待她们？小女儿梦琳曾以极大的勇气和焕然一新的面貌挣脱家庭的羁绊，在她成家以后，为什么还要让她回到小家庭中去围绕着家务事转，并有所理解母亲？这是不是自相矛盾？我想说的是，除了生活现实本身雄辩地提供了如此面貌之外，也正是从这一意义出发，《家教》呼唤着人的主体意识的觉醒，呼唤着文化意识的变革。一句话，呼唤着社会更深层次的变革。

如果亲爱的读者同意我的这一观点，那么我也可以说，当代青年的恋爱婚姻、家庭伦理观念只有在社会更深层次的变革中，才能形成一个真正的质的飞跃。

（1988 年）

我写《孽债》

在我的长篇小说《蹉跎岁月》出版的第二年，我写作了一部新的小说《在醒来的土地上》。这是我的第四部和知识青年有关的长篇小说。在这部小说中，主人公郑璇迫于无奈，嫁给了一个农民，生下了一个孩子，和她相爱的一位男知青在自己有了辉煌的前途时，来劝她离开乡村，她迟疑着、犹豫着……在我写的另一部长篇小说《爱的变奏》中，男主人公矫楠和乡村少妇罗湘玉有了一个孩子，但是矫楠要回上海顶替了，考虑到未来的命运不可预测，他让湘玉堕胎。湘玉不从，固执地说要把孩子生下来，抚养成人。矫楠无奈，独自回到上海去了。这以后的故事只有让读者自己去想象了，作为作者我只能在这里结束故事。写到这里的时候，我曾经突发奇思地设想，若干年后，当这个孩子真正长大了，他和亲生父亲之间，会有些什么故事发生呢？

说实在的，这一设想久久地令我激动，使得我在知识青年的下一代中，还会惹出一些崭新的故事。尽管这是可以构思的小说素材，但是“无米之炊”是无法做出来的。我也想象不出这些故事将会是怎么样的。

时光流逝，一晃又是好几年过去了，“知识青年”这个字眼已经让人感到陈旧和麻木。尽管北京、广州、武汉、成都、昆明、南京好多大城市里的老知青举行过类似“青春无悔”“追忆当年”等等活动，顽强地想要表现这一代人的存在，但人们再不像当年那样看待用血汗和眼泪浸染过的“知识青年”这四个字。恰在这时，我在回上海探亲时，听说了附近弄堂里发生的这么件事：一个宁波农村来的中年汉子，带了两个孩子，到上海来找他当年的妻子。他的妻子在数年前回到上海后，早已重新嫁了人，并有了新的孩子。于是乎一个女人两个男人三个孩子的故事顿时成了弄堂新闻：有人说女人离开农村时根本没办妥正式离婚手续，谎骗男人说回归上海之后还将把他和孩子接去；有人说第二个男人根本不晓得女人原先的婚史；也有人说不，第二个男人是多少知情的，他也曾是个知青；有人说两个男人打起来了；有人说这个家庭有戏文可看，得热闹一阵子了——总之是一个大劫难过后时常能听到的故事。我没去穷尽这个故事的底细，只是按习惯随手做了笔记。心里思忖，这倒是个写作的素材。但是仅仅照生活的本来面貌去写那是不成的。上海生活着一千几百万人，上海的包容性又实在太大，同样一件事发生在内地的村庄里，小城镇上会有满城风雨之感，但在上海这仅仅是一条弄堂新闻而已。人们一天到晚听到的奇闻轶事太多太多了，别说一个小人物、小家庭的戏文，中国的、外国的、上层的、下层的稀奇古怪的事儿他们听得耳朵都起茧子了。就是类似的涉及伦理道德的家庭故事，在涉外的婚姻中又演出了多少新戏文啊。他们早就练出了见怪不惊的本事和修养。

这期间我写过一个短篇小说《拜访》，写的是一个和农民结了婚生下了孩子的女知青寻找出路的故事。那是几乎照我在省城里遇到的事情写下来的。小说在《人民日报》海外版发表后，有人慨叹着，没想到有些知青现在的日子还过得这么艰难。

转眼又是两三年过去了，很偶然地，我又听说了这么件事：在云南西双版纳的一条街上，有位北京来的旅游者模样的中年女子，始终在街头徘徊，嘴里喃喃着失悔一类的话语。却原来这女子就是当年来版纳的北京知青，她的身上就有一个承受着时代烙印的故事。在插队落户的岁月中，她嫁给了一个版纳汉子，生下了儿子。她原以为这没有希望的日子将永远这样过下去了，谁知没多久就有了大返城。几十年前尚在乡村的知识青年们大返城时，具体的返城政策中有过两条规定，其一是已在当地安排工作的（不管你在农村，还是乡镇企业就职）不能返回，其二是已婚的知青也不能返回。于是，她便和丈夫离了婚，恢复了知识青年赤条条无牵挂的身份，儿子虽然舍不得，但也只能留下来。应该说她走得是很轻松的，回归北京之后落实了工作，且很快有了新家。世间的事情有时总是阴差阳错，二度婚姻以后，她偏偏再没生育，这没生育的原因自然是在她的丈夫身上。随着时间的流逝，她越来越思念遗留在西双版纳的儿子。终于她征得了现在丈夫的同意，赶到西双版纳的故土来找儿子了。她记得西双版纳的很多事情，但是她忘记了一点，这里的农民自古以来就有迁居的习俗，她照着原先记忆中的地址寻去，再没找到她渴念的儿子，她时时牵挂着的儿子，于是乎她便有些失态地踟蹰在赶场的街上，逢人就打听就询问，逢人就讲她的失悔的心情和颇为曲折的经历……她能找到她的儿子吗？

听来让人悲伤。

吸引我的还不只是这个故事，而是这个故事提供的地域：西双版纳。哦，这是一块多么美妙无比的土地！那里的风情习俗和上海相比，简直判若两个世界。上海是海洋性气候，西双版纳是旱湿两季的山地气候；上海众多的人口和住房的拥挤是世界上出了名的，而西双版纳的家家户户都有一幢宽敞的庭院围抱的干栏式竹楼；上海有那么多的高楼和狭窄的弄堂，而西双版纳满目看到的是青的山绿的水；上海的黄浦江和西双版纳的澜沧江更是迥然两副面貌；上海号称东方的大都市，是仅次于北京的政治、经济、文化、金融、外贸的中心，而西双版纳系沙漠带上的绿洲，是一块没有冬天的乐土，既被称为山国里的平原，又被形容为“孔雀之乡”“大象之国”，它有那么多神秘莫测的自然保护区和独特珍贵的热带雨林；上海人被人议论成精明而不高明、聪明而不豁达，而西双版纳的傣族兄弟姐妹，谦和、热情、纤柔、美丽，无论是在电影里和生活中，他们的形象都使人遐思无尽——对比太强烈了，反差太大了。而恰巧傣族婚俗中的结婚、离婚手续比较简单，恰巧当年的知青和傣家女子由于差别的巨大，因而大返城时知青的离异更加简便一些。

最初的构思逐渐地在我心头萌动、成熟。一些久已忘却了的往事翻上了我的心头，和我同一大队的一个女知青小丁也曾嫁给了当地的农民，生下了孩子，但她的婚姻实在可说是不幸福的。她的经历曾深深地刺激过我们很多知青，大返城时我曾在赶场的街上遇见过她，她忧郁地对我说，以后我上街来，再也见不到你们这些上海老乡了——对我来说格外有利的也许正是这一点，我曾在西南山乡生活过二十一年，除了生活体验，我还因写作的关系潜心入神地研究过西南各少数民族的历史、变迁、差别和习俗；同时我毕竟出生在上海，在这个大都市里整整生活了十九年，以后又常因出差、开会、改稿不时回归故里，亲眼见到了上海这些年里的变化。于是乎新的构思形成了，新的人物呼之欲出，而当把这些人物放在西双版纳和今天的大上海各个层次上展现时，多少艺术的亮点闪烁起来。于是，我按捺不住创作的激情，开始写作这一部新的长篇小说《孽债》。

提笔写作这一本书的时候，正逢我面临着奉调回上海作协工作。谁都知道，调动和搬迁带来的是多少烦琐不尽的具体事儿，我整个人都处在生活、工作、环境、人际关系的变动和适应之中。但我还是分两次将这本书写出来了。写作这本书的时候，我的孩子十岁了。他是在山乡里出生、在城市里长大的。那里有山有水，有他的小伙伴和习以为常了的一切。他对我们执意要回归上海是不理解的，当然我们在省城里的生活条件比较优越，他曾经几次闹过情绪。他不止一次地问过我：为什么非要回到上海去？我为了说服他还真伤了不少脑筋。但是伤这些脑筋是值得的，在写作《孽债》时我也面临着那些到上海寻找生身父母的孩子要问出的同样的问题。这个问题答不好，小说就无法感人。幸好我有了一些深切的体验，在写到这样的感情领域时，我把握住了小说。另一个题目是当年那些知识青年们今天怎么样了。他们回归了城市之后，今天已散布在社会的各个阶层，而今天的社会各个阶层，已经令人眼花缭乱地推出了一系列新的人物、新的价值伦理观念、新的交际领域、新的感情生活。无情的岁月和时间本身已让当年互为平等的知识青年拉开了距离。我在写作他们的今天时，必须把这个题目做好。做不好这个题目，那么很可能将把这部小说写成个陈旧的伦理故事：没有历史的纵深感、没有宽广的社会面、没有时代气息。

我做到了吗？

小说上半部分刚刚在上海的《小说界》杂志上发表一两个月时候，亲朋好友都关切地询问那几个跑来上海找父母的娃娃的遭遇怎么样了。在为赈灾签名售书的那天，人头簇拥的读者中冒出一张脸来郑重其事的询问我，书中的一个孩子到底有没有人收养？甚至一些同样在搞创作的同行也问："那些孩子后来将怎么生活？"仿佛我构思的这些娃娃真存在似的。最令人惊奇的是，1991 年 9 月 17 日的《新民晚报》上刊出了一篇真实的通讯报道《孩儿找妈泪花流》，写的是一个北方少数民族的男孩到上海寻找父母的真实事件。我的一位同学给我打来电话说："真稀奇……"

小说全文发表，《孽债》这本书很及时地出版以后，先后被《北京晚报》《福建日报》和美国的《国际时报》连载，不断地有读者的来信，不断地有人就"孽债"两字向我提出一些问题。记得是两年前了，澳大利亚红公鸡出版社的休·安德森先生来访时，就问我"孽债"这两个字是什么意思。一同参加座谈的老翻译家任溶溶先生思忖片刻，用英语作了回答，并且对我说："这是不大好译的。汉语丰富的含义靠直译是很难达到那种准确性的，更别说意境了，只能解释成'难以还清的债'。"我补充说："感情债。"他点点头，又很认真地对安德逊先生用中文和英语分别说了一遍："难以还清的感情债。"安德逊先生沉吟着点头，似乎是明白了，又似乎还没全懂。

没几天，丹麦研究中国文学的盖·玛雅女士来访，也曾问及同一话题。幸好是回答过一遍的老问题，我就用“难以还清的感情债”作了回答。她的汉语水平比粗通问候语的安德逊先生好，能用流利的汉语和我们交谈，理解得也更快些。

事实上这么解释还是不够全面的。在通用的《新华字典》上，“孽”的解释还要简单些，无非就是恶因、恶事。而《辞源》和《辞海》则比较详尽地注明了“孽”字的出处：古时称庶子。“庶孽，众贱子，犹树之有孽生。”这样的咬文嚼字似没必要，但这么提一提，似可以免去一些不必要的误会。我们今人运用“孽”字的时候，实际上还包含有一层无可奈何、矛盾难缠、言说不清的心理含意。

从小说初稿发表时起，不断地有影视部门找来，商谈改编拍摄事宜，先后竟有十几家之多。几经反复，也可说是好事多磨吧，现在终于要把它搬上荧屏了。作为作者，我已没有更多的话可说，唯有一点是可以肯定的，将来当蒙太奇闪现出花开四季、果结终年、江河长流的西双版纳和上海耸天的高楼及拥塞嘈杂的马路时，故事在这样的两种氛围里展开，那是会好看的。这不是我过于自信，而是我为这本书与剧本倾注了大量心血和度过了好些个不眠之夜。

（1995 年）

呼唤良知和爱

——谈《孽债》的电视剧改编

20 集电视连续剧《孽债》在上海首次播完了。我长长地吁了一口气，对于我来说，又一次把自己的一部作品改编成连续剧推向了社会，尽管也是好事多磨，但我的任务总算是完成了。

在长篇小说出版的时候，我写过一篇《我写〈孽债〉》，小说改编成电视剧本，我又写过一篇短文，似乎已没有更多的话可说。作品一经流向社会，说长道短、评头论足，那都是广大观众和评论家们的事了，作为一个作家，实际上早在作品完稿以后，我就已在关注其他的题材和其他的领域了。让我没有想到的是，从试播试片开始，到整个剧播完，前后几个月时间里，我读到了 240 多篇有关《孽债》的长短评论。到作家协会上班，同事们和我谈《孽债》，和不搞文学创作的老同学们相遇，他们和我也谈《孽债》，比我早回上海的当年一起插队、一起修铁路的知识青年伙伴们，来电话盛情邀我去谈《孽债》，走进原先住的里弄，弄堂里遇到我的邻居和我讲《孽债》，还有造船厂的工人、学校的老师、青年联合会的朋友都打来了电话——应该说能够婉辞的我都谢词了，我从心里对他们说：我确实没有更多的话可说。但我仍得实事求是地说，我还是很感动。一个作家，一个知识分子，我还能更多地指望什么呢，一天到晚地上班之余，仍然坚持熬更守夜地写作，图的不就是自己的劳动成果能得到社会和广大观众的认可和喜爱吗。当我接到几个离退休的老编辑、老同志打来电话，说他们在电视播出的那些天里，天天晚上吃完晚饭，祖孙三代便一起守在电视机前等待《孽债》播出的时候，当我在春节前去看望85岁的老编辑罗洪时，她和她的孙女不约而同地和我谈起《孽债》时，我更是不知道说些什么才好。在说了很多肯定的话的同时，在指出了这部作品的一些不足之处时，人们还向我提出了很多问题。归纳起来，这些问题有的是创作方面的，有的是演艺方面的，有的又是评价当年的插队落户这段历史的，有的是和妇女的形象与地位有关的，有的是论说上海男人的，有的则是和电视剧的拍摄有关的，有的是知青下一代教育成长方面的，有的又是关于上海话和普通话的优劣对比的，甚至还有寻找故事人物原型的——除了向那么多观看了这部电视剧的观众表示敬意和感激，我真不知说什么才好。如果允许我讲一句心里话，那么我要说，在我最初写作长篇小说时，我真没有想到过这么多的问题。面对如此关心我的广大读者和观众，我想我能说的就是，在我撰写小说的时候也好，在我改编电视剧本的时候也好，我只坚持了一条，那就是要写好人间真挚的感情。

关于这一点，我想正处于恋爱阶段的青年男女应该是最有体会的了，如若那感情带了虚假、带了其他的成分、或者说是什么目的，敏感的沉浸于热恋中的青年男女往往就会有一种受了骗的恶心感，试想一下到了那时，这爱情还会有什么滋味呢？

艺术创作是同样的道理。观众在电视荧屏上看到虚假的剧目，同样也会有一种遭到了侮辱的受骗感。十五年前我第一次尝试着把小说《蹉跎岁月》改编成电视连续剧，七八年前又把我的另一部长篇小说《家教》改编成电视连续剧时，我都坚持了一条：写好人间真挚的感情。记得这部小说最初在刊物上只发表了上半部，先后就曾有十几家影视部门来找我谈过改编的事。当时，虽然到底给哪一家拍，心中还没有底，其间确乎也费了点周折，拖了很长的一段时间，内中同样有一些故事可讲。但我心中是有数的，这部小说最终总是要搬上荧屏的。于是我决定先把文学本写出来。在决定改编文学本时，我已回到了上海。为了使得改编更有把握，我去了一趟西双版纳，在澜沧江畔的傣族寨子里，逗留了半个月时间，捕捉当年知识青年生活的足迹，感受今天西南边陲的风貌，和至今还留在这块土地上的北京、上海、昆明知青聊天。这些老知青中，就有已在大返城时回到北京、上海，后来又因牵挂尚留在版纳的妻儿，重又二度来到这里的。通过这次旅行，对于展现连接昨天和今天的这块风光如画的土地，以及在这块土地上发生的故事，我心中更有底，笔下也更有把握了。把握度还不十分大的，恰恰是目前生活于其中的变化中的大上海。上海太大了，那么多的文学作品和影视作品天天在展现她、挖掘她的方方面面，稍有点新鲜的东西或是新玩意儿，很快就被人写出来了，似乎很难找到更新的东西。

作为我这个从西南山乡刚刚回归不久的上海人，又该怎么准确地表现当代上海的蓬勃生机和实实在在的当代上海人呢？

我思忖着，也在分析着。

电视剧播完以后，不少上海人，包括和我一起在上海市人大常委会共事的老同志、老干部，都曾对我说，你为什么要在最后把几个那么可爱的小孩子送回云南去呢？他们应该待在上海啊！他们完全可以待在上海的啊！我完全能理解这么一种良好的愿望，但是我要说，这是一种上海人的愿望。在得知我要把这部小说改编成连续剧时，我的几个云南朋友就曾提醒过我：写到最后，你可不能把这些小孩子全都留在上海，我们云南也是很好的，他们中应该有人要回去。可能正因为我在内地整整生活了二十一年，我是能理解这种感情的。所以我最后还是坚持了小说的结尾，让几个可爱的孩子最终回到西双版纳去。能够为我这一构思作佐证的是，从云南山乡找来扮演这四个孩子的小演员，在完成了演员任务以后，好心的导演及剧组工作人员热情地邀他们在上海玩几天，但他们一个也不愿在上海多待一天，他们说，上海有什么好，我们没待多久就待厌了，我们要回去。直到这时，一些同志才感到我这样写是有道理的。

改编之前，我细细地把小说回味了又回味。

严格地说来，长篇小说和电视连续剧是完全不同的两种艺术样式。小说是语言的艺术，而电视剧则是视听艺术。小说是提供给人阅读和想象的，而电视剧则是直接把画面和声音推到观众的面前。两者的表现形式不同，但有一点是共同的，都需要真挚的感情。

真挚的感情不需要煽情。“煽情”这个字眼是港台传过来的，一下子就在我们的报刊上泛滥成灾了。火不旺，才需要煽；感情不真，才需要煽。导演、演员拼命煽出来的情，那只能是嘻嘻哈哈、叽叽喳喳、哭哭啼啼，因此也注定了港台片只能停留在那么个档次上。

《孽债》不是我本身的生活体验，我当过长达十年又七个月的知青，我在西南山乡整整生活了二十一年，但我没有《孽债》这本书里写到的那些感情经历。当艺术的构思初步形成的时候，所有的故事都是凭借着我往常的生活积累而想象出来的。想象在创作中具有其难以言说的魔力。这一想象的魔力全部基于一点：如果我处于故事中人物这样的境地，如果我遇到了这样的事，我本能的反应将是怎么样的，我理智的反应会是怎么样的，我周围那些好友、同事、邻居会怎么看待和议论这件事？在写小说的时候，我心里是清楚的，要通过五个外来孩子的目光，来展现今日上海各个社会阶层的形形色色，各个不同生活背景的今天的上海人形象。但小说的上半部分，是我在贵州写成的。那时我主要依靠的是往日的记忆和合理的联想。属于艺术想象部分占大多数。在改编文学本时，我对天天置身于其中的大上海，倍添了许许多多的感性认识。如果仅仅只是一般化肤浅地描绘当代上海人挤公共汽车的窘迫，自行车汇成的洪流的壮观，楼群的耸立，霓虹灯的多彩，或者说是住房的逼仄——那仿佛也是现实，但绝对打动不了人。这样的镜头我们在各种各样的影视片中看得太多太多了。

要挖掘当代上海人真实的心灵世界，要展现真正的当代上海人的风采，除了纵情讴歌，除了大开大合的方式之外，还应该有一种曲径通幽的方式，那就是从良知、从亲情这么一种人类所共有的细腻，但又强烈的感情关系中去展示。当五个寻亲的外来孩子走进一个个陌生的又是有着血缘关系的家庭里时，情与理、情与法、情与爱、情与恨等等一系列令人怦然心动的场面就在父与女、母与子、在过去的夫妇和今日的夫妻之间展开了。这是多么动人的一幕幕戏啊！于是乎，所有那些艺术的光点就这样闪亮起来，连缀成篇，成了一本书。在进入改编的时候，我还得盯住这么一个找准了的角度，往深处开掘。同时我还应根据电视艺术有世俗一面的特点，尽可能为广大的观众着想，为那些老太太或者说是小孩子也能一看就懂着想，删去横生出去的枝蔓，然后把小说语言描绘感情的部分，相对集中到上海人大都熟悉的家庭场景和画面上，提供给导演、演员们，让他们在二度创作的时候有充分的施展余地。

在我们人人都在打发的那一份日子里，在我们人人都在经历的平平常常的生活中。父与子、母与女以及夫妻之间，天天都有着浓浓的或是淡淡的感情的抒发。那是很实在的关系，也是很实在的几乎是可以触摸的感情。当在这样简单明了的亲族关系中突然掺进了一个活生生的，原先你不知道的前夫或是前妻生的孩子，你会怎么样呢？你的心灵里，你的感情中，会有些什么反应，会产生些什么样的波动，会做出些什么反常的举动呢？人的高尚和卑下，人的坦然磊落和自私忌恨，人的委曲求全和自暴自弃，都会在瞬间或是压抑得过久而爆发出来——这一切的一切，就都是真挚的感情的基础。

从真挚的感情出发，描绘出人性的深度。那么，这感情里自会蕴藏有深厚的社会和历史的内涵。我想这一点就不用我来多啰唆了。

《孽债》最初的“单线条”

这是一个取单线发展的故事。

从一开始，我只想将这一题材写成线型结构的长篇小说，并且可以写得一点儿也不拖泥带水。

可能是因为我长期生活在贵州，接触过包括苗族、布依族、水族、侗族、彝族在内的众多少数民族。尤其是在民族节日期间，少数民族的姑娘穿上精心缝制的服装，戴上头饰，去街子、花场上跳芦笙、赶街的时候，我常常会突发奇想，要是这么一个纯情朴素的姑娘，走进上海市民拥塞的弄堂，走进一个平静的三口之家，会是怎么一个情景？

也许是多次这么想过，到构思《孽债》的时候，我首先想到的是像美霞这样俏丽的一个小姑娘，到上海来寻找她的生身父亲的情节。

这是长篇小说的“核”。

所有的亮点都随着这一个“核”在闪烁，在跃动。

以后所有的故事和情节的展开，都随着这一个“核”在转动。

有了这一点想象，其余的人物和故事都像插上了翅膀，能够腾跃起来，能够飞起来。

小姑娘到上海，寻找的是一个什么样的父亲呢？

是沈若尘这样的父亲。他曾经在版纳待过，和美霞的妈妈有过恋情，有过婚姻，有过一段难以忘怀的过去。也正因为此，才有了美霞。他现在是一个中年知识分子，是一位杂志社能干的编辑。为什么恰恰是编辑职业而不是其他职业呢？原因只有一个，我对这个职业的工作很熟悉。当作家之前，当了作家之后，我一直在与各个年龄层次的编辑打交道。整个80年代的后半期，我也一直在《山花》文学杂志社出任主编，和各式各样的编辑共事。我安排沈若尘当的是一本社会型杂志的编辑，这样便于“他”更多地和社会各方面的人士接触和打交道，为的是在行文时更加自如一些。长篇小说的写作总是这样，不可能构思得面面俱到，写着、写着，会有很多原先想象不到的东西冒出来，把自己笔下的人物框得太死，限制得太紧，反而会束缚了手脚。《孽债》已经是我的第二十一本长篇小说了，不敢说有多少经验，失败的教训我是有一些的。有了美霞，有了父亲沈若尘，必须还得给沈若尘像所有的正常中年男子一样，安排一个家。也就是说，他回上海以后，又结了婚，有了一个儿子，宝贝儿子。于是就有了梅云清和儿子焰焰（电视剧中为叫起来爽口改成了“扬扬”）。

在产生最初构思的同时，我就想过，我要把故事各方的人物，都写成是社会上的好人，或者说是正常人。决不把一些不好的习性和脾气按在某个我不喜欢的人物身上。“好人”和“坏人”是我们这一代人从小看电影时就养成的欣赏习惯。社会上确实是有好人和坏人，那些罪犯甚至是很坏的坏人。但在文学作品中，读者更希望读到的是具体的人，活生生的人。简单地说，即使是写好人和坏人，也得写出他为何好，或是为何坏。

设想梅云清的时候，我就想象她是上海滩上聪明能干的、勤俭持家的、美丽善良的，但又是有着自己喜怒哀乐的现代女性。她不是十全十美的，小说的第五章我写到她失身于始终痴痴地爱着她的李爽，这是我产生构思的时候就预见到会发生的事（电视剧中为了人物的完美和观众的认同没让她和李爽走到这一步）。即使这样，她还是一个好妻子。焰焰就是我们最常见到的独生子女。

来自远方的、自小在西双版纳长大的美霞，要走进的就是这样一个三口之家。她要和他们朝夕相处，一起吃饭，一起入睡，一起打发长长的一段日子。她的出现是一个引子，也是故事的全部。她是一个导火索，更是一颗炸弹。

就是炸弹。在想象美霞走进生身父亲的家时，我脑子里最清晰的一个概念，就是要让美霞的出现，像在家中扔了一颗炸弹。这颗炸弹在冒烟，在丝丝发响，随时都要爆炸。可它就是不炸。

人在这样的尴尬面前，自己的本性就会展露无遗。焰焰的反应当然是最直接、最不会掩饰的。他也不需要掩饰，但他本能地意识到，美霞是他厌恶的对象，他恨美霞，美霞的出现会夺去他的父爱，这就是人，尽管他还是个孩子。梅云清比儿子复杂得多，但她还是接受不了这样的事实。问题是接受不了她也得接受，除非她不要这个家。这样的矛盾放在一个人物面前，这个人物必然会引起读者的兴趣，像很多自视甚高一帆风顺的女性一样，梅云清同样追求她的那一份完美。很久以来，她认为自己追求到了，结果不是这样！她怎能不伤心，怎能不失望！她只有更进一步地认识世界，认识“人”本身，她才能越过人生的这一沟坎。而沈若尘面对一个叫他“阿爸”的美丽女孩，面对一个他过去爱情的结晶，能做些什么呢？他只能无奈地、疲于奔命地、顾此失彼地尽可能地维持，他不能放弃的亲情，他爱妻子，爱儿子，他也爱女儿，但要把这几种爱融合在一起是有冲突的……小说和电视剧问世之后，有人说，只有上海男人会这样处理。我倒要反问一声，豪气十足的男人该怎么面对这一切？你请指教。

有人问，怎么让你想出美霞这么个小女孩来的？你怎么把握这么个孩子的心理？原因又得讲到我插队那段生活。在山寨，我教过很多山乡里的男孩、女孩，天天和他们生活在一起。许多孩子，汉族的或是少数民族的孩子，从小生活在大山的怀抱里，使得他们非常渴望了解大山外面的世界。高兴的时候，他们会睁大一对喜悦的眼睛；痛苦的时候，他们会睁大一对噙着热泪的眼睛；震惊的时候，惊讶的时候，恐惧的时候……他们最常有的表现，就是睁大着一对眼睛望着你。美霞是我想象出来的傣族姑娘，美霞又是我心目中许许多多山乡孩子的综合。另一个原因是，当我写作《孽债》的时候，我本人正调动回上海。我的孩子那年才十岁，我时常观察自小随我在山乡里长大的叶田，对上海这个大都市的反应。那些日子我常常和他交谈，希望他能较快地融入上海这座城市的节奏。我发现他对上海有着很多误解，他对山乡有着一份自己的怀念，他要在身心上进入上海得有一个过程。我和他妈妈都是上海人，我们自小在上海长大，孩子也能讲一口流利的上海话，但都需要时间慢慢融进上海，别说像美霞这样的少数民族孩子了。

对了，小说就得从美霞进入上海写起，她为什么要来上海，她到了上海之后各式人等的反应，她自己如何面对着种种压力生存下来的，我要她的到来搅得所有的人为之心动，我要她生病，要她失踪，要她在上海出一点事故……想象使得我时时处于亢奋状态，恨不得拿起笔来直接进入写作。但是，再进一步想象下去，我发现了取单线条发展的不足，有许多我想表现的东西无法表现，作为一部长篇小说，人物关系也会稍嫌单调。特别是一部长篇小说，反映当代题材的长篇小说，社会面过于狭窄，也会给人以“杯水风波”之感。我该怎么办呢？

《孽债》的构思进入了停顿阶段。

（2001 年 3 月）

《孽债》和另一位责编

1992年早春，我赴京参加七届四次全国人代会。会议期间，《人民文学》的老编辑王扶来看我，并向我约稿。我告诉她，近期没有写出中、短篇小说。她即问我，那么你在写什么长篇小说。我心想她是杂志编辑（后任《人民文学》副主编），不会要长篇，于是便坦然相告，我在写作一部叫《孽债》的长篇小说。刚完成上半部分，正在考虑下半部分的创作。

这本书写些什么？她完全是用聊天的口吻问我。

我三言两语把《孽债》的故事讲了。

不料她郑重其事地向我约这部书稿，同时说明，她是受江苏文艺出版社委托，代他们约的，希望我不要推诿。

我和王扶是老朋友了，早在新时期文学蓬蓬勃勃发展的20世纪70年代后期，就在北京相识。在贵州工作时，只要她从北京到贵州来组稿，她总还专程来我家或我工作的编辑部坐一坐。她如此认真为他人作嫁衣，使我感动。回上海以后，我就把先在《小说界》杂志发表的《孽债》上半部分寄了过去，大约一个月以后，我接到过她的一个电话。她说这本书是一定要出的，她已把杂志给江苏文艺出版社寄去，希望我把写完的《孽债》下半部分，尽快复印出来。

没多久，我上班的作协办公室走进一位年长我几岁的中年人。他说他姓周，叫周鸿铸，是江苏文艺出版社的编辑，专程出差来上海，取《孽债》下半部分的书稿。

初次相识，我对他说，上半部分我是寄给北京的王扶的，她也催过我，但她没说要把稿子直接交你。

他说读完上半部分，社里已决定尽快出书，故而特派他前来上海，不要把稿子再寄来寄去了。

我想这也很有道理，但作为朋友，我总得给王扶打个招呼。于是就在办公室给北京打电话。中午时分，第三个电话打过去，总算在家里把王扶找到了。她很爽快，一口答应让我把稿子交给老周。

周鸿铸拿了书稿，一点也没耽搁，匆匆就赶回南京去了。一个多星期之后，他给我来了信，说书稿他已全部读完，这是一部好稿子，相信社里的领导也都会这么认为，待他们看完，他就会把出书合同什么的，一起给我寄来。让我吃惊的是，他以十分肯定的语气写道：这本书出版以后，一定会有影响，并且不是在这里，就是在那里会获奖。

我想这话我自己是不敢说的。但我仍十分高兴他能对我的书稿说这样的话。从这以后，我就和《孽债》单行本的责任编辑开始了正式的交往。

屈指算来，《孽债》是我正式出版的第三十本书了。每本书有一个责任编辑，我和老老少少、男男女女的各种性格的责任编辑，都打过不少交道了。

以后的一段时间里，《孽债》在编辑、发排、设计封面、校对的过程中，我不断地收到老周来信或是来电。每次有信息传来，他都是极为细微地告知我这本书在出版过程中的进度。进而就针对我书稿中写到的西南风情，生僻的字眼，以及口语作进一步的探讨。让我深为感动的是，有时候为了一字或字眼，他会翻查几种字典和辞典，然后在电话里一一把几种解释讲给我听，最后和我商量着，确定该用哪一个词。当书稿制版印刷时，他对我说，他敢保证这本书是不会有一丁点差错的。我想如果他没有为书稿付出大量的心血，是决不会这么说的。几年以后，《孽债》出现了大量的盗版本，里面错别字连篇，标点符号乱点，老周气得话都讲不出来，一再地说，抓到了盗版者一定要绳之以法。那年南京判决了一个盗版者，他高兴地把刊有审判盗版者的报纸给我寄了来。

《孽债》要正式印刷了，初版印数是 2 万册。在 1992 年长篇小说印数处于低迷时期，有这样的征订数已经不错了。他却在电话里给我说，远远不够，不够。过了半年，果然又印了 1 万册……

读者诸君可以看出，在频繁的书信往来和电话交谈中，我们已经逐渐地熟悉起来。1994 年秋天，当他得知我在写作一部新的长篇小说《炫目的云彩》时，几次打来电话，让我继续把书稿交给他，而且他说，在出版之际，他们会为之宣传，第二年秋，《炫目的云彩》在“十一”前夕推出了，第一次就印了 5 万册。

由于整整地当了十年知青，根据知青生涯的深切体验和亲历，我写下了六部和知识青年有关的长篇小说。我很想把这六部书集中起来，统一格式、统一装帧设计推出。当我把这一想法和几个出版社商谈时，几家出版社都怕旧作重印，销路不佳，造成谁都不愿看到的亏损。而当我把这一想法给老周说时，他从一开始就表示积极支持，但他又说也得从实际出发，了解一下市场的情况。经他和社里同志商量，并做了预测以后，修订了我的想法，先出版三部改编为电视剧并有广泛影响的代表作。于是乎，《蹉跎岁月》《家教》《孽债》三部书，作为“叶辛代表作系列”推出。1994 年秋天书稿发排，1995 年春季书印出来时，恰逢《孽债》电视连续剧在全国各地播出并引起轰动，代表作系列三卷本一印再印，共印出6万套，仍供不应求。这一次，老周又不失时机地代表出版社主动给我打来电话，说由于《孽债》的轰动效应，书印出20多万册，三卷本又取得成功，经他和社里领导商定，决定给我出版10卷本的《叶辛文集》。

这消息于我无疑是天大的喜讯。一个作家，还有比出版10卷本的文集更高兴的事吗？

于是我专程去了一趟南京，和出版社签订了出版《叶辛文集》的合同，和老周一卷一卷地拟订了文集的具体内容。回上海以后的那些天里，我天天夜里重读和修订近二十年来陆陆续续出版的那些作品，从近30本书稿中编选出一套文集来。白天要上班，晚上常常工作到下半夜，连续几个月时间，我自己都奇怪身体竟然也挺过来了。

一年之后，10卷本的《叶辛文集》印了1.3万套，正式出版了。除了大众化的平装本，还印了精装本，红、白两色的豪华珍藏本。凡是看到书的人，都说这书出得精美漂亮。老周告诉我，为了保证书的质量，他除了自己埋头校改、跑印刷厂、叮嘱美编之外，还发动自己的老伴老杨同志（也是一位编辑），和他一道来看校样。两双眼睛校改，总比一双眼睛更为细致吧。

老周不但是一位认真负责、充满责任感的编辑，还是一位热心于学习、孜孜不倦的知识分子。他年纪比我大，但却比我早学会了电脑。还把他初识电脑以后打印得十分漂亮的书信、合同文本及他业余写作的小说，寄给我看。鼓励我也尽快地掌握这一新的表达方式。

由于《孽债》的轰动效应，出版社发行科应各地新华书店的邀请，安排我去往全国各地大中城市与读者见面并签名售书有十几次。几乎每次都是通过老周和我商量，并做出安排。只要他工作上安排得开，他也总是陪同我前往。事前和书店的同志一起布置店堂，叮嘱他们该注意的事项和安全措施。签书过程中他则不时充当摄影师拍照，接受记者的采访，帮助维持秩序，征求读者对书籍的意见。同时他也做一个有心人，记下很多感人的瞬间。回南京以后，写下一篇又一篇见闻和随想，受到读者的欢迎。

对于我来说，1995 年春天的北京、徐州、无锡之旅，盛夏时节的大连、沈阳、常州之旅，都是难以忘怀的美好的回忆。

一晃，我们之间交往已有整整十年，1998 年早春，他又编出了我的两部书《烦恼婚姻》和《风云际会宋耀如》。不知不觉间，老周成了 90 年代和我关系最为密切的一个责任编辑。随着年龄的增长，老周也会像很多老同志一样，离开他热爱的编辑岗位，退休养老。就让我这篇短文，作为对我们之间交往和友谊的一个见证和纪念吧。

愿天下的作家都能像我一样遇到周鸿铸这样的好编辑。

（2001 年 6 月）

《孽债》播出前后

20 集的电视连续剧《孽债》，是在 1994 年的初冬拍摄完成的。我改编完成的文学剧本，是 23 集。而黄蜀芹导演的电视连续剧，则拍成了 20 集。她压缩的三集戏，主要是我的回叙性文字。在我，这是顺理成章的事。我必须要交代今天的这些孩子，究竟是怎么来的。

在长篇小说中，这些描绘占去了约五分之一的篇幅。在改编本子时，我适当地保留了这些内容，诸如沈美霞、梁思凡分别是沈若尘、梁曼诚与当地傣族女子爱情的结晶，而盛天华则是俞乐吟苦涩婚姻的结果等等。黄导则觉得，一进戏以后，观众更加关心的，是这五个孩子今天的命运。不断地回忆，会分散戏路。再说拍摄的经费也不允许整个剧组的大队人马在西双版纳滞留，那样开支太大。在这一点上，黄导的取舍显然是对的。电视剧播出以后，在众多的议论中，谁也不曾问及，这些孩子当时是怎么来的，看来我是过虑了。

记得样片是在 1994 年的 12 月里看的，与会的记者们在挨近肇嘉浜路的一家餐馆里整整待了两天，他们把原定三天的看片会缩短成了两天，一口气把 20 集戏完整地看完。我去听意见的时候，记者们纷纷说，很久没见上海有这么好的电视剧了，他们很感动，不少人掉下了眼泪，报纸上说他们哭湿了手绢。

1995 年的元月，《孽债》开始播出，从那以后，整整半年时间里，全国各地的报刊上，刊登了数百篇报道和评价《孽债》的文章。强烈的反响波及全国，仅我自己搜集到的评论，有 200 余篇。现在读一下当时来自各地的反映，也是颇有意味的。

黑龙江人在报纸上开辟了专栏“从《孽债》看到了什么？”是这么说的：

> 我想不到《孽债》竟如此动人！作为一个老知青，《孽债》里所反映的生活是再熟悉不过的，经历了返城大潮的知青，他们回城后的生活状况怎样？这已有不少作品来反映了，不外是富起来的贵起来的，沉沦的挣扎的，成就赫然的和平平淡淡

的，偶尔也有“超凡脱俗”的，可是没有一部作品像《孽债》那样，从一个独特而又最为真实的最为具象的视角，淋漓尽致地反映了现今知青们的真实状况，而且它把20多年前的知青生涯和当下的现实，浑然天成地扭结在一起，并且揭示出当下的状况是怎样地由过去发展而来的！我觉得这一点是特别有意义的，别的作家都没做到，可是叶辛的《孽债》做到了！这无疑是创作深化的一个标志。

这部作品一扫过去伤痕文学的矫饰、自艾自怜等弊病，它不张扬不呻吟，它以五个被遗弃的知青孩子进城找爸爸妈妈为出发点和切入点，显得别开生面，也把知青题材的创作引向了一个新的层面。《孽债》在手法上是从一个侧面来写的，既机巧，又新颖，还比许多正面写回城知青的作品要深入得多。

当年的知青，不论他们现在的社会地位如何，他们无一例外地人到中年，他们上要承担老的，下要抚养小的，而且被时代耽误了整整十年。一句话，他们比别人更艰难！《孽债》匠心独具地让你去咀嚼这份苦与难。

《深圳作家报》以“从广阔天地到现代都市”为题，评价道：

近来，因为一部电视连续剧，一股后知青文艺热迅即挑起一个遥远的话题。知青，作为特定历史时期一个特殊的社会群体，已经在20世纪的中国历史上镌刻了太多的荒谬和悲怆。虽然昔日热血融化着幼稚的知识青年如今已人到中年，但关于他们的话题，以他们为主人公的文艺作品正越来越多地出现在我们身边。

电视剧《孽债》引起的热烈反响，以及以老三届为主题的音乐会、专题片、回忆录等文艺作品的不断涌现，我们发现又一次的“知青热潮”正在悄然涌动。当然，20世纪90年代的“知青热潮”有许多不同于以往的内容和品质。从内容上讲，上一次“知青热潮”是以文学为传播媒体的，《蹉跎岁月》《今夜有暴风雪》等小说风靡一时，然后才有人琢磨着把它们改编为电视剧。十几年过后，再度的“知青热潮”却要靠电视这种现代化的传播媒体才能完成轰动效应的制造。还是那个写《蹉跎岁月》的叶辛，写出了《孽债》，小说出版并依此拍成电视剧，引起广泛关注，文学作品也由此变成印数几十万的畅销书。

一代知识青年在《孽债》中面对的是新的难题，他们如何处理事业与家庭的矛盾？90年代的受众对这些问题更感兴趣，于是这类文艺作品就蔚为一种文艺热潮。

七八十年代的“知青文学”是一种向后看的文学，无论是描述狂热的还是展示伤痕的，都是带着一种“怀旧”或者说是“伤旧”的情结去做过去时的描写。还是那一代知识青年，但他们的背景已经从“广阔天地”变成了现代都市，他们为自己营造“后知青时代”的家庭氛围和社会群体。知青们的人生轨迹在延伸，“后知青文艺”好戏正在后头。

而《孽债》在北京，亦成了热门话题：

北京电视台播出《孽债》沪语版，中央电视台第三套播出它的普通话版，已在北京城形成了收视热，成为人们茶余饭后的新话题。

北京人之所以欢迎《孽债》，是喜爱这部片子有“不侃、不长、不假”的艺术特点。这“三不”反映出当今人们收看电视剧的心理状态。“不侃”者，当然不是一概反对“侃大山”，而是在厌倦了“海侃神聊”之后，对平实朴素、贴近生活的艺术风格的呼唤；“不长”是对量体裁衣、篇幅适当的好评，尽管《孽债》中间部分仍有稍嫌拖沓之感；“不假”则是对其生活质感的肯定，也是对生编硬造、刀痕斧迹的作品施以白眼。《孽债》并非完美之作，但它基本上符合于这“三不”，而能进入北方，走向全国，其中经验，颇堪品味。

天津的《今晚报》则以“浑厚、悲壮，知青题材的魅力”为题说道：

曾经深爱过／曾经无奈过／曾经流着泪／舍不得……李春波一曲撼人心魄的片头曲与被遗弃的人撕心裂肺的哭喊声把电视机前的亿万观众带进了《孽债》的氛围中。

知青题材电视剧以其独特的历史背景与强烈的平民意识，巨大的社会涵盖面受到群众的偏爱，显示了知青题材特有的魅力。

知青题材为什么受到观众如此厚爱？当年知识青年上山下乡覆盖了整个中国的城乡。每个城镇家庭几乎都能摊上一个至几个下乡知青。从那时起，知青的命运就和人民的命运紧密连在了一起。在这一人生逆旅中，产生了亢奋与痛苦、迷惘与彷徨、孤独与欢乐，演绎出无以计数的故事。如今几十年过去了，喧嚣归于沉寂，记忆渐渐变得朦胧与淡忘了。然而对那些家庭与那一部分人的那些记忆永远是说不完也写不尽的故事，永远是与人类命运息息相通的社会热点。前不久首都体育馆以及全国各地的知青聚会告诉人们，他们没有忘掉那段刻骨铭心的历史。这是一种怀旧心理，而且随着社会的变革，这种心理会越发变得强烈起来。

这就是反映知青题材的影视剧与小说一问世极易引起社会各界关注的原因。这不由我想到海明威的《丧钟为谁而敲》、描写买卖奴隶的黑人迁徙小说《根》，以及《辛德勒的名单》《南京大屠杀》。尽管时间已过去几十年或一个世纪，人类依然能够从中获得启示与警醒，得到理解与接受。历史不会衰老，可怕的是人们自己变得衰老与健忘。

在出版“叶辛代表作系列三卷本”和《叶辛文集》十卷本的江苏南京，报上几乎天天在刊登和《孽债》有关的文字，其中一篇颇有意思地以“遗弃与重逢”为题谈及：

《孽债》不期而至的成功和轰动，很大程度取决于作品本身。遗弃与重逢，是文学艺术创作中恒久不衰的世界性题材，是借此展示人性变异的富矿和良港。已经成功地操练出诸如《蹉跎岁月》等知青题材作品的叶辛，既不想重复自己，也不愿重复别人。他以一种曲径通幽的方式，从良知、从亲情这么一种细腻而又强烈的感情关系中去展示人物的内心世界，而且通过他们，营造了一种自然熨帖的生态心绪及氛围，折射出当今大上海的世态人心。

把感情扭曲了给人看，是叶辛在把握遗弃与重逢这个大命运时最成功的操作，也是《孽债》打动人的主要原因。“孽债”本来只属于沈若尘、梁曼诚、吴观潮他们，而不属于孩子。五个寻亲的外来孩子千里迢迢走进一个个陌生而又有着血缘关系的上海家庭，他们并不是来寻讨或索取，只是为了亲情，为了想念，为了那一丝触摸不着的血脉的相连。这本是纯洁而又真诚的情感，然而，他们却像做错了什么，整日惴惴不安，懂事地注视着“亲人们”的反应和脸色。当情与理、情与爱、情与恨一系列令人怦然心动的场面不合时宜地展露在他们本应单纯的生活空间时，他们只能抱着爱心而来，受着伤害而去，这怎能不叫人心酸难禁？这样的情感扭曲叫人怎能无动于衷？孩子们代大人们，代他们尚不知晓的那个年代承担“孽债”，这时一切有良知人的心灵世界的撞击无疑是巨大的。

以上只是众多报刊评论中的零星几篇文字，说的都是好话。我想，在下面的一篇文章中，我也应该客观地写一写当时好评如潮中的一些批评意见。想必这也是今天的读者所关心的吧。

（2001 年 8 月）

对于《孽债》的批评

在一片叫好声中，随着《孽债》电视连续剧的热播，也出现了一些感觉不足的议论和批评。

最先提出不满足的，还是上海的观众。他们认为：编导在这个剧中写了五种类型的家庭，笔墨用得较为平均。有时某一个家庭的戏刚刚看出一点味儿来，又跳到另一个家庭上去了。如果在某几个点上能写得更集中、更深一点，也许会更有看头。还有观众认为，在某些段落和语言节奏的把握上，可以更紧凑一些。

读到这样的批评意见，我本人觉得是很善意，很到位的。

有北京的观众则比较直率地指出：我看《孽债》，透着假的模式。那拨找爹娘的孩子，也忒小了点吧。那时的孩子怎么说也该十八九岁了吧。还有，一边看演员表演，一边还要死盯着字幕，两集看下来真让人累得慌。我不喜欢他们说上海话。

不喜欢在荧屏上听上海话，是来自外地观众很集中的一条意见，而且相当的普遍。我想在《〈孽债〉沪语版引发的争论》这篇文章中，再来细说。

专业人士也在《孽债》热潮中发表了观感。一位导演说：这部戏开头几集抓人，叙事节奏和情绪节奏恰到好处。但是戏到中期有些拖沓，尤其是片头太长，让人有些坐不住。

在大连，两个台争相播出《孽债》，在众多赞扬声里，也有不同的意见和批评。一位女士很不理解地说：看完《孽债》之后，简直让人目瞪口呆。我本人就曾是黑龙江兵团的下乡知青，我们老三届一直接受良好的教育，为人朴实、正直、正统，有事业心、责任感。下乡时正值16到22岁，别说弃子，就是处对象也不多见，哪有这么多弃子铺天盖地而来。如果说在什么地方确有其事，也绝属偶然。这些人不计苦累，不计个人得失，看在他们几经波折、坎坷的伤痕上，请不要再抹盐了吧。

这条意见在《大连晚报》上引发出同感，有人说：这种事存在，是真实的，但不典型。反映知青题材中的这个侧面，消极多了点。更有人直截了当地说：《孽债》不能代表知青生活。我们也是那个时代走过来的人，老三届知青中没有不负责任的人。即使有，也不典型，不是知青生活的全部。把这种事集中在知青身上，根本没有代表性。如果有这种事儿，不是知青也可能有。为什么要集中在知青身上呢？这不公平！如果为了猎取观众的好奇心而创意的，这不能不说创作者不理解我们这一代人！看这种电视剧有一种压抑感，一种沉重感，那个年代已经把人们折腾得可以了，这部电视剧名叫《孽债》，难道是知青当年作孽而留下的债？这种表达是同情知青命运，还是谴责知青行为？我不理解。

在一篇《说不完的“孽债”》中，除了好话，意见还有：

“这就是大上海人的心胸吗？看了不舒服。”

“这个片名我觉得不太合适，这不是哪个人作的‘孽’，留下的一笔债。而是那个时代、那个特殊的环境造成的。”

“这样的电视剧少拍点，软绵绵的上海话听起来特难受。片子看完后感觉特累。”

“过于写实，动人却不动情。”

“平均着力，人物形象模糊。”

“《孽债》不是完美的，有一些或大或小的缺憾。”

“结构形式略显呆板，没有一点变化，更不用说蒙太奇式的跳跃、符合生活逻辑的变异和诗意的幻化了，显得有些刻板。”

由于《孽债》最早是在上海以沪语首播的，上海播出之后，逐渐在各省的电视台播出。到中央台三套在白天安排播出《孽债》时，已经是1995年的4月份，离上海首播整整三个多月了。在全国各地播出之后刊登的评论文章中，凡是批评性的意见，我都尽可能地保存和搜集起来了。以上摘录下来的，就是几乎全部有代表性的批评了。我得实事求是地说，这些批评意见，绝大多数是以观众观后感的方式登在报刊上的。没有一篇超过1000字。有不少就像我前面摘下的，只有一两句话。但唯一的一篇超过1000字的批评文字，是在上海的《新民晚报》上发表的。标题用做得很大的黑体字写着：“上海女性，你在《孽债》里怎么啦？”这篇批评文字分成四个部分。第一部分：“亭子间”你到底反映了什么。在列举了几位居住在亭子间里的女性助人为乐的事迹之后，文章说：……有多少女性在那些动人的故事中唱了主角。可是这几个找到自己的爸妈，却又被拒之门外的孩子，使人对上海女性油然而生一种憎恶感，上海的女人怎么都那么自私，那么冷漠。第二部分：那个时代的女性。同样在举例子说明了那个时代的女性富于同情心、善解人意、有责任感以后，批评说：别说今天这些孩子找上门来认亲人，就说这些做父母的，生活相对稳定以后，难道不会想念当年的亲生骨肉吗？这实在是将这一代女性写浅了。是有一些女性心胸狭小、眼光短浅，但是更多的女性、母亲是最富同情心，具有博大胸怀、无限爱心的。第三部分：《渴望》与《孽债》。在盛赞了《渴望》中的刘慧芳以后，批评《孽债》里的母亲们说：国际大都市里的女性，应该如同这座城市一样，是开放的，是一座包容性的城市。上海接纳了几百万的外来民工，上海的千家万户住进了 20 多万知青子女，上海人抱养孤儿、收养孤儿，温暖了多少孩子的心。《孽债》让我们女性感到心中有一块铅堵着，将上海女性丑化了。最后一个部分：假如。在记录了《孽债》播出以后普遍流传的那个笑话《你有孽债吗？》以后，文章提供了一系列的信息。其一，现在观念开放了，就是丈夫有这样的事情，也已过去 10 多年了，夫妻间的共同生活，应该可以理解对方在那种特定环境下所发生的事情。其二，如果是一个像电视剧中那么乖的孩子来到我们家，太开心了，独生子女，正缺哥哥、姐姐，一定留下他。其三，我婆婆说，隔壁邻里都能互相帮助，自己家里来一个人，怎么能不接受呢？其四,一部《孽债》，使人感到那一批人，怎么男的都是无奈于负责任的，女的又都是以自己利益为重，缺乏母爱的。文章的最后一句又重复道：上海的女性，你在《孽债》里到底怎么啦？！

作为长篇小说的原作者和电视剧的编剧，我感谢这些批评意见。一部作品，在有赞扬的时候，总会伴随着批评意见。这才是正常的。

（2001 年 9 月）

由《孽债》引发的故事

随着《孽债》在全国各地的热播，不时地引发出一个又一个与《孽债》有关的故事，一些热心的素不相识的读者，就把这些故事通过书信转告我，或干脆就把报纸剪下来寄给我。

1995 年 5 月 23 日的《中国环境报》上，登载了一条消息：蝴蝶王国的悲歌。副标题则是：《孽债》引发版纳旅游热，标本生意兴隆。消息报道说：4 月中旬的一天上午，我们由西双版纳傣族自治州首府景洪，驱车 40 公里，来到澜沧江畔的一个名叫橄榄坝的小镇。车刚停，一大群服饰艳丽的傣族妇女和姑娘蜂拥而至，她们手持大沓大沓五彩斑斓的蝴蝶标本向游人兜售。一番讨价还价之后，一枚美丽的蝴蝶标本竟会以一元钱低价成交。

自从电视连续剧《孽债》播映之后，京沪等地兴起了一阵西双版纳旅游热，游客大增。版纳堪称“蝴蝶王国”，于是游客们又都喜欢购买价廉物美的蝴蝶标本当作纪念品，或馈赠亲友，或点装居室，据统计，单橄榄坝一处，蝴蝶标本的日销量不下 1 万枚。

由于生意兴隆，更刺激了当地村民大肆捕杀蝴蝶，制作标本出售。据行家介绍，这种“标本”因未经专业技术处理，根本无法长期保存。而买主带回家后，观赏不了几天标本就会腐烂或风化成粉末，只能当垃圾一丢了之。惜乎？然而滥捕会使这些“会飞的花朵”终有捕尽杀绝之日，因它们的自然繁衍有个生长周期，远远跟不上被捕杀的速度。

遭乱捕滥杀厄运的野生动物远远不止蝴蝶。譬如珍稀罕见、繁殖能力低、属我国一级保护动物野生大象便是一例。这种大象名为亚洲象，现仅存于西双版纳原始森林等少部分地区，而且为数不多。在橄榄坝的集市上常见有象牙、象骨制成的饰品和象皮腰带出售，在景洪的某些饭店的门口，赫然张贴着“本店有象肉”的告示，看了让人心颤！允许饭店明目张胆地出售象肉，让嗜好猎奇的食客一饱口福，简直不可思议！

读到这样的报道，我真是瞠目结舌。事情怎么会是这样？这可不是我写作《孽债》的初衷啊！《孽债》歪打正着地引发版纳的旅游热潮，倒是确确实实的。据版纳州旅游局长（当年也是上海知青）告诉我，1994 年，西双版纳的旅游者，全年一共是 24 万人次。《孽债》播出以后的 1995 年，全年跃升至 124 万人次。以后的 1996 年、1997 年，逐年递增，到 1998 年，已超过了 200 万人次。为此，西双版纳州还为我颁发了荣誉公民证书。

1997 年春天，我应西双版纳州的邀请，重返版纳访问。到了橄榄坝的旅游品市场上，同样目睹了报纸上报道的情形：整版整版的彩蝶标本，仍在那里低价出售。我当即向州里陪同的同志指出了这一点。

在《孽债》播出过程中，还发生了这么一件事，那是《孽债》正播到一半的 1995 年 1 月 19 日，《新民晚报》登了一则消息：安徽来沪打工的男青年刘定海看了电视剧《孽债》，来到杨浦区控江新村派出所，请求民警帮助寻找自己的生身父亲张某。

张某于 1962 年在安徽白茅岭农场劳教，转场时同当地刘姓农家有了来往，并和刘家姑娘关系密切。之后刘家姑娘生下一子，当地农民经常戏称刘特别像张某。转场后的张某于 1980 年平反回沪，结婚成家并有一个孩子。刘定海对民警说，母亲临死前告诉他生身父亲的姓名，并说他住在上海杨浦区的控江路上，关照他一定要来上海找到爸爸。

站在派出所里的刘定海和张某的脸型确实有点相像。张某还掏出 300 元钱给刘定海补贴生活。张对民警说，如果亲子鉴定两人有血缘关系的话，他肯定要这个儿子。民警对记者说，亲子鉴定将争取安排在春节前进行。

比起南京少女陆宁来，安徽小伙刘定海的故事是令人宽慰的了。在 1995 年的 4 月 13 日，南京的《服务导报》以“超重的《孽债》”为题，用整整的一版篇幅，报道了 18 岁少女陆宁的故事：

南京少女陆宁，18 岁，父母住在邯郸市，她随着南京的爷爷奶奶长大。读到高三时，无论是农村户口或是城市户口，她都没有。高考在即，没有户口，陆宁将失去高考的资格。天下竟有如此不负责任的父母。消息见报后，引起南京市民议论纷纷。

《孽债》在东方电视台播出后，在上海引起轰动的纪录片《不了情》《情未了》两片的男主人翁，西双版纳回沪知青夏兴德向《劳动报》记者表示：“我不敢看《孽债》，往事一件件，太触目惊心了。”他还给记者谈了自己回上海后的生活现状。

而在上海市文联组织的“我看《孽债》”座谈会上，上海的一批作家朋友纷纷为演员吴冕叫“屈”，认为她在剧中出类拔萃的表演没有得到新闻界的肯定。

《孽债》随即被广西有线电视台盗录播出。上海电视台为维护自己的合法权益，向广西壮族自治区南宁市中级人民法院提起民事诉讼。经法院查明，原告上海电视台于 1993 年 10 月与作家叶辛签订了协议书，致使原告取得了将小说《孽债》制作成电视连续剧的合法权。被告广西有线电视台未经许可，擅自在上海陆续转录了电视连续剧《孽债》，并于当年 2 月 17 日开始在南宁地区播映。

据悉，南宁市中级人民法院已于当年 3 月 31 日发出民事调解书，双方当事人已达成协议：(1) 被告广西有线电视台未经许可，擅自播放原告电视连续剧《孽债》，侵犯了原告的合法权益，被告愿意向原告赔礼道歉；(2) 被告主动撤销在上海的录制点，并保证在上海不再犯擅自转录的错误；(3) 被告赔偿原告经济损失 9 万元，并承担诉讼费 8110 元。

在《孽债》的播出过程中，上海的各大报纸也在介绍评论《孽债》的同时，连续报道了一些和《孽债》有关的花絮。《劳动报》在 1995 年 1 月 18 日和 19 日分别以“停播一天，牵动万人心”和“《孽债》连播两集，上视损失不小”为题，报道说：真实反映老百姓生活的 20 集电视连续剧《孽债》，在本市播放数集以后，已在广大观众中引起轰动，白天谈论《孽债》，晚上在荧屏前坐等看《孽债》，已成本市各行各业议论的热点。

上周星期天，上海电视台因播出“群星爱心演唱会”节目而使《孽债》停播一天，尽管事先电视台多次打出字幕说明，但上了“瘾”的观众抑制不住欲看《孽债》的强烈渴望，不少观众打电话询问电视台，并说明再晚播放也没意见；还有不少老同志打电话到市委宣传部，表示当天想看《孽债》。鉴于观众这种热情已多年未见，上海电视台及时调整播放集数，每晚播两集，“饥渴”的观众才稍稍过了点“瘾”。

另外，《劳动报》报刊登的《上海知青谈〈孽债〉》几篇文章也引起读者很大的反响。这两天，该报不断收到当年“插兄”“插妹”的来信来电，有的动情地抒发对那段知青生活的感想，有的激动地赞赏上海拍出了一部老百姓爱看的电视佳作，也有的观众感慨地叙谈类似《孽债》的亲身经历。

在整个电视剧市场“只愁没广告，不嫌广告多”的情况下，上海电视台为满足观众日益高涨的观看《孽债》的热情，决定将原每天播放一集的《孽债》改为每天播出两集。这样，该电视剧制片商——上视，要损失整整200万的广告费。而上视宁可少赚这笔巨额广告收入，也不“欠”观众一分“债”。

据上视有关人士透露，这笔广告收入的损失，主要因素有两个，一是《孽债》所签订的黄金时间8点档的广告合同，现在每天放两集，后一集播放时已不是黄金时间，因此这部分的广告价格落差自然要电视台退回；二是原签订的广告合同是从第一集做到最后一集，现因每天播两集，缩短了整部电视剧播放的天数，广告播放的天数也相应减少，因此，当然要退还余下天数的广告余额。电视台虽然损失，但得到了观众的赞许。

《新民晚报》在1995年1月18日的《生活热点半月聚焦》中以“申城女性为《孽债》泪湿衣襟”为题报道说：当初上山下乡，如今已人到中年的一批女性，这些天，为《孽债》流了不少泪。一些女性认为，时代造成的悲剧不仅使当年的知青又一次带来感情上的冲击，而且又延续到下一代人。她们说，生活在上海的孩子对我们的过去了解太少，只看到父母做了经理，当了厂长，提要求无止境，这五个孩子的遭遇对他们是个教育。

自从《孽债》播出以来，写过多篇跟踪报道的《新民晚报》记者俞亮鑫在播完全剧后，又以《〈孽债〉受宠殃及〈三国〉，收视率创近年来上海最高纪录》为题，总结报道说：20集电视连续剧《孽债》在申城引起热烈反响，据全市收视率调查显示，《孽债》收视率创下近年来上海电视收视率的最高纪录。而同期播映的《三国演义》在其冲击下，由15%降为8.6%。连日来，市文联、作协、视协和团市委、广播电视学会等一些部门团体分别举行《孽债》研讨会，对《孽债》在上海引起的轰动展开热烈讨论。与会者认为，《孽债》之所以轰动上海，一是因为拍得真实，展现了上海人实实在在的生活，这与前一阵出现的一些都市言情片、商战片的浮华虚假形成了对比。二是因为此片呼唤真情，这适应了商品大潮冲击下人们的心理需求。三是此片描写了令人关注的人物命运，出情出戏，比较好看。

讨论会上也对《孽债》的某些不足提出了意见，如几户人家在接纳这些知青子女时显得有些犹豫、难堪，心理反应形式有点单一。又如对几位知青当年抛弃子女的生活过于淡化，使有些观众感到难以理解。对于上海话的运用，大家在肯定其尝试成功的基础上，也提出了需要过滤个别粗俗的切口的意见。

上海《解放日报》的两位记者，则以“母子情深”为题，报道了演员吴竞和云南小演员罗振华的一段“戏外戏”：在剧中扮演母亲的上海电影演员剧团的吴竞（剧中杨绍荃的扮演者），真的认云南哈尼族孩子罗振华（饰杨绍荃的儿子安永辉）为儿子，关心他的成长，成为一段佳话。属牛的吴竞显然对这个“儿子”情有独钟，谈起此事，一口一个“阿拉伲子”“阿拉伲子”，舐犊之情溢于言表。吴竞说：罗振华今年 15 岁，是云南西双版纳一个普通初中学生，虽从未演过戏，但小振华纯朴、有灵气、有感情，在一起拍摄《孽债》的时光，成了他俩感情交流的好机会。“不知怎么搞的，我真的喜欢上小振华了。”在云南拍戏时，吴竞又特地拜访了小振华的父母，在父母面前，小振华也甜甜地叫吴竞为“上海阿姨”。在《孽债》拍摄完直到如今，吴竞和小振华还经常有书信来往，俨然是一对情深意笃的母子。

至于社会上借《孽债》这个题目，引发的种种话题，更是层出不穷，一个接一个。诸如：虹口区法院和肯德基联手，请来《孽债》中的三位云南小演员，开展了“同龄说《孽债》，同心话未来”的活动，在联欢的同时，设立了“青少年保护中心”，给回沪知青子女更多的关爱。

港商在大陆包“二奶”，也被报纸以“一个男人几个家，《孽债》增多”加以报道。连美国名演员施瓦辛格被私生女告状一案，也被称作外国“孽债”，而众多嫁给回城知青的女性，看完《孽债》，纷纷以各种玩笑的形式，盘问今天的丈夫，有没有“孽债”，有的话快点从实招来。一时成为各种场合的趣谈延续良久。

出版《叶辛文集》十卷本的南京，则在《孽债》播完之后，在江苏电视台二套节目中，重播了我的另两部代表作《蹉跎岁月》和《家教》，受到观众欢迎。

《孽债》引发的话题、趣闻和故事还有许许多多，播出多年后，仍在成为人们，特别是当年的知青们茶余饭后的谈资，并且勾起一个又一个当年插队的故事。就在我写这篇文字期间，我去北京怀柔参加中国作协的主席团会议，会后有半天的候机间隙，就和几位作家去了长城，陪同我们前去的一位十七八岁的小姑娘袁晓丽，跑到我面前来，主动要求道：“叶老师，我能和你握个手吗？”随后她告诉我，看《孽债》那年，她还在初中读书，每天晚上看了电视，就要哭一阵。随后她由衷地说：“哎呀，今天我真没白来，能见到你，可太好了！”

望着她真挚的脸，我竟感动得一句话也讲不出来。是啊，一个作家的作品，能得到众多读者和观众这样的回应，我还指望什么呢？

（2001 年 10 月）

《孽债》沪语片引发的争论

写下这个题目，当年围绕《孽债》沪语版引发的争论，似还历历在目。

在回忆这场有趣的争论之前，我想先讲一件与此有关的小事。今年春天，我收到“第二届国际吴方言学术研讨会”王维周同志寄来的一篇论文：《〈孽债〉现象与语言立法》。

这是一篇很长的学术论文，作者寄给我的仅仅只是其中第五节及以下的部分内容。他从沪语版电视连续剧《孽债》讲起，讲到“《孽债》现象”，讲到《孽债》与方言的关系，继而探讨了方言与文化，方言会不会长期存在等等语言学上的问题。我饶有兴味地读了这些文字，觉得作者的研究和探讨很有意思，不但对语言专家会有启示，就是对作家的创作，也有一定的启迪作用。

关于《孽债》沪语版引发的争论，其实在《对于〈孽债〉的批评》这篇文章里，我已提及一二。记得，沪语版《孽债》刚在北京播出，就有人说：“同这部长达 20 集的连续剧在上海播放时曾出现万人空巷的火爆局面，创下了电视剧收视率最高纪录相比，北京的观众反应比较温和，其间的重要原因是听不懂上海方言。”许多北京人说，上海话“阿拉阿拉”的像外语，一句都听不懂，虽说下面有字幕，可效果毕竟不一样，让人干着急。还有的北京人对用方言来表现上海人生活的“原汁原味”不以为然。他们举出最有说服力的例子就是外国电影一律用普通话配音，却不会让人感到不是原汁原味。

在中央电视台决定播出普通话版的《孽债》时，天津《今晚报》特地报道:《孽债》虽好，沪语难懂，此是非吴语地区观众看沪语版《孽债》之憾。为此，上海电视台求索制作社赶制了普通话版，3 月底完成，中央电视台将从 4 月 12 日起，在第三套节目 8 点档黄金时间向全国播放《孽债》普通话版。

北京、天津两地区的观众反映，在其他地区的观众中也有同感。可以说，在不讲上海话和听不懂沪语的省市的报纸版面上，几乎都有类似的批评意见。可能也正是这种批评来得较为普遍和直率，剧组听到了这一反映，及时制作出了普通话版，供中央电视台和各地省区台选用。但是，看过普通话版的上海观众，则普遍反映普通话版不如沪语版生动、过瘾。导演黄蜀芹在报纸上专门就此介绍说:“以往，沪语出现在影视中只是偶尔说几句，点缀一下，大规模地采用沪语这次还是首次，目的是想表现上海人实实在在的生活，真实地再现上海人的生存状态，甚至原生状态。演员们经过一周的努力才渐渐适应，而且兴趣越演越浓。运用上海话，还帮助演员更真实准确地找到感觉。《孽债》中的演员表演几乎个个到位，这与运用上海话有关。”

在上海，沪语版《孽债》得到的是一片赞誉之声，有人说:“听《孽债》中上海人的满口上海话，不禁想起六十年代电影《大李小李和老李》以及《满意不满意》，这两部以沪语为主的方言喜剧片，后来也制作了普通话版本，两种版本我都看过，感到沪语版的艺术感染力要强一些。这次《孽债》用沪语，又有新的突破，效果更佳。”

还有人反映说：“目前使用居多的‘沪语版’引发了一股学说上海话热。而沪语的使用，使不少渴望了解上海的外地观众有了一个很好的机会，连上海本地33家外资银行的不少人也都希望通过此剧学说上海话，以备商战中的不时之需，外地观众学说上海话也就不是什么稀奇事了。”

这种情况可以说是《孽债》沪语版的意外收获了。

还有报纸以“赞浦东阿奶”为题，专门评说了这一剧中并非主要人物的老人，之所以给人留下深刻的印象，就是她利用了上海话的优势，活灵活现地演出了一位真正的上海市井老太。

上海的《采风》杂志，在沪语版引发争论的高潮中，在1995年第四期上，做了一栏“热门话题”——从《孽债》看上海话的魅力。

编者说：电视连续剧《孽债》在上海播出后，其轰动程度是惊人的，远远超出当时的《渴望》与《编辑部的故事》。关于《孽债》的讨论，一些报刊已有刊载，本刊从语言民俗学的角度邀请各界人士对《孽债》进行探讨。

俞亮鑫（《新民晚报》记者）说：我记得要搞沪语版影视片是三年前由谢晋提出来的。当时谢晋提出后，很多名作家提出反对意见，感觉不美，以为沪语只能达到滑稽戏水平，而滑稽戏只能拍出轻喜剧，插科打诨，不大可能拍出上乘的东西。当时觉得要拍上海的母语片，语言是个关键，上海的语言优势没有发挥出来。真正体现出沪语魅力的作品倒是《孽债》。《孽债》为了生活化，是用语言的陌生来展现环境的陌生，没想到效果会这么好。这次《孽债》成功我有几点感想：首先，剧中许多话如用普通话讲，上海演员就有装腔作势之嫌。现在是原生态的东西，沪语的间接效果使演员拍到后来，自己有了创作欲。演员真正进入了状态，并且是愈演愈有劲。其次，使用上海话关键是能否将剧中本身的主题及人物行动表现得恰如其分。大规模使用，《孽债》属首次，这将对以后上海影片的走向很有影响。语言表现的好坏不在于语言本身的形式，而更在于真实性。剧中许多话只能用原汁原味的沪语讲出来，才能有魅力和韵味。

《孽债》用沪语表现人物性格是非常传神，非他莫属的。如吴冕演的角色有句话："侬哪能放心得下啊？"表现出其善良的特性；还有马老板的那句："侬放只码头给我跳跳，我也拎得清。"非常符合他的身份，用普通话就难以达到好的效果。

葛明铭（上海人民广播电台节目主持人，《滑稽王小毛》编导）说："看了《孽债》，最令我开心的就是大量运用了沪语。普通话在上海推广失败，是因为上海人讲上海话的根基很深，但为何在文艺领域里人们反对用沪语，我觉得可能是滑稽戏作为舞台艺术没有弄好的缘故。"

电视剧《孽债》完全反映的是生活的愿望。电视剧在语言处理上有特色，就易产生共鸣。剧中表现上海的生活非沪语莫属，细微的表情只有在讲上海话时才能表现出来。比如吴冕演的角色中，有一句"怪勿啦？"说时就有一种特殊的表情，是上海人的语言表情、动作，别人不一定能学得像。因为剧中运用沪语的恰当，才能淋漓尽致地表现上海人独特的气质、表情与精神风貌。

《孽债》没有媚俗，是生活化的艺术，因而获得了语言上的成功。我有种感觉：《孽债》中的沪语运用不但没有过分，有的甚至没有到位。《孽债》开了一个运用沪语非常成功的电视剧先例，使人们更加树立起上海人讲上海话的信心。

巢宗祺（华东师大中文系主任、教授）：《孽债》中的角色使用的方言与人物的环境、文化背景吻合，因而使人物更丰满，更有层次感。

我们对使用方言要有信心，但也要慎重，不要在兴奋当中滥用，语言要提炼，更要恰当地运用。希望《孽债》带来的成功作为一个契机，将滑稽戏也提高到一个新的层次，带动海派文化提高到更新的层次。

钱丽芳（上海金沙江大酒店总经理）说：看了《孽债》把胃口吊起来了，我作为普通观众谈些想法。使用沪语不是猎奇，而是突破。如叶辛所说，当初上海话作为密码使用，为了怕云南孩子听懂，但到后来，产生了亲和力。我感觉严小频演的梅云清的三场感情冲突戏，沪语的魅力极佳，一是得知丈夫隐瞒了过去的事实时；二是与李爽在一起，差点控制不住自己的感情；三是终于想明白，去阳台晾晒衣服。特定的感情都展示了出来。比如那句“价长价大的一个小囡来了”，如翻译成普通话：“突然之间，又高又大……”味道全不对了，而且只能她讲，别人代替不了她。

当然沪语也有缺点，南方话和北方话不一样，北方话有豪言壮语之势，战争片就不能使用沪语，譬如《高山下的花环》就不行。

语言是一种载体，载体要与内容相结合。《孽债》有感情戏，使用沪语能抓住观众，沪语容易出感情，引起心灵共鸣，但不能因《孽债》中使用沪语的成功，就出现一窝蜂的现象，滥用是要失败的。

一晃自沪语版《孽债》于1995年元月在上海首播，已是第七个年头了。记录下关于沪语版引发的争论和不同看法，也还是颇有意味的吧。

（2001年11月）

《闲静河谷的桃色新闻》后记

收到这个集子里来的四个中篇，是我 1985 年、1986 年（上半年）发表在国内各杂志的作品。

1982 年 3 月，我由偏远荒僻的猫跳河畔搬进省城贵阳，开始学做一个城市公民。从 1969 年 3 月离开上海，我远离喧嚣的城市生活，整整十三年了。

城市里的写作、出版及诸方面的条件，自然要比我插队落户时荒寂的山乡茅屋、比我猫跳河畔简陋的平房要好得多了。别的且不说，就说和外界的联系吧，就大不相同。我还在猫跳河畔生活时，一个北京的青年评论家来找我，他先在北京给我打来电报预告到达日期，然后就坐火车出发，等到他几天后来到我的家，谈完工作离去那天，我去临时客车站送他，电报刚送到我的手中。外省来的一些客人，到了贵阳要找我，因为想到长途客车只有两天一班，驶进我居住的地方，要颠簸三四个钟头，其中有几十公里，还是坑坑洼洼、高低不平的简易公路，我便请他们在贵阳等着，自己往贵阳赶。有一个月，光是为见外面千里迢迢而来的客人，我就这么跑了四次。以往进一趟城市，对我来说是一件大事。且不说去北京、上海、广州等地出差，要做充分准备，就是进一回贵阳，我总也要备一张纸条，上面写清要办的事一、二、三、四……要买的山乡里一时购不到的食品和日常生活用品。诸如酱油、榨菜、热水瓶盖子、高压锅橡皮圈等等。

进了城市，这一切麻烦自然就没有了，相反有了很多的方便。比如有了什么急事，须和外界联系，拿起长途电话，三言两语就把事情讲明白了。

条件是好多啦。我呢，也想当然地觉得要在这安定的环境里，潜心写一点东西。谁知进了城市又会有新的烦恼呢。

在一个招待所小小的客房里住了一个月，承蒙单位照顾给分了五层楼上一套两间半的房子。真是大为欢喜。

搬进新居头一天，看到满屋的泥屑灰尘，第一件事情便是打开水龙头准备清洗。哪晓得龙头里一滴水没有，于是便向先搬进来的人打听，邻居告诉我，这里地势高，水上不来，只有等到夜深人静，才有可能来点点水。推窗出去凝神一望，果然，周围七层楼的屋顶，还在我们脚底下呢！

由于夜间要等水，四年来，我便和妻子分了工，我守上半夜，她守下半夜，将龙头大开着，等待“水龙王”哗哗来临。这种等待是极难熬的，但是一家四口人无水便难以维持最基本的生计，难熬也得等，一边等一边写作小说。于是乎，在我这几年发表的小说后面，就有了“写于贵州黔灵山麓”这一行小字。

外省一些聪明的读者见了这一行小字，在给我写来的信上说，可以想象，我一定住在一个风景秀丽的地方，读后我只好一笑了之。

当专业作家的时候，这样的日子还能勉强一天一天地打发过去。晚上睡少了，第二天可以补睡一会儿。到了1984年7月，我调到编辑部任主编，天天要上班，晚上守夜就成了一件贵州人说的“恼火”事。再“恼火”，还得等水，还得熬夜。当然，睡眠不足，精力亦大受影响，写下的稿子便逐渐减少。收在这本集子里的四个中篇，就是我出任主编以来，盼水的时间里写出来的。从这个意义上说，我还真得感谢断水。但我还得说一句老实话，上半夜能够如愿等来“水龙王”的次数，是极其有限的。只是可怜我那妻子，她常常在下半夜起来等水，等来了水，匆匆地洗衣裳，轻手轻脚拖地板，到了白天，她还得上班，还得在上班、下班途中倒换三次车，每天去、回，去、回在路上消磨三四个小时。她常常对我说，上了公共汽车，只要一坐到位子就能打瞌睡，不知有多少次，因为打瞌睡，她坐过了站。我听了以后仍然只有一笑了之。

天哪，除了写小说，我们还能有什么办法呢？

在这样的状况下写成的小说，自然不会是什么精品。不过，也正因为是在这样的情形下把小说写出来的，我对这个集子怀有一种特殊的感情。想必亲爱的读者也能理解我的这种感情吧，因为它是我这段生活的一个纪念啊。我想说明的只是，并未因这些原因我便草率了事，这几篇小说倾注了我大量的心血，我是怀着虔诚、怀着对文学的爱，认真地往稿纸上写下一行又一行字的。

至于这些小说是否值得人一读，当然只有求教于最有发言权的读者们了。

（1986年3月18日夜草于贵州黔灵山麓）

我为什么要写宋耀如

20 世纪的中国，宋氏三姐妹构成了她们色彩斑斓的传奇。她们嫁给了三个大名人：孙中山、孔祥熙、蒋介石。中国四大家族，包括她们出身的宋家，占尽了四分之三。正如 80 年代《纽约时报》书评中提到的："自从波吉亚家族以来，几乎没有哪个家庭能像宋氏家族那样对人类的命运起过如此扰人心绪的作用。"耶鲁大学教授乔纳森 · 斯彭斯说他们是"改变中国面貌的家族"。《多伦多环球邮报》欧洲分社社长、曾驻北京的记者约翰 · 弗雷泽说他们是"集金钱和权力于一家"的家族。至于在中国民间，早就有着这么广泛的流传：从前有三个姐妹，一个爱权，一个爱钱，一个爱国，她们就是宋家三姐妹。浩如烟海的传记作品写到她们，有的还十分流行，其间的情节是那么起伏跌宕，那么引人入胜。可以说，这个家庭不仅在中国，而且在全球范围内，都是声名显赫的。

但是关于宋氏家庭的来历，关于三姐妹的父亲宋耀如，人们却所知甚少。有人说他本系富商望族，有人说他是一位传教士，更有人说他系来自今天正蓬勃开发的海南省的一个沿海小县的爱国华侨。就是关于他的姓名的来历，说法也颇为不一，更多的书中称呼他为宋查理。他的一生对于今天的12亿中国人来说简直是个谜。

《风云际会宋耀如》这本书就是要以坚实可靠的历史为依据，写出宋耀如作为宋氏三姐妹（另有三兄弟）之父的真实面貌，拂开那些令人如堕迷雾、虚假驳杂的材料，并透过汗牛充栋的琐事和推测，分清哪些是真实，哪些是谣传，哪些是纯属谎言的东西，还一位伟人的历史真面貌。他的极富传奇色彩的生涯和中华革命的开创史不可分割地联系在一起，他鲜明的个性熏陶和培养了宋氏三姐妹及宋子文、宋子良、宋子安三兄弟，他的理想、追求促进了中国19世纪末20世纪初现代化的步伐，以他为第一人的宋氏家族在近代中国的命运中起了极其突出的作用。他的理想、他的追求，已在中国革命史上留下了深深的、不可磨灭的痕迹。

他是孙中山先生二十年的革命伙伴，更是孙中山先生革命的财力资助者。民国成立后，他的大女儿就一直担任孙中山的秘书。而当宋霭龄嫁了礼祥熙之后，他又让二女儿宋庆龄担任孙中山的秘书。追求理想的宋庆龄和孙中山产生了爱情，宋耀如获悉后大惊，急速在上海宣布，宋庆龄将与一位家世良好的青年订婚……充满传奇色彩的经历中本身蕴含着政治、意识形态、战争、宗教、巨额财产、家族傲气等等，而将充分引起人们思索的，则是为何中国历史上诸如孙中山、蒋介石、孔祥熙等大人物，都会和宋耀如的女儿有婚姻关系？使得中国的历史、数亿人的命运在她们姐妹的纤手中动荡浮沉，难道这一令人惊讶的谜，不是一个最大的悬念吗？

宋耀如艰难跋涉，但又光彩熠熠、启迪后人的人生之路会帮助人们解开这个谜底。他所走过的这一条交织着向往和搏击、忍耐与爆发、追求与困惑、欢乐与悲伤的道路，对于今天的年轻人和广大观众，对于我们建设一个富强、民主、文明的现代化中国，肯定是有启迪意义的。

《风云际会宋耀如》叙述的就是这样一位人物，就是这么一个栩栩如生的人物的传奇故事。

欢迎你走进宋氏家族的世界。

欢迎你走进宋耀如丰富的、敏感的、极富戏剧意味的内心世界。

（1998 年）

我的《华都》

1990 年秋天，我由贵州调回上海以后，一直在考虑要写一部描摹上海现当代生活的长篇小说。在这之前，我写过一些和上海有关的小说，比如 20 世纪 80 年代我写的中篇小说《发生在霍家的事》、将小说改编成电视连续剧的《家教》、反映“文化大革命”初期市井生活的《恐怖的飓风》。这些作品虽然都先后发表、出版了，后来也被我收进了 10 卷本的《叶辛文集》，但是它们的影响始终不如我同一时期创作的《蹉跎岁月》和《孽债》。

这是怎么回事呢？

细究起来，这几部作品都是我在贵州写的，我自以为对青少年时期的上海历历在目，对今天的上海人还是了解、熟悉的。其实不然，在我离开上海的 21 年时间里，上海和上海人已经起了很大的变化。记得长篇小说《家教》改编成九集电视连续剧在中央电视台 1989 年的春节黄金时段播出时，全国各地观众的反响还是好的。为此，当时的《电视你我他》栏目，每周一次，连续四周播出了观众对《家教》的评价，可就是在上海，观众反应平平。中央电视台的编导对我说：你想想吧，这是什么原因？

当时，我还有些不以为然，心里说，我写的是文学作品，只要全国各地的读者、观众喜欢就行了，不必在乎上海一个城市的反应。

“人生环形道，恰似一个圆。”在远离上海的贵州生活了21年以后，我又回来了。渐渐地，知青时代和贵州山乡离我远去，而上海生活的一切，那么鲜明、那么生动地天天展现在我的眼前。我当然还可以写西南山乡，当然还可以写知青，但我不能对扑面而来的生活风景视而不见。我的直觉在对我说，得写写上海，写写生我养我的大都市上海——我的故乡。很多作家会对故乡的一条小河，会对家宅面前的一棵老榆树，会对故乡的一条崎岖小路，写出充满深情的文章，难道我就不能对插队生活中日思夜想的故乡上海，交出一份答卷？

几乎是与此同时，我发现差不多所有的上海作家，都在他们的笔下描绘着上海，上海的昨天、前天，上海的今天、明天，上海的各行各业、各色人等，上海的一丁点儿新气象、新事物、新景观，都有人在写。年轻作家们在寻找新的角度，在探索新的途径，在挖掘无忧无虑长大起来的一代人的感受；老作家们回首往事，要表现上海开埠以来巨大变迁，慨叹年事已高，叹惜体力、精力、目力的不济。正在发表、出版和播出的作品中，所表现的上海不是长长短短、宽宽窄窄的弄堂，就是老城区各个年代的石库门，当然也有一些花园别墅，上海人称之为“洋房”里的生活形态。

我也要写，写些什么呢？我曾经构思过一个题材，确乎还动笔写了十二章：上海要造黄浦江大桥了，建桥就要动迁，动迁要涉及城市居民的利益，要涉及数百年来耕耘在土地上的农民的利益，要改变城市景观，要和形形色色的上海人打交道，既能表现上海工人阶级的风采，又能展现领导阶层的果断决策，还能展示外来打工者在工地的生活，似乎场面宏大，仿佛热热闹闹……但是我很快察觉，这样写太实了，我表现了建桥工人的生活，我表现不了钢铁工人的生活；我表现了钢铁工人的生活，我表现不了医生的生活；我表现了医生的生活，表现不了教师的生活、营业员的生活、股票炒卖者的生活、数十所大学师生们的生活……三百六十行，作家不可能一一穷尽地写过来。创作，还得根据创作的规律来。于是我停下了关于这一题材的创作，我决定得从“个别反映一般”的规律出发，从当代上海人的心灵史着手。这一心灵史要从现当代上海的日常生活、婚恋情态、精神追求写起，展现上海百年的历史沧桑感，追求真挚爱情的伦理观，寻觅幸福生活的价值体现，立体地展示多彩的人物在社会大背景下，感受历史这一巨大无形的铁轮的碾进。

于是乎，华都大楼逐渐清晰地浮现在我的眼前，一个个鲜活的人物借助华都大楼这个舞台变得栩栩如生起来。

历史感　百年沧桑

在作品中追求沧海桑田的变幻，充分地展示历史，是很多作家都曾考虑的命题。我们确实也已经有了许多这样的作品。他们用第一次国内革命战争、第二次国内革命战争、抗日战争、解放战争展示 1949 年以前的历史；他们更普遍地用“三反五反”“反胡风”“反右派”“反右倾机会主义”“三年自然灾害”“四清运动”“文化大革命”“打倒‘四人帮’”……展示新中国成立以后几十年共和国的历史。作品中的人物，也就在这样的历史背景上翻来覆去地摊烙饼，慨叹命运的坎坷和多蹇。这当然也是历史，这当然也折射出历史对于个人命运的深重影响。但仍得实事求是地讲，如果作家们都这样写，未免会有雷同感，未免让人觉得似曾相识，甚至千篇一律。

况且上海这一都市，用历史的眼光来看，实在没有多少可以夸口的资本。我插队落户的贵州省修文县久长区砂锅寨旁的扯泥堡，是一个在地图上都找不着小点点的寨子，追溯起来都已有七百多年的历史。上海和古老中国的很多地方比起来，都没有夸古的优势。

上海的优势在于五口通商之后，屈辱的历史带出了门户开放，也带来了近现代直至当代的辉煌。

跨入21世纪的门槛以后，随着人口的迅速流入，城区的不断扩大，新的社会力量在增长，一方面是租界的蔓延，一方面是维新变法运动的兴起，革命潮流的激荡。随着辛亥革命打响第一枪，上海的光复带来了城市面貌的改变。大批新式的学校出现了，男女还可以同校，大批的出版社、报纸杂志和艺术团体随之出现了。政坛上也显示出民主自由的清新空气，上海滩政客云集，文人汇集。由此，上海的历史开始在全国引人注目，江浙两省和全国各地求学、求知、求生、求前程的年轻人，纷纷涌入上海。上海变成了全国公认的中外思想和文化碰撞之地，新思想、新文化乃至新服饰、新发式多萌发于上海，逐渐影响全国。故而上海会爆发反抗北洋军阀的斗争，上海的民族资产阶级能趁第一次世界大战的喘息之机，赢来一个难得的黄金时期，获得一个发展的机会。也因此上海的工人阶级异军突起，且很快卷入了以后的政治运动，成为一支重要的社会力量。

“五卅”风暴，充分显示了工人阶级的力量，三次工人武装起义，引得全球瞩目，在革命和战争的年代，在抗日和救亡时期，上海的左翼文化、上海的团结抗战、上海的租界，构成了五光十色的20年代末期和30年代的上海景观。以至直到今天，还有很多人用怀旧的语调写到这一时期。随后是痛苦的沦陷岁月，淞沪血战，孤岛上黑暗的日子，抗战胜利，解放战争时期的学生运动、工人运动、物价飞涨带给每一个上海家庭难忘的回忆，直至上海解放。

即使我用如此粗略的线条简单回顾，20世纪上半叶前50年的上海生活画卷，其每一个转折、每一次阵痛和跌宕，每一个阶段和历史时期，几乎都可以用一部长篇小说来表现。且别说还有20世纪下半叶的50年，且别说每一历史阶段各个阶级、各个阶层、各色人等的表现又是多么千差万别。

要想在《华都》这么一部40万字的长篇小说中展现上海的百年沧桑，实在是很困难的。于是乎我只能通过连茵芸和厉言菁两位女性的心灵感受，来勾勒历史的线条。连茵芸一辈子的悲剧命运，起始于她年轻时代对于显赫人物严泳臣的依赖，而把她金屋藏娇养起来的大老板严泳臣，到了腥风血雨的沦陷岁月中，落得一个抑郁至极撞车而死，穷苦的百姓在那暗无天日的时期，其苦难也就可想而知了。厉言菁的性格，她的深情和善良，是同她的命运分不开的。而她自小到大的经历，难道不是千百万同时代人感受到的变化吗？我相信，透过连茵芸和厉言菁的心灵史，读者心中唤起的，绝不只是对两位女性命运的同情和感叹。

在《华都》中，我还有意识地选择了一些看似平常的细节，诸如骆秀音的姐姐骆秀芬与姐夫王关宝安贫若素的感慨，当年的日本兵来寻找曾经站过岗的电梯口……以增强普通百姓和名人的对比，增强渺小的个人与历史潮流之间的对比。让人由衷地涌起世事沧桑之感，凸现百年上海的民风社情。

婚恋情　爱的追求

爱情是什么？浪漫主义者说，爱情就是生命，爱情就是奔放的感情，为了爱可以舍弃一切，我不在乎结局，我只在乎过程，只要我全身心投入地爱过和被爱，那爱情就是永世难忘的。

实用主义者说，爱情就是男和女彼此互相需要，互相分享的一种情操。这世界上的男人没有女人，就活不下去。同样的，世上的女人若没有男人，也无法生存。爱情是为生存而战，爱情既是力量也是奴役。

女权主义者说，爱情说到底都会沦为性爱，而性爱仍然是女子对男人的“服务”，女人的身体是男人买得的东西，别以为“性解放”使得女性获得了自由，算了吧，自那以后，女性在社会上已丧失了起码的尊严，她们受到了更大的压力。

在《华都》这部小说里，我用不同的笔墨刻画了多个女性对于爱的追求。30年代的庄欣娜是一位记者，也是一个作家，她成了严泳臣的外室，虽有一份安定享乐的生活，却没有真正的爱情。她爱上了一个名角儿，两个人的感情到了如胶似漆的地步，终以悲剧告终。60年代的骆秀音，可以说是功成名就，但她虽以美貌著称，这一辈子身旁也不乏男子追求，最后她终于明白，从少女时代直至临终，从来没有一个男人真正爱过她。她矢志不渝地毕其一生追求艺术，为了演艺事业能抛弃一切。在心灵深处，她还是期盼着一份真挚的爱，她没有得到。90年代的女主持人林月，是一个事业上的成功者，她用自己出色的主持，赢得了鲜花、掌声、名誉、地位和满身的光环，几乎成了“大众情人”。表面上看起来，她的客观环境和外在世界，都要比庄欣娜和骆秀音好，她完全有能力、有条件做一个既成就辉煌事业又享有真挚爱情、温馨家庭的幸福女子，她同样没有这种福气。

在这三位美貌聪慧的时代悲剧女性之外，厉言菁的婚外情，是在梦想追求爱的真谛，为了爱姚征冬，她可以不去美国，可以舍弃丈夫、儿子，她把这一辈子最浓烈深厚的爱都奉献给了一心崇拜的姚征冬。她的这一爱情表现，正体现了今天的上海人受到浪漫、安逸、自由选择的性文化影响，性观念正在发生悄然的转变。这么一种变化，就连匆匆而来的外国记者都已察觉到了。在寻觅追求真爱的过程中，她看到了姚征冬作为一个男人的真实面貌（这是另一篇文章的话题），她绝望了，也退缩了。善良温顺如厉言菁这般，也不能原谅姚征冬的卑鄙和贪欲。是的，她没有歇斯底里大发作，她没有伤心得悲痛欲绝哭天抢地，她甚至没有更为强烈的表现。但这是一种更为深沉的失望，她的纯美至爱的理想破灭了，她的追求成了泡沫。怪不得西方社会的女性会对曾经波及全球的所谓“性解放运动”愤怒地喊出：让性解放见鬼去吧！那根本是一派胡言乱语，那是专属于男人的性解放。

《华都》中的罗卉、舒宇虹当年插队对野蛮婚姻的抗争，她们长时期的等待终不得，何尝不是一种爱的追求？甚至姚征冬没有写出名字来的前妻、罗卉的商场朋友紫烨，心目中都有着对于真爱的追求。

爱情是需要持续的，美妙和谐的爱情更需要时间去证实。从这一意义上来说，爱的追求永不会停息。20 世纪是这样，21 世纪也不会例外。

价值观　幸福在哪里

一位读者看完《华都》，拿着一张做记录的纸片，对我说："你在书里描写十二位女知青插队落户到杉木凼，我读完全书，看来看去，怎么只有七个人呢？还有五个人呢？她们五个女知青的命运是怎样的？"

我知道这是一个细心的读者，他的问题带有普遍性。十多个知识青年插队到一个村寨，这是当年成千上万知识青年上山下乡落户的一个主要形式。一般情况下，知识青年插队，都是男女搭配，五对五、六对六，也有四对六、七对五的。同时，在各地，也有一些知青点集体户，由清一色的女知青组成。我在《华都》中描写的就是这种情形。当年，在离我落户的砂锅寨七八里地的泗溪大队，就有十个姑娘一起插队在寨子上。不知由于什么原因，清一色由女知青组成的集体户，故事特别多。隔一段时间，从她们那儿就会传来关于某个女知青的奇闻轶事，一会儿是女知青偷偷找了个卡车司机谈恋爱，一会儿是女知青和小学教师擦出了感情的火花，一会儿又说某个女知青转点到江苏常州去了，名义上是转点，实际上就是出嫁到江南农村……所有的传闻都同恋爱婚姻有关，所有的传闻都联系着女知青的归宿。

每一次听到这些传闻，我们这些周围村寨上插队落户的男男女女，总要议论上一阵子。有的人对此现象不以为然，有的人对此嗤之以鼻，还有的女知青流露出羡慕的神情，说我是没有这种关系，我若有这种关系，我也嫁。总比窝在这里受苦强。

那个年头，我们所有的人都明白，寻找归宿的婚姻，没有一对是真正的爱情。那些个可怜的女知青，只不过是想以后的日子，多少过得去一点，不至于总是在繁重累人的劳作中还要愁吃愁穿。生存是第一位的，求生存的生活首先是吃饱、穿暖，有一个窝。从这个意义上说，她们的选择，也是在追求幸福。只是这幸福的含义，显得十分苍白罢了。

十二个姑娘插队落户到光棍村，同样也和当时千千万万个知识青年一样，怀着脱胎换骨接受再教育的崇高理想，怀着广阔天地大有作为，改造祖国农村河山的雄心壮志，来到了杉木凼。现实生活中，她们顿时明白了，豪言壮语和美好理想全都没有用，穷乡僻壤造成的巨大落差，使她们的精神顿时陷入了混乱。只有从这一点出发，才能理解这些女知青为什么会失魂落魄地出嫁，逆来顺受地接受命运不公正的对待。她们要活下去，她们也曾竭尽全力地希望以后的日子会好一点。

最初获得十几个女知青插队到光棍村的素材时，我就感到这本身就是一部长篇小说。我可以把十二个姑娘的故事及感情经历一一铺陈描绘，一个女知青是在大热天里被邀去农民家中喝甜酒汤时被强奸的，两个女知青是在大院坝看守收获的谷子时被放倒的，还有一位女知青是在受照顾坐在谷仓里过秤时被扑在谷堆上失身的，正是黄昏，谷仓外头下着瓢泼大雨……我相信就是将笔墨集中在十二个姑娘的命运上，仍会是一本精彩的长篇小说，令读者一掬同情之泪。我没有这么做，我把同义的反复的故事情节省略了，这就是十二个女知青为什么只写了七个人的缘故。我把重点放到了今天，放到了如今衣食无忧的罗卉和舒宇虹身上。舒宇虹的精神错乱和罗卉的独身，本身就是那段岁月的延续。身患疾病的舒宇虹是不用说了，富裕了的罗卉，直到今日仍然找不到感情的归宿，她现在已经不愁吃穿，不愁有人窜出来强奸她了，可她还在寻觅，还在问着自己也问着世人：幸福在哪里？

时代变了，条件和环境也变了，价值观念随之也发生了巨变，唯有追寻幸福的心愿不曾变。

可是这幸福又究竟在哪里呢？难道不令人深长思之吗？

（2004 年）

《叶辛文集》第九卷后记

也许正是因为我自小喜读大本大本的小说，为那些小说里的人物、风光和故事着迷，久久地沉浸在一本本名著所渲染与叙述的气氛和情绪中，思索着、回味着、咀嚼着书本描绘的文学世界里的一切，所以长大了，当我自己提起笔来写作的时候，我一开始写的也是一本本的书，或者说是长篇小说和中篇小说。比如我的处女作《高高的苗岭》，最初写出的草稿就是四万多字的一个中篇。我为曾经生活过的苗寨侗村的山川河谷所陶醉，我喜欢这个小小的又是我能驾驭的完整的故事，初初写完它的那些天里，几乎每个劳动之余的夜晚，守着一盏墨水瓶子改制的煤油灯，我都要捧着誊清的方格子稿纸，摩挲着、细读着，甚至想象着当它有朝一日真正印成书的时候，会是一个什么样子。

从这个意义上来说，我的创作生涯，就是从《高高的苗岭》这部中篇小说开始的。

那以后的二十多年时间里，写作长篇小说的间隙，我总要写下一两个中篇小说。

20 世纪 80 年代文学兴旺的那些日子，几乎每个省区都创办大型文学刊物，中篇小说这一园地显得特别的茂盛和繁荣，需求量也就格外的大。但我得说一句老实话，我更痴迷的是长篇的创作。之所以几乎每年都有新的长篇小说问世，就是因为我的这份痴迷。

收集在这部文集里的中篇小说，大约是我全部已发表或出版的中篇小说的一半。也和长篇小说一样，这些中篇包括了各种题材面，包括了我最早的作品和一些近作。把它们和长篇小说结合起来阅读，是会有一点儿意思和情趣的。

（1995 年 3 月 5 日）

附注：当《高高的苗岭》经修改、润饰、定稿出版的时候，已是八万余字的一部小书。少年儿童出版社的老编辑告诉我，在儿童文学的范畴内，八万多字的作品，已属长篇小说，不能算作中篇了。故而在文集第一卷中，我在标明此作系处女作的同时，已将它纳入长篇之列。

《叶辛文集》第十卷后记

这是一个短篇小说、散文、随笔、小品、创作谈的合卷。按照内容和体裁的不同，共分成五辑。

第一辑是短篇小说。

收在这一辑中的二十几个短篇小说，是我二十多年创作经历中写下的短篇小说的一半。有早期的作品，比如《她为什么自杀》《母与女》《盗》等，也有几篇近作，诸如《罪犯》《凶杀》《惨剧》《狂徒》。

我所写的短篇小说，绝大多数是应刊物编辑约稿而作的。编辑约得急了，催得次数多了，就硬起头皮写下一篇。这些作品中，有的是构思中原本就想写的，人家一催一逼，也就写出来了。有的则是脑子里有某个人物、某种情绪或是难忘的某个细节和意绪，临阵磨枪似地写下的。不论是哪种情况下写的，所有的短篇我都是一气呵成的，有时候是集中一个下午，或是一个晚上，有时候心中没底，估计可能字数较多，就集中一两天时间，保证作品情绪和气势上的连贯。在我看来，这是短篇小说比长篇小说优越的地方，可以说是短篇的优势。

1990年回归上海以来，我在作家协会工作，每天像所有的职工一样要上班、下班，不可能像前头十几年里那样集中大块大块的时间写作长篇小说，于是我便不待编辑上门约稿，有意识地写作一些短篇小说。前头提到的篇名均为两个字的几篇近作，就是这么写出来的。

第二、第三、第四辑中的散文、随笔、小品，基本上也全是应报刊的约稿写下的。二十几年时间里，我断断续续地一共写了三四百篇这样的短文。曾经编选过一本散文随笔集子《曼谷姑娘的眼睛》，计四十三篇。大约占全部发表过的十分之一。应该说是选得比较精的，我自己也很满意。选在这三辑中的篇目，是在这本散文随笔集子的基础上，重新做了删节调整，相信效果将更好一些。

第五辑属于创作谈，在十卷本的文集中，凡入选的长篇小说，我都有一篇后记，讲一下写作这本书的情况。这些后记有的是成书时原本就有的，有的是书发表或出版后应刊物所约写的。凡过去不曾写过后记的，在这次编选时我都补了一篇后记。一般讲这是一种形式的创作谈。另一种形式的创作谈，是并不结合具体作品所写的。我也写过三四十篇，在本卷中仅选了几篇。其中三篇是和长篇小说创作有关的，发表初时都曾获过好评，想想也不至于这么快就过时了，于是也选了进去。选这三篇的另一个原因，则是我多年来创作的实践主要都在长篇小说这一领域，故而闲空下来，思考得也就多一点，想说的话自己觉得也实在一点。但这仍不过是我个人的一厢情愿，还得经过读者诸君检验的。

（1996年）

《叶辛谈创作》后记

有的人精心叙述一个故事，要让这故事栩栩如生，要让这故事引人入胜，要使这故事令人读得爱不释手，要让塑造的人物在故事中立起来，成为文学画廊里一个难忘的形象。

有的人匠心独具地叙述一个故事，这故事乍一看颇为新颖独特，还有一点趣味，再一看就觉得这故事似乎有些荒诞，有些不合情理，甚至在一些关键细节上给人一种不真实感。读完这类故事，读者掩卷的时候会明白，原来作者是想通过这故事，讲一些故事之外的话，要人去领会。

有的人想把小说写得尽量接近生活，贴近现实，阅读之后使人感到作品中叙述的正是我们身边发生的事，作品中的人物在大多数人的生活中还能找到影子。

有的人则认为小说就应该天马行空充分发挥作家的艺术想象，小说反映现实，小说也反映作家头脑中稍纵即逝的思绪和幻觉。小说中写到的，可以和生活中截然不同，《西游记》就是古今有之的例证。

有各种各样的人，就有各种各样的作家。性格、经历、情趣、意味、爱好各不相同的作家，就应该写出与别人迥然不同的作品。只有这样，文学的世界才会像现实的世界一样缤纷多彩，花开百朵。

有了风格迥异的作品，自然就产生了各具风采的创作谈。很多作家的文学专访，创作余墨本身就是脍炙人口的作品，给人以启迪和遐思。

我的一些谈创作的文字，往往是伴随着作品本身而来的。

记得我的处女作《高高的苗岭》出版以后，随之改编成了电影《火娃》，就有刊物和报纸约我写一点和创作及改编有关的文字。

记得我第一本反映知识青年命运的长篇小说《我们这一代年轻人》发表和出版单行本时，社会上有了一点影响，有报纸就来约我写创作长篇小说的感受。

记得长篇小说《蹉跎岁月》出版并改编为电视连续剧播放以后，在全国范围内激起反响，这样的约稿更是雪片一般飞来，令我应接不暇。

当我最早的三部长篇小说《我们这一代年轻人》《风凛冽》《蹉跎岁月》出齐时，还是以简朴的刊物形式每月出版一期的《文艺报》，专门约我写下了一篇《谈长篇小说的结构》。当我的长篇小说《家教》出版并改编为广播剧、电视剧先后播出时，当时上海的《书林》杂志约我写了一篇《我曾是一个上海人》。当《孽债》出版又在90年代中期被改编成电视连续剧播出后，约写创作谈、做电视专访、人物专访又一波一波不断地涌来，其中有的留下了文字，有的连文字也没留下。

陆陆续续地，在走上创作道路的二十几年中，谈创作的文字竟然也变得可观起来。近年来，时有城市的大中学生、内地的文学青年、执着于文学创作的偏远山乡的年轻人，给我写来热情的、诚挚的书信，询问很多和创作有关的问题，谈及很多涉及文学的话题，要求我一一解答。其中不少问题和涉及的话题，在我已写出的创作文字中都曾谈过，于是就使我萌生出将这些文章汇编成书的愿望。

这一愿望在心底深处已持续了几年。感谢学林出版社使我如愿以偿，偿还了热心读者的一份感情债。

希望读者朋友从我的这一本小书中，能读出我这二十余年步上创作道路以来的轨迹。

（1999 年）

文学采访录

关于《蹉跎岁月》答读者问

读者： 叶辛同志，长篇小说《蹉跎岁月》发表后，在读者中引起了较大反响，我们很想了解你是怎么酝酿写这部小说的？

叶辛： 1978年冬天的一个晚上，我听说了这么一个故事：有一个干部子弟，和一个出身不好的姑娘在插队落户岁月里恋爱上了。当时，那干部还在“牛棚”里，不知这件事。那儿子自然也算“黑八类子弟”。粉碎“四人帮”以后，干部解放了，父母亲干涉儿子的恋爱，以致酿成悲剧。听过之后，我脑子里受到很大震动，没有心思再继续聊天，回到自己屋里，找出笔记本，把这件事简单记下，在下面写了两句话：这件事可以写成一部长篇小说，但我决不能把它写成悲剧。若说写作《蹉跎岁月》直接的起因，恐怕就是这回事了。没隔多久，类似的事情又听说了一件。我的思绪泛滥起来，久久地睡不着觉，决定要写一本反对“血统论”的书。写《蹉跎岁月》的愿望就是如此一天一天地明确起来了。

但要追溯起来，想写这么一本书的欲望，埋藏在心灵深处，绝不是一年两年的事了。

1975 年冬天，一个工矿单位到我插队落户的公社来招工，那两个招工的干部，用当时惯常的“调包”法，把一个出身不好的上海知青挤下来了。这个上海知青听说后去找他俩论理，那两个人气势汹汹，蛮不讲理，其中一个还拍着桌子吼道：

“我们宁愿牵走一条狗，也不愿收你这个狗崽子。”

我就站在吵架的饭店里，听得一清二楚。当然，我当了五六年知青，不会像 18 岁时那样气得抽搐了，但我的内心深处着实震骇、着实愤怒。就在那时候，我想过，我一定要写本书，写本反对“血统论”的书。

以后我又听到一件事，某单位搞选举，差不多是众口一词的意见，要选一位不是候选人的同志当委员，可群众怎么选也没用，后来知情人道出真情：此人出身不好。

上面那几件事情是发生在十年浩劫期间，而这件事，则是发生在打倒“四人帮”两年多以后。

在听到这件事的晚上，我认真地造出了两个名字，一个是杜见春，一个是柯碧舟，我打破了原先的写作计划，正式开始酝酿，在这两个人物之间，会发生些什么样的故事。

我想到红卫兵运动风起云涌的时候，一些“最最革命”的红卫兵，仅凭对方是“狗崽子”这一条，铜头皮带就如雨般抽去；我想到南京路上大辩论时，每一个讲话者都要自报成分；我还想到那两条风行一时的标语：“老子英雄儿好汉，老子反动儿混蛋。”我又想到插队落户时，有些地方有干部一遇到知青，开口第一句话就是：“什么成分？”……

当我在想到杜见春和柯碧舟这两个主人翁的命运时，所有类似我上面写到的很多往事都浮现出来，那么清晰，那么鲜明。我只觉得文思喷涌，不可抑制；观念和形象同时接踵而至，常常是来不及用笔写下来。我真正感觉到了创作的冲动。但我拼命要自己冷静些、理智些。

我住在荒僻的深山峡谷里。白天，照常写作长篇小说《风凛冽》。到了夜间，我分析着《蹉跎岁月》的素材，要写的事情很多，要跨越的时代背景前后足足有10年，但又要写得集中，怎么办呢？1966年到1969年运动初期的那段生活，我非常熟悉，是从那时候写起？插队落户生活，我的感受更深，还是集中写这段岁月？我想到在火车上遇到的几个户口迁回上海的知青，他们对我说："10年之前我们扛着红旗、唱着红卫兵战歌，怀着改造世界的雄心壮志，上山下乡去闹'革命'，10年之后我们又扛着背包回上海，生活真会开我们的玩笑。"是生活开我们这一代年轻人的玩笑吗？不。这10年岁月，对整整一代中国人来说，是蹉跎过去了。我还是从下乡生活写起吧。这段岁月虽已过去，却值得记忆；"知识青年"这个词，是我们当年用汗水和眼泪、期待和希冀、过失和追求充实起来的，它不该只让人想起艰辛，想起现在回到城市的待业青年，它应该让人想到更多的一点东西。就这样，我决定把小说自始至终环绕着插队落户生活来写。同时我相信，我能够写好这本书。因为我的笔记本上有了杜见春和柯碧舟这两个人物；有了他俩身旁的一帮知青，他们各自都给自己找到了位置；我的脑子里还有那么多的事情，写毕这本书可能还用不完。最主要的，我有近七年的插队落户生活，这是基本的保证。于是我每晚上都要分析一下我的这些人物，在笔记上写下点什么，准备着，一俟《风凛冽》写完，就动手写《蹉跎岁月》。这就是小说简单的酝酿过程。

读者：现在经常听到一些读者反映不少长篇小说读完第一章就知道结局，而《蹉跎岁月》情节感人，引人入胜，但不追求离奇古怪，既是意料之外又在情理之中，可见得你在结构布局和情节上下了不少功夫，而这显然又是与你熟悉生活，坚持从生活出发有很大的关系，能否告诉我们你是怎样从生活出发组织小说情节的？

叶辛：去年在我省作家协会召开的关于我的作品讨论会上，也有同志说我善编故事，小说情节吸引人等等，甚至还有人说这是我的一大长处。其实这不是我的实际情况。上面我已讲到，在写作之前，我就在积极准备着，到开始动笔时，我的一厚本笔记都写满了，那不是在编故事，也不是找情节，我在做着比写作本身更枯燥十倍的事情：分析人物，把我要写的人物，甲乙丙丁、周吴郑王按主次排个队，一个一个写出他们的出身、经历、性格、服饰，与周围人物的关系等等，次要人物写个几百上千字，主要人物一写就是上万字，还时常补充、增删、修改人物个性中不合理的成分。这一工作虽然枯燥、乏味，也极伤脑筋，但却可以帮助我吃透人物个性，熟悉人物的命运。常常是在这一工作做得差不多时，我再竖起故事的间架，立好篇章结构。这么讲不是说我不重视情节，相反，正因为知道一部长篇必须要有生动的情节，我选择得很严，既不让情节把人物淹没，也不让人读来觉得乏味。我觉得，适合一本书的情节，一定要“有致”，它能较全面地包括作者所想表达的东西，又能像一副链条似的，把所有的人物、看去零乱的思想、琐碎的细节等等统统“串”起来。在动笔写《蹉跎岁月》之前，我大致有这么个情节构思：杜见春和柯碧舟像所有的年轻人一样相识相恋了，由于柯出身不好，他们的恋爱中断；命运使得杜见春也成了“狗崽子”，他们重新好起来，并且是真正地好，任何人也阻碍不了。有了这么个故事趋向，我就一再地问自己：他们怎么相识的，怎么相恋的，为什么柯出身不好，恋爱就要中断……解答了几十个为什么，就引出了我小说中那一章章具体的情节。当然，写这类情节时，就得靠生活了。把所有那些要叙述的情节，都挪到我所熟悉的场景里，捕捉一种气氛，写起来比较得心应手。再加上我写过人物分析，把握住性格分寸，让人觉得实在，因此并没啥曲折的故事，也让人感到情节有些吸引人了。

写好人物分析，借助人物性格和命运竖起全书的间架结构，立好篇章之间的关系，看上去是技巧上的事，实际和生活积累、生活感受直接有关。有一些具体情节、细节，往往在我写人物分析的同时，就已涌了出来。如果不吃透人物，不一再地重新认识和分析生活，光编故事情节，是很难编好一本长篇小说的。

另外，《蹉跎岁月》和我写作的其他书一样，整个情节的展现是和开头密不可分的。而准确的开头，是用耐心和苦苦的思索才得来的。

前面我讲过，起意写这本书时，我不想把它写成悲剧。为了写出一个好的结局，我必须写好人物的思想基础，把他们为什么会有这么个结局的理由，通过形象阐述得清清楚楚。可怎么写呢，我显然是给自己出了个难题，稍不留意，那就会使人物变得干巴巴的，情节也会处理得索然无味。我小心翼翼地寻找着开头，翻书、看剧本、挖空心思设计着各种各样的开头。在湖边散步，老在想怎么写、怎么写好开头……夏末的一个晚上，一个老医生在和我乘凉聊天时，讲起他自己的经历，说了一句话："一个人和另一个人的关系，总是从他们最早的那一次相识就开始了。"这句话像小锤子一样，一锤就把我敲醒了。他后来说了些什么，我一句也没听进去。我突然间明白过来，对了，我要写的这本书，开头就得从杜见春和柯碧舟的相识写起。原来我怕这么处理累赘，不讨巧，现在我不怕了，我要紧紧扣住这两个人物的关系来写。乘凉回到家，已是深夜了，我找出稿纸，熬了个夜，把小说第一章写出来了。以后小说的情节，都是循着第一章的线索往下串的。与其说是情节引入，不如说杜见春和柯碧舟这两个人物的命运抓住了读者，使得他们关心这两个人物的未来，想往下读。

读者：近几年来读者思想发展之快超过了过去任何时候，所以往往出现这种情况：一年前认为是思想内容深刻的作品，一年后就显得幼稚了。由于长篇小说从构思到写作、出版，周期太长，所以常常赶不上读者不断的新的需求，也许这也是近年来新出的长篇小说在读者中影响不大的原因之一。《蹉跎岁月》发表至今，回过头去看，你是否又有一些新的认识？

叶辛：《蹉跎岁月》发表至今，不断地有些读者来信，也问及书是怎么写出来的？这本书是在 1979 年八、九两个月里写出的，后来经与《收获》编辑部商议，对后面几章做过些修改，也进行得匆匆忙忙，不足之处在所难免。反动"血统论"这个东西，在十年浩劫中四处泛滥，至今余毒也不能说全部肃清了，细究起来，这是和我国几千年的封建制度紧密相关的，“龙生龙、凤生凤”的思想，不是古代传下来的嘛。在我的小说主题的开掘上，这方面做得很差。很多读者来信，对邵玉蓉的死表示愤慨、表示不解、表示疑惑，也说明我处理人物时不够细致缜密。小说发表还不到一年，但我像所有的作者一样，不希望自己的作品只有存在一年的价值。如果《蹉跎岁月》只活一岁，我就伤心死了。

读者：小说中的主人翁柯碧舟是不是作者本人？或是有着作者的影子？

叶辛：来自全国各地的许多来信都提过这个问题，尤其是一些高中、大学里的学生。借这机会我想告诉大家，柯碧舟不是我，也没有我本人的影子。我的经历要比柯碧舟顺当，我生活中遇见的好人比柯碧舟更多一些。造成这个误会的主要原因，我想是写了柯碧舟爱好文学、喜欢写作的缘故。我在作人物分析时，是这么考虑的：作为小说主人翁柯碧舟的命运，总该有所追求、有个理想，我曾设计他爱好音乐和绘画，一来这两种爱好其他作品中写得甚多，二来我对音乐和绘画都不十分精通。相比之下，让主人翁爱好文学，我写起来就顺畅、自己也较熟悉，所以设计了柯碧舟爱好文学的志向。而我走上文学道路，和柯碧舟是不一样的，有几个刊物发表了写我走上文学道路的报告文学，看一下大家就明白了。

但有一点，我是想说明的。那就是尽管我的经历比柯碧舟顺当，而我在实际生活中的感受，却要比柯碧舟、比杜见春、比作品中所有的人物加起来的总和，还要多得多。谁都知道，写作一本书，总是由作者生活中多种多样的原因造成的，一时间不可能完全讲清楚。这多种多样的原因中，就有着作者多种多样、纷繁复杂的感受。而一本书呢，无论多么厚，都只是作者感受中的一部分。

读者：小说塑造了像柯碧舟、杜见春、邵玉蓉等各具特点、活生生的人物形象。鲁迅说："作家的取人为模特儿，有两法。一是专用一人，言谈举动，不必说了，连微细的癖性，衣服的式样，也不加改变。……二是杂取种种入，合成一个。"不知你一般采用的是哪种方法？

叶辛：一般地来说，我采用的是杂取种种人，合成一个的方法。如《蹉跎岁月》中的杜见春、柯碧舟、邵玉蓉，都是从我生活中接触到的许多高干子女、出身不好的青年及山寨姑娘中，进行选择、比较，综合他们的性格，经过取舍提炼而塑造出来的。但有时候，我也只取一个人作为笔下人物的模特儿，那往往是我作品中的次要人物。如《蹉跎岁月》中的缺牙巴大婶、肖永川、唐惠娟、孙莉萍、周凯旋等。

读者：多年来，你一直坚持在贵州山区深入生活，勤奋写作，在创作与生活的关系方面，你一定会有较深的体会，另外能否谈谈你今后一段时间的创作打算？

叶辛：我的体会是，若要文思不竭，只需执着地泡在生活之中就成。生活是创作的源泉。但一个作家决不应该把深入生活看作是获得创作材料的仓库。更重要的，是应该先在生活中感受各种各样的人和事物。只有生活激起了作家心灵的震动，才会产生激烈的创作冲动。我出生在上海，但我是在贵州这块土地上成长起来的。插队落户的岁月尽管艰辛坎坷，可严峻的生活使我思索、催我奋进，我对这块土地及土地上的人民产生了感情。我熟悉了他们的过去，也看到了他们的现状，并能预见到今后他们将要走的路。我是从插队落户的路上走过来的，我也关注和我同命运的整整一代人的现在和未来。长期在深山峡谷里和普普通通的工人、农民生活在一起，我不断地感受到一些崭新的、属于我个人的东西，觉得要表达的生活很多。这仿佛也是生活本身对我的报答。

今年以来，我修改了一部儿童文学长篇小说，完成了两个中篇小说及七八个短篇。我的主攻方向，还是长篇小说。

开空头支票，对写东西的人来说，是不明智的，既然问到了，我不肯定地答一下：如果时间允许，我力争在下半年完成一部新的长篇。书名可能是《啊，年轻的朋友》，也可能是《三年五载》。

（1981 年）

附注：这篇答读者问，是 15 年前应上海的一本刊物代表读者所提问题回答的。一晃 15 年过去了，我能告慰于读者和自己的是，《蹉跎岁月》这本长篇小说，15 年来不断地印过多次，直到今年（1995 年），被作为叶辛代表作系列之一收入三卷本重版时，短短半年时间里，还一连印了 3 次共计 5 万套。

关于长篇小说《华都》

问：叶辛同志，你最新创作的《华都》，是你第几部长篇小说？从读者们的记忆来说，虽然时常能在报刊上见到你的文章，但是你的长篇小说新作，却有点久违了的感觉，是不是这样？

叶辛：你的第一个问题，实际包含了两层意思。让我来逐一回答你。从我 1978 年出版第一部长篇小说至今，算起来，《华都》是我第二十四部长篇小说。但是我相信，你和很多读者一样，大概记得住的，也就是《蹉跎岁月》《家教》《孽债》不多的几部。从二十四部的数量来说，《华都》有点不同以往我写的书，以往我的每部长篇间隔时间都不长。而这一部，和在 1995 年 9 月出版的第二十三部长篇小说《炫目的云彩》间隔了近九年时间。相隔九年，至少说明了以下几点：其一，这一部作品，我构思的时间比较长，思考的也比较多。事实上，从 20 世纪的 90 年代初开始，我就在考虑要写这么一本书，在写创作笔记了。其二，从 2000 年起笔写第一章，到 2003 年底落笔完成四十万字的整部书，我整整花了三年多写作的时间。其三，之所以前后要花这么长时间来完成构思和写作，是随着年岁的增长，比较慎重，我希望这是一本有分量的作品。从最初走上创作道路以来，我就对长篇小说情有独钟。长篇小说这一形式，一直是我矢志不渝的追求。可以说，我努力希望自己能写出比较完美的长篇小说。

问： 你为什么要取《华都》这样一个书名？这一书名有些什么寓意？像你过去的一些长篇小说比如《蹉跎岁月》《孽债》等都富有一定的蕴涵那样，这一书名有些什么寓意？

叶辛： 就字面上来说，华都指的是我书中写到的一幢大楼，华都大楼。其实，华都大楼也是一个舞台。我想写的是一百年来发生在这个舞台上的故事，或者说居住在华都大楼里那些人物的命运。自然，一般来说，一部小说，尤其是一部较为凝重的长篇小说，作家往往会赋予一定的象征性。从这一意义上来说，我取名华都，还有一层寓意，那就是用华都来象征上海，或者说得更大一点，我想用华都这么幢大楼象征中国。

问： 那么，是不是可以这么理解。《华都》，写的是世纪中国的故事？

叶辛： 这么理解就有点简单化了。一本长篇小说，哪怕是很长的长篇小说，要概括一百年来中国的故事，也是很困难的，或者说基本上是不可能的。我只是想通过书中人物独特的属于他们的命运，来展示百年来许许多多中国人经历的精神史和情爱史，以及中国这一百年来诸如男人与女人关系的演变，欲望和理想追求的演变，以及包括“性”观念上的演变等等。让读者在沧海桑田的变幻中感受过去和现在、昨天和今天的中国，感受历史这一巨大无形的铁轮的碾进。

问：读过这本书的朋友说，《华都》是当代中国的百科全书，今天中国的很多事情，都能在这本书里找到痕迹。如果真是这样，那么你这部书里，有没有精彩的贯穿始终的故事情节呢？

叶辛：和我以往的小说一样，《华都》会是一本好看的书，这一点我还是有自信的。至于百科全书，那是过誉之词了。我只是在这本书里，想尽可能地涉及中国的现当代生活。

问：我们注意到，和你以往长篇小说主人翁截然不同的是，在《华都》的主人翁姚征冬这一人物的塑造上，既有他辉煌的人生一面，也就是我们时常在长篇小说主角身上读到的值得充分肯定的人性美好的一面，同时，在他身上，我们又看到其不可告人的、肮脏，甚至于卑鄙的一面。我们该如何来理解这样一个贯穿始终的主人翁身上相互矛盾的性格呢?

叶辛：这正是我在《华都》的主人翁姚征冬身上，要展示和反映的东西。在解答这个问题之前，我想先举两个世人皆知的例子。一个是克林顿。作为两任美国总统，克林顿在他的人生旅程中，有其不容置疑的辉煌和值得炫耀的政绩。同时，我们也都知道，恰恰是在他担任总统取得令人瞩目的政绩的同时，美国和全世界传遍了他和莱温斯基的丑闻。另一个例子是戴安娜王妃。全世界都公认戴安娜王妃是一位杰出女性，把她称为“英伦三岛的玫瑰”。尤其是她的悲剧在 1997 年夏天发生以后，世界各地的民众都向她表达了深切的同情和哀悼追思之情。其余波至今未息。但是，几乎是在同时，我们也都读到，戴安娜生前有过不止一个情夫，以世俗的眼光来看，无论是作为两位王子的母亲，还是一位女性，拥有多位情夫总是有悖情理的、不光彩的事情。

但是，无论是克林顿还是戴安娜，都得到了世人的肯定。克林顿总统在他任期的最后一段时间，民意测验的满意率一直居高不下。戴安娜就更不用说了。

这两个例子之外，也许我还可以提到最近刚发生的美国加州州长的选举。影坛巨星施瓦辛格在竞选州长的过程中，被人揭发出曾对六位女性有过人身侵犯和性骚扰，很多看电视新闻的人说，这下他完了，这种事都被揭了出来，当不成州长了，富有戏剧性的是，他本人很快承认了这是事实，并向民众和这六位女性表示道歉。同时他的妻子也大度地原谅了他，并且继续支持他竞选。结局大家都看到了，施瓦辛格没有因为有过这些见不得人的过失而落选，相反，他成功了！

问：噢，我明白了，你是想通过主人翁姚征冬这样一个名人，来写出人复杂的两面性。

叶辛：哦不，不仅仅只是想表现人的两面性。坦率地讲，人的两面性，甚至人物的多面性在中外文学史上，表现得已经很多和相当充分了。连鲁迅先生也曾说过，人应该讲实话，但人是不能一如既往地讲大实话的。比如说：人总是要死的。这话没错，是实话。可你决不能对一个刚出生不久的婴儿说，这孩子要死的。

（笑）人在复杂的社会中生活，总有他无奈地表现出的两面性，甚至多面性。

问：那么，通过姚征冬这个主角，你是想阐述或者说表达什么呢？

叶辛：我就是想探讨一位风云人物，或者说杰出人物，更准确地说是社会名流、名人，在取得令人瞩目的成就以后，同样也有他的隐私，他的虚荣和虚伪，或者说不光彩、不道德的行为。在西方，对“人”这一特定对象普遍的看法是，在其取得惊人业绩和巨大成就的背后，往往藏有不可告人的一面，甚至是藏污纳垢的卑鄙的一面。如同大自然有光明面，必然有阴暗面一样的道理。因而，“辉煌的社会角色和其肮脏的隐私或私生活”，成为很多作家试图涉猎的主题。写作过《解冻》的苏联作家爱伦堡，就深深地迷恋过这一题材，可惜由于种种原因和在1967年去世而未能如愿。和我同年龄、同时代的德国当代作家聚斯金德写过一本享誉世界的长篇小说《香水》，最充分地描绘了作品主人公格雷诺耶的天才，同时也充分地刻画了格雷诺耶的残暴。只是聚斯金德在作品的构思立意和人物描绘上是寓言式的，他的作品主人公更像是一位神灵而不是现实中的人物。

也许我把话题扯远了，其实，在当前中国的现实中，我们经常读到这样的案例，一些贪污犯、携巨款外逃的罪犯，在被揭露出来之前，都曾有过耀眼的桂冠和头衔。

在近年来公布的高官案例中，我们一再地读到几乎是雷同的情节。这些高官在大肆敛财、贪污、腐化的同时，仍在振振有词口若悬河地作着廉政报告。

很多善良的老百姓往往对此表示不解或嗤之以鼻。

这一现象固然像众多媒体说的，他们是在作秀，是在耍两面派手法，是在以此掩盖他们的罪行。但从深层次来说，仍是复杂的人性在这一个个具体人物身上的体现。他们曾经创造的业绩和成就是一种存在，他们犯下的罪行同样是一种存在。

文学通过具体的艺术形象来探讨生活的这一存在，探讨人性和人言的关系，探讨情爱和性爱对男女的诱惑和困惑，探讨文明与野蛮的冲撞是十分耐人寻味和有意义的。

问：在《华都》这本书里，涉及多位女主人翁的“性”，有几位女性的命运中，她们从少女到中年妇女的一长段时间里，对性的感受和体验，都有较为细致的刻画和描绘。我们发现，这同你以往的长篇小说中涉及这方面时，写得较为含蓄截然不同。我们想直截了当地问一下：是什么原因造成了这种不同？你是否也受到这些年来“性”潮描写的影响？

叶辛：感谢你注意到了这种不同。在《华都》中，我想描绘中国各个时代的女性对于理想男子的追求，对于爱情和幸福生活的追求。这种追求，其实本身已经包含了“性”。在她们一代一代女性的追求中，折射出男人和女人关系的演变，随着时代的不同，同样折射出“性”观念的演变。由此揭示人在欲望、妒忌、仇恨、友谊…… 各个方面的情态。在我们国家“性”历来是一个极为敏感的话题，我们这一代人的青少年时期，它更被视为禁区，讳之如洪水猛兽。随着改革开放和社会的发展，人们的思想观念有了巨大的转变。现在，任何一份和生理卫生健康有关系的报刊，都会讨论和涉及与“性”有关的内容。“性”观念已成为一个热门话题。二十多年来的这一巨变，实际同样影响着我们每一个中国人的生活，许多报刊设过“没有‘性’福的夫妻是谈不上幸福”的标题。在小说中，我当然要反映这种变化，那么，也就不可避免地要描绘到性的感受对人物情绪和心理的影响。况且，从“性”这一角度更能透析辉煌的社会角色和肮脏的私人隐私之间的反差。简而言之，过去的作品中，我写得比较含蓄，是创作的需要。在《华都》中，我写得比较放开，也是作品的需要。

问：在你看来，这本长篇小说还有什么特点？你既然花了这么长的时间，慎重地推出这本书，是想获一个什么大奖吗？

叶辛：要说还有什么不同，我想它是我写作的二十几部长篇小说中最长的一部。

30 年前，当我在贵州山乡的煤油灯下提起笔来写作的时候，清楚地知道，我写下的东西连出版的可能性都没有，别说是稿费了。我知道作家们、编辑们都在“五七干校”劳动，作家协会和出版社都被砸烂了。但是，我仍旧在默默地写。那是我觉得心里有话要说，需要表达。如今，走上创作道路 30 年了，我还是保持这样的创作心态去写。我创作，是因为我心里有话要说，尽管我很忙，会议、应酬、工作、出访，我仍挤出一切可以利用的时间创作，说实在，多少年里我从来没松松闲闲地休息过一个黄金周和双休日。我不会为达到什么功利目的去写。

我写作，那是我心灵倾诉的需要；如果允许，我想说，这本书，像我的《蹉跎岁月》《家教》《孽债》一样，是我作为一个作家，留给今天的读者和下一代人的备忘录。

问：你的下一部作品是什么？

叶辛：下一部作品吗，我也有了一些粗略的考虑和设想。正像大家知道的，我曾经在贵州山乡整整生活了 21 年，并且在贵州这块土地上成了一个作家。回归上海以后，经常有贵州的老乡来找我。近些年来，过去并不相识的来自贵州的年轻人，也时有来找我的。他们向我叙述在上海这座城市里求学打工生活中的感受和故事，叙说他们遭遇的不平和所受的委屈，他们时常流露青春的苦闷和烦恼。表达他们渴望尽快地融入城市的愿望。有一些原汁原味的故事，跌宕是很大的。我的下一部书，就是想写写他们由西南山乡闯荡上海这座大都市过程中的追求、堕落、奋斗、沉浮。我想，这会是一部青春的作品。一本好看的书。

（2004 年）

伟大作家的名字是写在人民心坎上的

叶辛是一位有着独特创作魅力的作家，他始终关注着一代人或一个群体的命运，并将创作的笔触伸进他们的心灵深处和精神世界。纵观他早年的《我们这一代年轻人》《风凛冽》《蹉跎岁月》《在醒来的土地上》，中年时期的《家教》《孽债》《华都》，现在的《客过亭》《问世间情》《圆圆魂》《古今海龙屯》等不同时期的作品，从题材到形式再到创作方法上，都在不断地探索和变化之中，并赋予了作品以文学的深度、高度和厚度，因而备受读者和社会的广泛关注。聆听叶辛对文学的深度思考，会感受到一种超越文学的透彻感悟和穿透力量。

林影：知青时代已经走远，你的创作题材也已发生了很大的变化，但是很多人仍然将你冠以中国知青文学的代表，你如何定位自己的创作？

叶辛：从文学的角度讲，我在知青题材之外还写了很多非知青题材的作品，比如《华都》《省城里的风流韵事》和我的处女作《高高的苗岭》，这些都不是知青题材，但是很多人还是把我当作知青文学的代表，一是基于全国有2000万上山下乡的知青群体，算上2000万知青的血缘关系，知青的兄弟姐妹、知青的父母，知青这个群体要波及1亿多人，再也没有一个群体有如此庞大，这个群体十分关注知青题材的作品，因为这是他们经历过的事，他们对知青题材有一个认可度，会做出自己的判断，觉得我比较真实地写出了他们的生活和人生。二是正因为有这样一个庞大的群体，无论是当年引起轰动的电视剧《蹉跎岁月》《孽债》，还是比较有影响的长篇小说《客过亭》，以及《叶辛作品全集》（十卷本）、叶辛作品八卷本、七卷本、三卷本等文集，这些文集中除收入了《蹉跎岁月》《孽债》《客过亭》等一些产生过社会影响的作品之外，还有很多知青题材的作品，正是这两个原因，使很多人把我看成是一个知青作家，很多人在不知不觉间也认为我是知青文学的代表之一。

林影：知青文学这棵大树，曾枝繁叶茂，结满了伤痕文学的果实，现在失去了知青时代的养分，是已经枯萎，还是变异或是转基因？

叶辛：对文学来说，题材不是决定的因素，就像抗日战争的题材、辛亥革命的题材，甚至更久远的第一次世界大战的题材、第二次世界大战的题材，都不会因为历史的久远而消失。文学作品的消失与存留，要看是不是具有文学价值，是不是留在读者和人民的心目当中，为数不少的应景之作和追随形势炮制出来的文学作品，都会随着时间的流逝而流失，但是真正走进读者和人民心中的作品，随着时间的推移，它的价值更会体现出来，并会成为经典。经典作品不会随着影视的热播而轰动一时，而是一直流传下去的，从这个意义上说，知青文学是不会消失枯萎的。

林影：也就是说一个时代结束了，这个时代的文学不会消失，优秀的文学作品会一直流传下去。你的《蹉跎岁月》和《孽债》已经出版几十年，出版社还在出版，有的出版社还要在知青上山下乡五十周年出版珍藏版和纪念版，堪称经典之作。

叶辛：李白、杜甫、白居易、苏轼、韩愈等古代作家的作品，尽管互联网如此发达，他们的作品在中国文学的历史上依然熠熠生辉，随着时间的流逝，更经受住了历代读者的考验，因为他们把笔触伸进了同时代人的心里。伟大作家的名字是写在人民心坎上的，只有写在人民心上的作品，才是经典，才会流传不休。

林影：你早年的《蹉跎岁月》是伤痕文学中最有影响力的作品，是带着伤感情绪的反思文学。在《蹉跎岁月》中，你反思的是知青一代人的人生和命运，知青岁月对知青一代人有怎样的影响？

叶辛：对2000万知青来说，他们的命运都与上山下乡经历有关。当年他们最大的愿望就是跳出农门，有的想方设法就业、读书，有的为了回归城市，转到无锡，再转到苏州，辗转回到上海，有的知青一生都没有回归，在小县城里工作到退休。生活的动荡，命运的多蹇，对他们的人生有着深远的影响。

林影：你有漫长的知青生涯和坎坷的人生经历，你经历了挫折与磨难，也获得了鲜花与掌声，你的经历赋予你怎样的创作？

叶辛：我曾经在千里之外的偏远贵州山乡插队落户，度过了十年七个月的山乡生活，一是让我懂得了中国山乡的农民，是如何过他们日出而作、日落而息的那一份人世间的日子，了解了他们最大的愿望就是指望有一份温饱的生活，他们会经常发愁冬日没有衣服穿，青黄不接的时候填不饱肚子，而任何的社会动荡，都会给他们的生活带来巨大的影响，渐渐地我对他们产生了一种感同身受的情怀。

二是我经历了上海和贵州两种反差极大、相距甚远的生活形态，正是这样两种生活形态和复杂的经历，使我看世界具有了不同于别人的视角和方式，使我拥有了两副目光，我会情不自禁地用乡村的目光看待都市，用城市的眼光看待乡村。我在长篇小说《孽债》里，借助于来自都市的上海知青的目光来观照西双版纳，观照山乡，也借助从小生活在西双版纳五个山乡孩子的目光来观照都市。我用这两副目光看社会，看不同社会阶层的人，觉得是客观而真实的。

1996年，在日本东京召开的国际笔会亚洲、太平洋会议的会场上，世界43个国家的名作家济济一堂，我作了“两副目光观照中国”的主题发言。这个“都市与乡村”的话题，引起了世界各国作家的强烈关注，原来我以为是我自己的感觉，没想到引起了世界各国各种肤色作家的共鸣。我的发言一结束，在场的外国作家们就饶有兴趣地频频向我发问，都说每个国家都有城市和乡村，这是一个世界性的命题。一个黑人作家站起来说：“你说的是全人类都有的话题，无论在发达国家和落后国家都存在着乡村与城市，存在着你说的两种文明的碰撞，我们国家也是一样的。”没想到我的发言，使会场上的气氛热烈起来，会议形成了高潮，这说明世界各国的作家对此都有同感。

林影：你的经历让你对中国农村有了深入的了解，使你对笔下的人物更有了悲悯的情怀。

叶辛：两副目光，这是特殊的经历赐予我的，也是命运赐予我的。

林影：你是知青文学中最坚守的作家，当知青文学变成了一种积怨积愤的情绪宣泄时，你在题材上转型，从知青一代人转为知青后代，来反思知青时代对知青后代的影响，你觉得是谁作的孽、谁欠的债？

叶辛：澳大利亚红公鸡出版社的休·安德森先生来到上海，看到我的长篇小说《孽债》，不解地问：“这是什么意思？”翻译家任溶溶先生思忖片刻解释道：“难以还清的债。”我补充说：“感情债。”后来丹麦研究中国的盖·玛雅女士来访，也问了同样的问题，我仍旧用“难以还清的感情债”作解释。

我觉得这个孽是被彻底否定了的“文化大革命”作下的，历史不可能重复，我们如何不忘已经有过的这段历史，并从历史当中汲取教训，就像整个世界都在反思二战法西斯作下的孽一样，更多是要反思这段历史，使我们不会重走这样的弯路，不会再犯同样的错误。

林影：《客过亭》是另一种转型，关注的是老年知青的命运，描摹的是知青一代人的人生轨迹，人到老年，他们开始审视和反思当年的过错，并进行灵魂的自我救赎，一个时代的错误，造成了一些人的错误，他们的自赎是让灵魂得以安宁，还是一种良心的发现？

叶辛：明年是知青上山下乡50周年，说明所有的知青都已进入老年，他们已有儿孙辈，不会像年轻时愤世嫉俗，但是知青时代的印记会永远存在，知青一代是共和国的同龄人，在知青下乡50周年的时候，我们的共和国也走过了70年的历程，每一个知青的足迹都带有共和国发展的印记。在很多年里，我都跟随他们的脚步创作，把笔触伸进了同时代人的心里，力图写出超越时代的作品，写好这代人的命运，我在《客过亭》扉页上写过一句话：所有的东西都会输给时间。但是有一个东西会留存下来，那就是对时代的反思和感悟，它会留给历史，要在这种感悟当中揭示出生活的哲理，升华成对无数代读者有意义的东西，不管时间如何推移，作品都会流传下去。

过了55岁的时候，在跟所有老知青的接触中，我发现无论是青春时期相当狂热的人，还是年轻时远避时代的逍遥派，或是始终追随时代的人，他们都开始感悟人生，会对当年做下的好事感到庆幸和沾沾自喜，也会对当年有过的过火行动和错误的甚至是犯罪的行为而受到良心的谴责。比如当年一些知青用卑劣的手段去上大学、招工，现今在很多老知青聚会的场合，大家都会以鄙视的眼光看他；当年被推荐去读书，他把自己到省城读大学的机会让给了恋人，而得到这个便宜的恋人，不但没有报答他，相反与他分了手。像这样的往事，在很多知青群体中存在，我是不是要写一部同时代人救赎的故事？时间的尘土似乎不露痕迹地掩盖了一切，但是任何人犯下的不光彩错误和那些灵魂扭曲的事，都会留下痕迹，昭白于天下。我想警示后人，在人生的路途上，在追逐财富和向上爬的过程中，在争取个人利益的时候，不要不择手段。俗语说：善有善报，恶有恶报，不是不报，时机未到。这是一种因果关系，这些故事本身已经蕴含着这样的韵味。

林影： 在你的小说中，很多都是生活在矛盾或是情感的纠结之中，在矛盾或是纠结的过程中建立了一个复杂的世界，复杂的人与复杂的世界组成了一个矛盾体，但又是真实存在的，你为什么总是塑造这样的人物主体？

叶辛： 不是我刻意塑造这样的人物，而是生活当中本来就是这个样子，我们这一代人曾虔诚地学过雷锋，做过好人好事，很多人会在日记本上留下那一页，晚上记日记时会记录下今天做了哪些好事，做了哪些不好的事，今天对谁的态度不好都会在日记本上对自己自责，但是世界和历史的真相告诉我们，仅仅是有这样虔诚的心态是不够的。我的《在醒来的土地上》这本书，写的是一个女知青的命运，透过这个故事，我挖掘和探讨的是人生的依附关系，一个女知青在无奈的状态下，对男人的依附，对社会的依附。写到最后是很残忍的，但是告知世人的是世界就是这个样子。有一个外国名作家说过，我们指望这个世界随着我们的写作变得美好起来，但是当我渐入老年的时候，我觉得世界并非想象的那么美好，作家们都会从这样一个角度看待他所经历的人生，我期待我们的文学可以照亮生活。

林影：《在醒来的土地上》你还写出了一些人的心态，当那个女知青与一个当地农民结婚的时候，其实很多人都知道她是没有美好未来的，但是大家还是表面上高高兴兴地送她结婚，没有人来提醒她，说明人性是复杂的。

叶辛：世界是复杂的，人性当然也是复杂的。

林影：你的作品大多是从现实生活中获取创作素材，关注一个个体或是一个群体在时代里的生活与人生，你在小说里怎样打量这个时代？怎样表达这个时代里的自己？

叶辛：一方面作家所有的作品都在表现作家个人，一方面作家自己的主观意识在作品当中越隐蔽他的作品越深沉，纵观我所写的一百多本书，除了几部有影响、有代表性的作品以外，有的作品可能也会随着时间的流逝而流失，但是只要你打开这些书，重读那些故事，你会发现我给这个时代是留下了一些东西的，无论是思想上的，还是文学上的，那些作品还将经受时间的考验。

林影：你的作品是对时代的思考或是对这个时代里人的命运的思考，这些作品里也包括你自己。

叶辛：每一个作家的作品，都会有自己的影子，但是优秀的作家和优秀的作品都要经受住时代和读者的考验，只有把笔触伸进读者心里的作品才会经受住读者的考验，这个作家的名字才会写在人民心坎里。

林影：过去你的创作很少涉猎历史题材，近两年开始转向历史题材。在《圆圆魂》中，你笔下的陈圆圆与历代文人笔下的陈圆圆都有所不同，你赋予了陈圆圆一个崭新的形象，是还原真实的陈圆圆，还是还原你心中的陈圆圆形象？

叶辛：我力图要还原的是作为一个人的陈圆圆，站得更高一点看陈圆圆，你会发现我之所以选择她作为主角，用《圆圆魂》这样一个书名，是因为她这样一个女性是处于时代的风口浪尖上，不是一般的风口浪尖而是一个大明王朝覆灭、一个大清王朝建立和兴起的历史转折中，而她恰恰与起义军李自成、刘宗敏与吴三桂这样一些多变的历史人物和明朝皇帝、清朝名臣、文人雅士各色人等都有着某种联系，处于矛盾不断发生的战火之中，是在历史的巨变之中，还有比一个王朝的覆灭和一个王朝的兴起更大的历史巨变吗？但是陈圆圆恰恰处于这个巨变的风口浪尖上，这是这个人物吸引我的一个原因。另外一个原因，她是一个“声色甲天下”的美女，中国历史上有名有姓的大美女足有四五十个，人们都喜欢把笔触伸向她们，可能是受观念和时代的局限，陈圆圆的形象除了“声色甲天下”之外，就是“冲冠一怒为红颜”，吴三桂之所以叛变，是因为吴三桂为她冲冠一怒，把她视为红颜祸水。从明史、清史上文字不多的记载、吴伟业的《圆圆曲》和三百几十年里与陈圆圆有关的传记及文章中看，基本上都是以上这两点，他们忘记了作为一个女性，作为一个绝色美女，陈圆圆也是一个人，她有少女时代，有青春时代，有中年时代，也有步入晚年的时代。陈圆圆的人生遇到了各种经历，她在苏州梨园接触了各种文人雅士、公子哥儿、纨绔弟子，她也看到过明朝的皇帝和大清的名臣，并与凶狠暴虐的刘宗敏斗智斗勇，还接触过众多与吴三桂同时代的高级将领，她尽管是一个女性，但是这样的地位使她可以更高地看待历史，看待人生，看待人与人的关系。我从她步入晚年开始写起，故事中包含了她如何看待人生和悟透人生真谛，有了一个高度，形象自然有所不同。

林影：你的创作一直在探索和变化中，《古今海龙屯》一改过去的创作表达，在文本上分成了现代、明代、当代三段式，每一个时代都是一本大书，你为什么只抽取了三个时代的一些片断，而没有集中写一个时代?

叶辛：古今海龙屯这个题材，我思考了三十年，遵义谁都知道这里有中国历史转折的遵义会议，是红色文化的名城，但是我多次去往遵义，发现古代遵义叫播州，统治播州的是杨家的土司，这个土司竟然在古播州这样广袤的山地上，建立起一个土司王朝，绵延了725年。我不知不觉为这段历史所吸引，我写过一篇短文叫《杨应龙的年龄》，皇上派24万大军镇压第二十九代土司杨应龙，杀了22000多人，那时他只不过49岁，站在历史的高度来看待这个人物，就会以更加客观、更加宏阔的目光来看待他。我觉得这个人物是复杂的，是多变的，是狡诈的，也是英武的，他也有时代造成的短视，这样一个复杂多变的人物，当然是很值得写的。我选择了海龙屯被攻克几天里的生活，更观照的是他跟几个妻妾的关系，他在与几个不同性格的妻妾喝酒、交往、言情，不仅仅是他跟女人的关系，也是他占有的女人和他土司王朝的关系，是他即将覆灭以前的那种悲凉境地。我把杨应龙和他几个妻妾的关系与黄山松和杨心一的恋情做了一个对比。黄山松虽然只是一个街道文化中心的绘画美术教员，地位不高，但是他是一个有造诣的美术家，他也有他的恋情。杨应龙是末代土司王朝的宣慰使，他统治了湖南、四川、贵州等地相当于一个省的疆土，但是他和他的妻妾，他和他的家族的故事，他和大明王朝的纠结，展示的是恢宏的历史画卷，小说展示出的是这个历史画卷中各种男人与女人的命运。

杨应龙并不是一味地反对万历皇帝，他也曾想讨好万历皇帝的，现在北京城故宫里的金丝楠木，就是在贵州四川交界处的播州生长的，当年他曾逼迫当地的老百姓进山砍伐楠木，为皇帝砍下70根大楠木，“进山一千，出山五百”，去砍树的人有的被压死，有的被毒蛇、蜈蚣咬死，随着赤水河运到乌江、长江，辛辛苦苦送到皇城。金丝楠木是木中极品，皇上拊掌大笑，欣然赏赐给他土司王的龙袍和大批的绫罗绸缎与瓷器。我小说中以一个古瓷瓶为道具，穿起了古代和当代的历史，上下几百年，我之所以选择这样一只古瓷瓶，一是因为杨应龙爱好青花瓷器，考古发现海龙屯的山地上随处可以挖出青花瓷的残片，我小说的真实是从历史的真实而来的。二是瓷器是中国的一个象征，是中华民族历史的象征，是中国命运的象征，在英文中“瓷器 (china)”与“中国 (China)”同为一词，它显示了中国古代文化的光辉。小难隐于乡，大难隐于市，瓷器非常易碎，不易保存。这样一个带着历史痕迹的瓷器，有着它独特的象征意义。而我写的青花釉里红水梅瓷瓶，一般农民不知道它的价值，杨心一的父亲杨文德肯定是知道的，他十分珍视这个上海知青跟他长得鬼美妖美女儿的恋爱关系，他希望自己嫁不出去的女儿能获得幸福的未来，所以他将这只价值连城的古瓷瓶送给了黄山松。我之所以从当代写起，是因为这只古瓷瓶显现了它的价值，黄山松不是一个贪财的人，他的画不但有深厚的功力，透过画面还有独特的思想性，他想找到这只古瓷瓶，以拍卖款实现进入世界著名的澳洲画家村的愿望，古瓷器不但穿起了历史，还有它的言外之意，那就是黄山松的追求与梦想。

林影：最近，你写了一组微信群体的小说，在探索小说的新形式。这样的探索很有意义，值得思考，文学来源于生活，你认为小说的形式也来源于生活？

叶辛：这也是生活给我的提示，中国的现当代小说，连头带尾算起来也只有一百年，是从五四运动的白话文运动开始的，这一百年里，西方的小说有各种各样的探求，而中国一直固守传统的小说形式。中国作协组织作家重走长征路之后，作家们分别前建起了一个微信群，以共享文坛上的信息，通过这个群我知道了内蒙古作家在干什么，云南作家在干什么，甘肃作家在干什么，天南地北作家的动向一目了然；我还有一个老知青群，是一帮一起插队的老知青，以往我们一年最多相聚一次，但是现在可以在群里经常见面，知道他们到哪里旅游，大家在干什么，了解得清清楚楚；还有一个中学群，以前老同学几年才见一次面，现在也可以经常在群里见面；我去澳洲参加新书发布会，澳洲华人中间也有一个知青群，以往他们几年回一趟中国，或者我去澳洲访问时，难得一见，自从《孽债》英文版新书发布会以后，他们拉我进群，我了解了他们各式各样的联欢活动、上山下乡周年纪念活动，看到了刚出版的知青画册和知青回忆性的散文，遥隔万里，就如同对面而坐，侃侃而谈。我一下意识到，这种微信形式不是也提供了一个小说的舞台吗？我首先写了微信群体小说《婚姻底色》，通过红松社区文化中心书画班群，大家不但知道了家长里短的事，还了解了学员于曼丽对书画老师李东湖的爱慕和于曼丽的婚姻底色。我又写了微信群体小说《梦魇》，是写今天退休以后的老人到美国去养老的一个悲剧，如是传统写法，起码要有中篇小说的文字，用微信群体小说形式，只是一个短篇就淋漓尽致地展现了一个精彩的故事。我还要写一篇微信群体小说《大山洞老刘》，老刘的一辈子，我可以写成一个长篇小说，如果用微信群体小说写也就是一个短篇小说。小说走到今天一百年，也应该有一个小说的新形式了，这种微信群体小说，不同于长篇小说、中篇小说、短篇小说及微型小说的传统形式，它具有微信群的简洁明了，是一种新型的表现形式，是一种新的文体，这是前所未有的小说形式。

（林影为作家、评论家，此文发表于 2017 年 5 月 13 日的《青年报》）

答《青年作家》记者十问

记者： 是什么第一次激起了你从事写作的想法？

叶辛： 对文学的爱。青少年时期，阅读了大量的文学书籍之后，感觉到语言和形象的巨大魅力，总觉得自己的身边也有些东西可以表现。于是试着偷偷地写下了很多习作。

至于想到从事写作，那是生活的变迁造成的。上山下乡时，我从繁华的上海来到偏僻的贵州山寨插队落户，决然不同的生活环境、风俗习惯，包括日常的语言，秀丽的山川河谷，都给了我很深的印象。更主要的，是动乱年代里严峻的生活现实，促使我思索和追求，逐渐地，为了把自己所思、所见、所闻记录下来，我决定了要从事写作。

记者： 第一次发表作品前，曾经有过失败吗？发表处女作时的年龄，处女作的名称，发表在何处？

叶辛： 发表作品前，曾经有过三次重大的失败，我雄心勃勃地写了三大本长篇小说共计一百几十万字，都遭到了退稿。光是写这些稿子本身，我就花了前后三四年的时间。后来我妹妹用这些稿纸引火生炉子，每天烧几张，一年多还没烧完。但是失败没有使我气馁，相反，每一次失败，都使我学到了很多东西，找出了失败的原因，在以后的习作中克服。

发表处女作时，我已经27岁了。处女作是中篇小说《高高的苗岭》，由上海少年儿童出版社出版。1977年初版，1979年再版，印行了37万册。同时被改编成连环画，译成盲文、朝鲜文，拍摄成电影《火娃》。至今为止，《高高的苗岭》已印行了五次。

记者： 你是怎样积累素材的？平时做观察笔记或速写吗？

叶辛： 对感兴趣的素材从各个不同的角度进行思考，和各种类型的人进行商谈、探讨，把自己观察到的、别人提供的和自己思考的结果记在本子上。一般地不做速写。记些知识性文字。

记者： 一般采用什么材料写作（自传的，亲身经历的，看见的）？作品中的人物都有模特儿吗？

叶辛： 常常是把自传的、亲身经历的、看见的、听来的材料综合揉搓之后进行写作。作品中的人物也常以几个生活原型综合概括而成。可以说，基本上都有几个模特儿，合成一个作品人物。

记者：每次作品完成后，有什么感觉？你觉得自己最满意的作品是什么？

叶辛：每次作品完成后，总有一种如释重负后的喜悦之情。不管这作品是差，是好，都感觉一种少有的愉快。最满意的作品还没写出来。在已发表的作品中，我较满意的是《我们这一代年轻人》《风凛冽》《蹉跎岁月》。

记者：写作之前拟提纲吗？动笔前同朋友或亲属讨论过作品结构吗？写作中提纲或构思有变更否？

叶辛：写作之前拟一个粗略的提纲。动笔前同亲近的朋友或家人讲一次作品的结构。写作中提纲或构思常有变更。但大的走向基本上不做变动。只是在章节与章节、场面和细节上进行调整。

记者：常常在白天或夜里写作？每天最大的写作量多少？有写不出来的时候吗？你觉得哪一部分下笔最难：作品的开始、结尾、中间？

叶辛：30 岁之前，常常是白天和夜里都写东西，主要是视自己的情绪而定。30 岁之后，一般都在白天抓紧时间写作。回答每天最大的写作量这个问题，需要加些说明，在 30 岁之前，当对所写的东西已了如指掌，情绪稳定，身体健康，每天最大的写作量是一万字。比如说写《我们这一代年轻人》《风凛冽》《蹉跎岁月》三部书时，由于对所写生活的熟悉，构思完成得比较完整，只要是动笔的日子，我差不多每天能写到七八千字，而且常在下午三四点钟就可以休息了。一般地讲，现在说起写小说来，有两种写法，一曰：文章要做，那就是逐字逐句都要细加斟酌，反复推敲，写出好文章来。另一种认为文章要质朴，不必去费心地“做”，愈自然、愈口语化，愈能让人接受。我是赞同第二种观点的，在写作时，我力求自己写得自然、流畅、让人好读易懂，从整块文章中领略意境，感受韵味。

当然，时常有写不出来的时候，比起写得顺利的日子，写不出来的时候要多得多。那往往也是最令人苦恼的时期。

对我来说，下笔最难的是开头，感到最沉重的时候是写到中间部分，结尾时常常几易其稿。

记者：习惯什么写作工具：圆珠笔、钢笔或毛笔？稿子誊写几次？写作时是一气呵成还是不断删改？

叶辛：用钢笔写作。稿子誊写一两次、七八次不等，视具体章节而定。写作草稿时是一气呵成。

记者：喜欢读哪些作家（古今中外）的作品？最敬佩或对你影响最大的作家是谁？

叶辛：喜欢读那些一辈子说诚实话的作家的作品。对我写作帮助最大的作家是司汤达尔、屠格涅夫、巴尔扎克。喜欢读的、最敬佩的、对我影响最大的作家和作品是随着年龄的变化而不断变化的。

记者：对批评家的意见重视或感兴趣吗？受过影响没有？

叶辛：对批评家的意见十二万分的重视并感兴趣。而每当我接受了意见再去写东西时，写出来的往往是废品。

（1984年）

关于创作心理

——叶辛与王克俭、赵福祺的对话

王克俭　赵福祺（以下简称王赵）：叶辛同志，你的创作经验是很丰富的，据我们了解，单是长篇小说已出版了12部，你在国内是一位颇有影响的青年作家。目前，在创作界对一些创作理论诸如情与理、意识与无意识、理性与非理性等等问题似乎存在着不同看法。今天，我们想先围绕这些问题和你谈谈。你在文学创作中是不是存在无意识心理活动？有没有非理性？其表现如何？你对文学创作中的所谓非理性是怎样看的？

叶辛：文学创作中的无意识状态，我认为是存在的。在我的创作实践中最明显的表现是在创作的准备阶段。比如某人、某事、某件新闻、某个故事，甚至某句话，突然打动了你，使你激动，有关这方面的许许多多的记忆、情景瞬间便汇聚起来，很快产生出关于这个作品的轮廓性的构思。这个阶段是无意识的。说得再具体一点，你如果有意识地去寻找创作题材，你偏偏找不到。然而你有时候倒是在无意中偏偏碰上了。我写《家教》这个中篇小说，就是无意中看到一条新闻想到的。这条新闻说的是一个出生于高级知识分子家庭的姑娘，她的恋爱婚姻遭到父母的粗暴干涉。这是一家社会杂志上的新闻。这种事，本来是很平凡的，但那时我却突然联想到很多事情。我在贵州山乡插队十年，目睹了农村里包办婚姻所造成的种种悲剧，打斗、抢人，闹得沸反盈天……这固然在偏僻、贫瘠的山乡屡见不鲜，可是实际上，传统的封建观念在大城市里也存在，只是表现形式不同而已。它更多地表现在精神上的压迫与摧残，这甚至更加残酷。这还只是从恋爱婚姻上的联想，从广义上联想，传统封建观念给人造成的压迫何止恋爱婚姻这类事呢？

王赵：看来就创作某个作品的发端而言，的确可以说是无意识的。但是，当作家真正进入创作阶段时，是不是也这样？

叶辛：不。我认为当作家进入直接创作阶段的时候，有无意识的心理因素，但是，还是要以有意识的心理过程为主导。当某一个创作题材经由无意识的发端到有关记忆、情景的聚集时，我就要仔细地对题材加以掂量：这个题材是能写短篇，还是能写中篇或者长篇？这是有意识的。接着还要对这个题材的社会意蕴是否深刻、哲理性如何，做一些有意识的思考和补充。有时候，我萌发了写作某部作品的意念，我还要有意识地去阅读有关的作品和文章，搜集一些有关的资料，有针对性地买一些我写这部小说可用的书籍、图片和小册子。经过上述几方面的创作准备，如果我觉得可以写成一篇作品的话，那么我的创作就进入了第二阶段，这就是写人物分析。写人物分析当然也是有意识的。当我做完人物分析这步工作后，还要掂量一下这个人物是否有特点，是否丰满。掂量的结果若是满意的话，就动笔写了；若是不满意，那么还要有意识地等待。

王赵：这样说来，当你动笔写的时候，就可以说是进入了创作的第三阶段。有一种创作理论认为，当作家潜心写作时，是只凭自己的情感驱动形象思维。你对这个问题是怎么看的？

叶辛：我觉得这种说法是不够全面的。在写作中，作者要把一个个汉字写在稿纸上，绝不可能单凭着情感的驱使。在我来说，驱动我的创作思维倒不是纯感情的因素，而是我所了解的生活。我在贵州农村生活了十年，看到了农民的清苦。1977 年我到北京电影学院修改《高高的苗岭》，也看到了北京郊区农村仍有贫瘠现象。我想，世界上无论发生什么动乱，农民肯定是最受苦的。我觉得应该为农民着想。我倒认为农民的生活是我创作的驱动力。

文学创作确实需要情感的驱动，但还需要理智的控制和规范。比如作者写到某个场景时，往往要考虑环境对人物的影响、人物之间的关系；只有搞明白这些，才能把握住人物的个性，写出富有分寸感的个性化语言。如果单凭情感驱动，就往往会失去理智的控制。这样的文字，且不说它的社会意蕴和哲理性如何，反正不可能有美感。

王赵：由此看来，文学创作理性的制约和诱导是自始至终存在的。那么，在你进行创作的时候究竟有没有只凭感情驱动的呢？

叶辛：有的。我写作中也出现过这种状态，那就是所谓“神来之笔”“得意之笔”到来时。在这样的时候，我就放纵自己的感情，让它写去。写时是很惬意的，可是我常常有这样的经验：当这些“神来之笔”写完，冷落它几天，就会发现写得不妥当，需要改动的地方更多，效果并不是想象的那么好，反而比冷静时写的东西差。所以我对这种非理性状态下写出来的文字特别小心谨慎，常常要多看几遍。我觉得这种非理性写作状态的效果并不见得那么好。

王赵：这种状态，想必正是创作灵感来潮的时候吧。对于灵感，现在无论是创作界抑或理论界恐怕都已经承认了。现在，是否请谈谈你创作活动中在什么情况下出现灵感？

叶辛：我在创作中出现灵感有这样几种情况：一种是正在进行某篇作品写作的时候，写着写着，突然出现另一篇作品的构思。我有个习惯，当我进行某篇作品写作的时候，往往喜欢一口气写下去，那种亢奋、冲动的心理状态直到完稿后才松下一口气。我写作某篇作品时，桌子上总要放一本与此无关的笔记本，一旦出现上述意念的时候，我就马上记下来。这种意念一闪而过，稍纵即逝。因此我就用另一个本子紧紧抓住它，以后往往会越想越感到值得写。1985年我写《家教》这个中篇，写的是一个高级知识分子的四个儿女恋爱婚姻上的纠葛。当写到“二女婿”的时候，我感觉到突然出现了表现选拔年轻干部题材作品的意念。目前这篇小说，我已经过两年的酝酿，准备今年下半年动笔。

我在创作中出现灵感的第二种情况是，在和朋友的聊天当中。

1979年我到上海修改《蹉跎岁月》最后五章，住在上影厂文学部的写作楼。一天，和一位编辑偶然聊天时，他说起前些年随“知青慰问团”到东北，听到一个上海姑娘跟当地农民结婚的故事。姑娘当时想得挺浪漫，挺美好，可是婚后生活并不是那么回事。这个故事立即引发我想到继续写一部反映知青生活的作品，这便是1983年出版的长篇《在醒来的土地上》。

还有，我在阅读当中或阅读以后的思考中，也会产生创作灵感。1978年到1979年间，我国对民族资本家落实政策。我在上海看到一种社会现象，那就是一些资本家的儿女从父辈手中得到三五万块钱之后，心境大变，态度大变。我有个老同学在上海一家百货商店当营业员，就有这种情况。他一反常态，对顾客粗暴无理，工作极不负责。领导批评教育，他竟大吵大闹，不上班了。商店领导登门去动员，他也不干。这件事我当时找不到适当的角度写。1983年我在阅读外国文学作品，特别是19世纪批判现实主义文学作品时突然受到了启发，找到了角度，一下子就写出了《发生在霍家的事》。这些外国作品经常写到金钱对人心灵的戕害。于是，一下子触发了我的创作灵感。出乎意料，这篇作品我写得很顺，只花了半个月时间就完成了。

我的创作灵感的闪现还有一种情况，就是发生在晚上临睡之前。我带着白天和晚上工作与写作中留在脑子里的一些思考，往往一时难以入眠，当这种时候，经常会意外地得来一些“神来之笔”。

王赵：你讲的最后一种情况很有意思。你说你的灵感发生在晚上临睡之前。科学家杨振宁曾说他的灵感往往发生在早晨刷牙的时候。看来灵感的发生的确是无意识或者说是非理性的。灵感的发生的确带有偶然性、突发性和神秘性。古今中外对它的研究做了许多努力，但要彻底解开这个亘古之谜，恐怕现在还为时过早。不过，创作心理的研究已经证明了灵感是作家的心灵和客观现实的刺激相撞击的产物。我们过去在研究这个问题的时候，从客观现实的刺激这方面更多地强调了一些。其实灵感的发生是不能忽略作家主观的心理状态的。往往有这种现象：同一种客观刺激，能使某个作家产生创作灵感，而另一个作家却不能；或者说，同一种客观刺激在不同的作家头脑中产生迥然不同的创作灵感。这恐怕只能从作家的心理结构上去做出解释。

叶辛：你们说的这个问题使我想起了一件事。作为省人大代表，我经常到贵阳一些基层单位视察。最近我随省人大代表团到一家医院视察，听取院长的工作汇报。这位院长谈了几年前发生的一次医疗事故，他的目的是求得上级拨款购置器械设备。与会的人大代表都领会了他的意思，我当然也领会了他的意思。可是我那时却感到有一种创作灵感来潮，就不由自主地紧紧盯住他，追问那次医疗事故的缘由、始末，搞得另外几位人大代表一时难以理解，并使那位院长紧张起来了。他以为我要追查他们的责任，我坦率地告诉他，我是搞文学的，这才缓和了会场的气氛。

王赵：这件事很有趣。创作灵感乍一看，的确可以说也是无意识的，但是总有其心理依据的。看来我们都应该承认文学创作中有无意识和非理性的因素，更不能忽略情感在文学创作中的重要作用。叶辛同志，下面是不是让我们转换一个话题，讨论一下造就一个作家的心理因素。你可否先谈谈你成为一个作家有哪些先天因素？

叶辛：我说不上有什么先天因素。我的父母并不是搞文学的，我的家族中也没有搞文学的人。

王赵：可是一个作家之所以成为一个作家，总与他特殊的心理素质有关。你难道没有感觉到自己作为一个作家在心理素质上的特点吗？

叶辛：我只觉得我比较善于感受一种情绪和气氛，特别是善于感受能够打动我的情绪和气氛。我出生在上海，你们知道上海这个地方冬天是不常下雪的。小时候，我看到下雪了，非常高兴，登楼观雪景。母亲说，城市里下雪是不大好看的，农村里下雪才好看呢！母亲生动地描绘了那里房舍瓦楞、田野山地的层层叠叠的雪景。我没去过农村，可是母亲描述的雪景深深印在心里。我总想去看看。我十九岁时随“上山下乡运动”到了贵州山乡，当年就遇上一场“倒春雪”。顿时我眼前便清晰地浮现出儿时母亲所讲的那幅雪景。后来，我在贵州农村生活了一段时间，了解到农民的苦寒生活，不知怎么的，还老是想起那场“倒春雪”。这时我的情绪就变了，小时候看到雪是那么高兴，对母亲描绘的乡间美丽的雪景是那么向往；而如今我心里却有一种沉重感，我总觉得我们的农民应该生活得好些。

王赵：创作心理的研究认为作家有一种先天的同情心。

叶辛：我不知道这是先天的还是后天的。我还觉得我善于感受人家用语言创造的情绪和气氛。小时候读高尔基的《我的童年》，对其中染房里工人劳作的情景和气氛所形成的画面印象非常深刻。屠格涅夫笔下所描绘的俄国异国风光和情景构成的一幅幅生动的画面，也深深地留在我的记忆里。以后长大了，在现实生活中，当我碰上与之相应的场面，立刻十分自然地联系起来了，并且引起心灵的激荡。

王赵：从作家的心理素质来看，它对形象信息具有一种特殊的亲和力；还有由于富有同情心而引起的强烈而奇异的情感活动。你上面说的对雪景和文学作品创造的情绪和气氛的感受力，以及由此引起的情感活动正说明了这点。作家之所以成为作家，这种心理素质是十分重要的。

叶辛：但是我觉得这些心理素质只是我走上文学道路的条件之一。我之所以走上文学道路是我的生活经历促成的。

王赵：当然，文学创作无论写什么，归根到底无非都是作家所经历和感受过的人生，无非都是作家心灵世界的呈现和作家对人生的审美认识。唯其如此它才能使读者得到美感享受，并在思想上受到某种启迪。我们了解到《蹉跎岁月》发表后，你收到来自全国的一千七百多封信。这正说明了这点。

王赵：是的，我的生活经历使我不仅写了反映知青生活的作品，而且还写了反映贵州生活的小说，我计划写的长篇小说《三年五载》，现在已完成了第一部：《基石》。去年在天津，一位知名中医为我检查身体，他说：“我不是吓你，你现在是三十七岁，可是内部器官已经四十七岁了……”但是我还是要写下去！

王赵：你是一位勤奋的作家，几年来你已有五百多万字的作品问世。最近我们还看到你写上海生活的一些作品，能不能谈谈你写作题材转换的心理因素？

叶辛：1984年组织上让我放弃专业作家，去《山花》担任主编。这是个痛苦的转变。当主编就得上班，我原来的生活是很自由的，要写稿子就写稿，要下生活就下生活，那段时间生活的节律很快，几乎没有时间冷静下来，思考过去的生活。慢慢地，童年和少年时代的生活积淀开始浮向脑际；同时我还有机会经常回到上海，那里有我许多老同学和朋友，有的出国了，有的在大学教书，有的当工人，还有做生意的。在接触他们的时候，更使我想起了过去的生活情景。我对上海有很深的感性认识，人都怀念自己的故乡，故乡的一条小河、一棵老槐树、三间茅草房，都会勾起缕缕情思。我想，我曾经是一个上海人，写一写自己的故乡，也是自然的吧。

王赵：你这种写作题材的转换也可以说是无意识的吧？

叶辛：开始时是如此。可是当初我也意识到在一些人心目中，我是专写知青题材的，可是“知青”这一特殊历史时期的特殊概念，将会随着岁月的流逝而消失。知青题材不可能长久地表现，很难翻出新意，所以我必须开拓新的领域。这时我发现沉积在我心里多年的这块上海土地。

王赵：你有没有预感到你以后写上海这块土地的兴味将比写知青题材和农村题材更浓厚一些？许多作家都有这样的写作经验，愈是积累得久的，经过岁月沉淀而存留下来的那些生活，他写起来愈有分量。

叶辛：我在1972年发表我的处女作《高高的苗岭》时，就有一种强烈感觉：这绝不是我最后一本书。写到今天为止，总觉得还没有达到我所预感的目标，我一直想写一部大型的书。但是我想不能贸然从事，因此只写一些算是打基础的小说，如《家教》《发生在霍家的事》《儿女婚事》，使自己的笔触能够适应写城市生活。我觉得只有在我心头沉积了多年的那块上海土地才能负载得起它的容量，我将调动起我童年的少年的生活积累以及以后的许许多多的感受，而且要联系到“文化大革命”，表现20世纪上海的一个家族。我想，这个作品也许能超越我过去的东西。

（1987年8月4日）

叶辛访谈录

章红：您是从知青成长为作家的，请问驱使您走向成功之路的内在动力是什么？

叶辛：是兴趣。兴趣是成功的开端。

章红：您是什么时候对文学感兴趣的？

叶辛：小学三年级时，一个偶然的机会，我买了本书——《我的一家》，囫囵吞枣地读了一遍，从此以后，在我孩提时代众多爱好中又添了一件事：读有趣的书。在那年的暑假里，我借了一堆书，每天早晨坐在窗台上读两三个钟头，到暑假结束的时候，书籍已成了我形影不离的好朋友。从小学到中学，我读了差不多能够到手的所有的书，以致在中学里，被老师认作不安分的学生。

书籍给我打开了通向未来的门户，培养了我对文学的兴趣。书本以它绚丽多姿的意境给我展示了一幅幅动人的图画，给我叙述了一个个扣人心弦的故事。我沉浸在书的海洋里，也做着各种有趣的荒诞的梦。当然，这离我真正地爱上文学，还有一段距离。

章红：那么您是怎样把对文学的兴趣发展到毕生的追求的呢？

叶辛：记得那是我读过《童年》后，我沉浸在书本描绘的生活中，久久地不能平静，好像有什么东西。叩击着我的心扉一般。那些发生在外国的事情，怎么我竟像看见过一样的呢？我抚摸着书的封面，第一次想到写书的人，第一次感到写书的人是了不起的，那个额头耸起的外国老头感动了我。突然，我像被火烫了一下：我见过这个人！想了半天，总算想起来了，那是在少年宫的阅览室里，这个人的大幅画像和鲁迅先生的像挂在一起。仿佛就是从那以后，我开始想到，我长大了，也要当写书的人，也要去感动那些读我的书的小孩。后来“文化大革命”开始了，我过了几个月沸腾的“革命”生活后，成了个地地道道的逍遥派。学校停课了，我冒出了自学的念头。当然，我把自学的主攻方向定为创作。每天就是阅读、观察社会，一直到上山下乡。

章红：当时对您来讲，这条路是唯一的选择吗？

叶辛：其实，选择这样的自学方式和目标，我还费了点脑筋。在学校读书的时候，我的各门功课都不差，我要自学，该从哪儿着手呢？全面铺开几乎是不可能的。选择哪门课？数理化吗？一找不到课本，二没有人可请教，但是更主要的，对我来说，那些数字、公式、概念太枯燥乏味，选择了很可能半途而废；外语吗？我觉得，要通过自学，达到较高的水平，难度太大。我最后的选择并不是要贬低数理化和外语，事实证明，有许多人通过自学，在那些方面取得了很大的成就，我只是想说明，一个年轻的立志成才者，冷静地分析一下主客观环境很重要。有了学习的愿望，不要盲目，不要见什么就想学什么，更不要什么时髦赶学什么。还是要从实际出发，分析自己的素质、条件和兴趣爱好，把它们同社会的需要和可能结合起来，然后再决定从哪儿入手。

章红：您是从什么时候开始写作的？

叶辛：那是一段难以忘怀的岁月。记得是插队落户时期，在云贵高原的偏远村寨里，连年累月地栖居在茅草屋里，守着一盏煤油灯，提起笔来用小说的形式写下自己对生活的体验和思考。当年的一切似乎还历历在目，一晃，竟是二十多年过去了。

二十多年的时间里，除了工作、旅行、开会、出访之外，我把所有的时间都放在写作上，不分节假日，时常也不分白天黑夜。从村寨移居山清水秀的水电站，从山高谷深的蛮荒乡间搬进省城，最后又从内地省城返归繁华喧嚣的大上海，生活环境一次次地改变，但是一支笔、一张纸、一瓶墨水的写作方式，始终没有变，写作成了我生活的一部分，创作更成了我生命意味的一种体现方式。

章红：您的写作生涯始于那种环境下，一定会遇到不少困难吧？

叶辛：当时的知青点茅草屋，小得甚至放不下一张桌子，没有电灯，后来又到铁路工地，环境更是艰辛。同时，每天的劳动又十分累人，一天干下来，唯一的念头就是倒头便睡。但这些我都可以设法克服，没有桌子，就以铺板代替；没有电灯，就用墨水瓶改制成小油灯，同样照亮；劳动累人，我挤一切空余时间练笔。但是，究竟写些什么，捕捉什么样的生活内容呢？这就难办了。寨子太安静了，静得连意外的事故也很少发生，似乎没什么好写。随着岁月的流逝，现实把它严酷的一面在我面前掀开了。贫穷、饥饿把我们原先五光十色的理想像风吹肥皂泡似地吹走了。我自小接受的观念提醒我，这些“阴暗面”是写不得的。我陷入了不知所以的苦闷中。

这才是我走上文学之路的最大障碍。幼稚、虔诚、困惑的我，在下乡之后的现实生活启发下，很自然地开始了思索，思索严峻的现实。这样的思索引导我更好地去感受生活，去认识那些长年累月辛勤耕作的农民，去深刻理解我们这个时代。这种思考使我能够解决创作过程中的一个个困扰。

章红：您到过不少地方，地域的流动对您的创作有何影响？

叶辛：十九岁那年，我从上海跑到贵州偏远的山乡，感受是很强烈的，那儿的山川河谷、风土人情、生活环境与上海迥然不同。我在那种生活中浸淫了很久，直到二十一年后——1991年，我才回到上海。我见到了在改革开放中步子迈得极快、变化极大的上海，我觉得这里的许多生活现象，既同我小时候所熟悉的上海不一样了，更同我生活过的五千里外的贵州不一样。我常常会用上海人的眼光去看偏远山乡，想想生活在那片土地上的人们，他们会有怎样的思想情感；我又会用山乡农民的目光看今天的上海人，看到他们的可爱、可笑，也看到了不可理解的东西。两种目光交织在一起的时候，很多艺术的亮点就不断地闪现出来。恰好，上海是中国最现代化的城市之一，而贵州却是最贫穷的地区之一。这样就观照到了中国的两极，这样的两种观照可以使我看得更清楚一些。这对我的写作，包括以后的写作，是会有影响的。有了这两副目光，我想以后我会写得好一些。

章红：在二十多年的创作生活中，您的小说涉及了知青、农民和都市人等方方面面，这同您丰富的人生阅历是否紧密相连？

叶辛：有位作家说过，创作，便是在回忆中进行创造。我写知青生活，因为我当了十年知青；我写西南省城的故事，因为我在贵阳生活了七八年；我写农民，因为许多年里，我就和农民在一起；我写上海风情，因为我自小就是上海人。当然，有时候，对一件事物的认识，是需要隔开一段距离的，就如同从来没坐过飞机的人，对他天天生活在其中的环境，对他司空见惯的楼房、马路、弄堂、街道的认识是有局限的一样，他会认为城市就是这个样子的。一旦他头一次坐上飞机，透过舷窗往大地上望去，他会突然意识到，原来他所熟悉的一切，还有另外一副面貌。

章红：看来，多样的人生经历是您的创作优势。生活的艰难曲折、人际关系的错综复杂、心灵波澜的起伏动荡，在您的作品中都得到了敏锐的把握和揭示，我想这正是由您这个优势带来的。

叶辛：应该说是这样。但事物的另一个方面是，如果说一个作家有什么长处的话，那么这个作家势必也会有他的局限。作家要受到本人经历、本人气质、趣味和爱好的局限。打破局限的过程就是思考和创造的过程。我在写《家教》这部小说时，许多人和事让我有一种难以抑制的创作冲动。但我觉得要慢慢地来，尽可能地准备得充分一些，酝酿得成熟一些，思考得周全一些。我力图写出历史的流程，写出沧桑变迁，写出20世纪中国社会的进步和挫折。这样，几度冲动，几度歇笔。这样的反复，对作家来说是必要的。

章红：这正像苏格拉底说的：没有经过省察的人生是无价值的。您的谈话对于正处于人生起跑线上的少年朋友肯定是富有启发意义的，感谢您接受我的采访。

（1997年）

多观察、多思考、多阅读

——怎样发现创作素材

编辑同志：

我是一名文学爱好者，在报刊上曾发表过一些“豆腐干”文章。我很想多写些东西，常常在生活中苦苦寻觅，握着笔搜肚索肠，却感到没有东西好写。编辑同志，你能否告诉我，作家们为什么总有写不完的东西，他们是怎样发现创作素材的？

广西北流市沙垌乡文化站　辛庆法

辛庆法同志：你好！

编辑同志把你的来信转给了我，让我回答你的问题。这其实是有一点难度的，因为天下最难做的文章，就是人家硬要你写的命题文。不信请上几位著名作家，让小学教师给他出一个题目做篇作文并评分，我敢断言他们都得不上100分，也许90分亦勉强。仿佛在开玩笑了，但我想这个玩笑已经进入了正题，那就是在你写不下去的时候，你千万别去硬写。尤其不要“握着笔搜肚索肠”，那样即使写出来的东西，也不会是好作品。

古人作文，有“意立，而辞从之以生”之说。（黄侃《大容裁》）意思是，有了想要表达的东西，才能有可吐之言。那么在生活中怎样捕捉到不断地催动着你创作的东西，亦即那“想要表达的东西”呢？这就要求有志于文学的同志多作观察，多思考并多读。对纷繁复杂的生活现象始终保持着热情细心的观察，看得多了自会产生思考。年轻人开始的思考可能浅显一些，但是久思多想，便会渐渐地有一定的深度。而最能获得生活真切体验和深度的途径，就是投身于多姿多彩、波澜壮阔的生活中去。在生活的源泉中得到那“人人心中有，个个笔下无”的东西。从文学的角度来讲，为使你思考得更有成效，就得多读。“搞电影的人是电影熏出来的，写小说的人是书本熏出来的。”虽然有一点玩笑的意味，还是有它一定的道理。读得多了，至少可以看明白人家是怎样思考种种生活现象的，人家是怎样在生活中捕捉到新意和那有意味的东西的，别说还能学到人家的表达方式和修饰语言的能力哩。所谓“思接千载，视通万里”（刘勰）的境界，就是在多读多思多观察的基础上获得的。

这么说了一通似乎还有些空泛，举个例吧。

记得是1984年初夏，我还在贵州生活的时候，省里报纸曾刊发一篇偏僻乡村为婚姻纠纷发生械斗的事，伤了一些人。看到这篇报道时，省里的一位作者随口说，因包办婚姻和封建意识酿成这类悲剧，恐怕只有在偏远的乡村里才有。在贵阳、在北京、上海这样的大城市里，是不会有此类事发生的。我当时不同意道：封建的余毒、家长意志左右子女的婚姻一类事，大城市里也是有的，只不过表现形式不同罢了。说这话的同时，我顿觉这是可以做成一部小说的。这就是后来我写作的《家教》的触发点。随着这一触发点的产生，我想起自己有些同学在恋爱婚姻上不那么顺利的经历，我想起了在基层采访时，工会提供给我的职工离婚状况的介绍，我想起了一些向我倾诉对家庭婚姻苦闷失望的读者来信……所有以往留在笔记本上和虽没留在笔记本上但存在记忆里的东西，都涌了出来，激发着我尽快地把它写下来。

在写作生涯里这个小小的例子是很平凡的，但它似也能告诉我们，在生活中留神观察，做有心人，多思多想，对创作是有好处的。不知这封短信是否对你有些参考作用？就此祝

进步！

（1991 年 8 月 12 日）

在生活中捕捉新意

××同志：

来信收到。你读了1982年第1期《小说界》上的那个中篇小说《同样是收获季节……》后认为：作品描写责任制优越性的同时，反映了干部与农民以及农民之间的新型关系，这个构思是较新的，并向我提出：如何在生活中捕捉新意的问题。就这个问题，我从自己经历的生活片断中，讲一下怎样捕捉新意，尔后构思成这篇小说的。

紧挨着我插队落户的砂锅寨，有一个茅屋疏疏落落的小寨子，叫大坝。我谈恋爱的时候，经常到大坝去找我今天的妻子。那年头，整个大坝几十家农户，到了夜里都不点电灯，我好奇怪，经打听才知道，大坝离变电所很近，那里有两个年轻力壮的农民，在雨天的早晨上坡去割草，身子碰上被风雨刮落在地的赤膊电线，触电死了。从此，大坝人视电如恶魔，情愿点油灯，再也不愿点电灯了。

中篇小说《同样是收获季节……》的女主人翁香菊，就是这样变成寡妇的。1972 年听说触电死人的事，仅仅是生活中的一件意外事儿，我绝没有想到，九年以后会把它写进小说，写成女主人翁经历的一部分。

也是插队落户的岁月里，年年的秋末冬初，我随着农民在收割过的水田、苞谷地里栽菜籽，年年栽啊，年年盼，盼来年的晚春，菜籽收获季节，夺个丰收年。小季分配的时候，我也可以和农民一样，分个十几斤、几十斤菜籽，用油炒菜吃，那毕竟比白水煮青菜蘸辣椒水吃香啊。那年头，因为没油，我们知青集体户的铁锅总是锈的，每天煮菜前，都要用一小块砂砖摩擦几十下。艰苦清贫的生活，更使我巴望菜籽的丰收。可惜，年年晚春初夏，不是因为年景不好，就是因为队里的菜籽栽得太少，收上来的菜籽，还不够上交和留种，根本没有分给大伙的份儿。为啥不多种一点儿呢？菜籽的收购价格低，农民们都不愿种。有一年，在工作组的督促下，队里扩种了菜籽，老天爷又帮忙，到了春天，满坡、满坝的油菜花都繁艳艳地开了，那浓郁的香气，酒似地泼在空中，远远望出去，金黄金黄的一片，像云霞、像彩锦、像地毯，啊，说像什么都可以。满寨的人都在说，今年吃油不愁了。估产的时候，说菜籽约可以增产 40%。可是，后来收割下来的菜籽，用肩挑、用马车拖，全上交了。为啥啊，原来工作组同志向上面汇报说，菜籽大丰收，翻了一倍！一句话，把我们欢欣雀跃的期待，炸一顿油果果吃的奢望，统统都打落了。

农民在坡上、田坝里骂那个工作组员，我也像大家一样，恨这个弄虚作假的家伙。

这些往事，组成了《同样是收获季节……》矛盾冲突的基础。

没有以往的这些积累，我不会想到写这部小说。即使写，小说中的人物命运，也不会认识得这么清。日本作家芥川龙之介说过：“命运比之偶然是必然。‘命运在性格中’这句话绝非在等闲中产生的。”

在我当知青的日子里，我接触过许多经常下乡促春耕、促双抢、促秋收的基层干部，除了一小部分想削尖脑袋往上爬，或是趾高气扬地动辄训斥农民的人之外，他们中的绝大多数，都是普普通通的小干部，拿的是三十几块、四十几块、五十多块的工资，他们下乡来，主要就是把上面的精神，贯彻到农民们中间去。有一年秋收时节，我们队上的会计和一个下乡干部为交“余粮”的事吵了起来，双方撕破了脸，吵得很凶。事后这个五十多岁的干部到我们集体户来坐，可能是他的儿子曾跟我一起修过铁路，他常给我讲些知心话儿。这时候，他苦着脸对我说：“我何曾不知道寨子里没余粮，可上面硬让交，我有啥办法？”

我头一回体会到，原来这些小干部们，内心里也是挺为难、挺痛苦的。可是没办法，上面有政策……十年浩劫期间的农村经济政策，那真是天知道。

上面写的那些往事，平时都在我印象的仓库里深藏着，或记在我的本子上，有的差不多都已忘记了。我还没想到过这些材料可以写成小说。

1980年，我在中国作协文学讲习所学习了半年，回到山旮旯里，乡间已经起了变化。责任制显示了成果，自那以后，反映责任制的作品，雨后春笋般地冒了出来。这些作品，写的大都是责任制带来的新气象，带给农民们的喜悦，鼓起了农民们的干劲：过去是懒汉，现在成了冒尖户；过去穷得盖不起房，现在盖起了大瓦房；过去讨不起婆娘，现在有钱讨老婆啦；过去如何穷，如何受气，现在变富了，腰杆也硬了……

表面上看去发生的变化，几乎什么都已给人家写过了。而且，杂志上还在不断地发着这样的小说，只不过角度变了一点儿。我怎么办呢，写些什么呢？清凉道人在《听雨轩笔记》中说，取材要“标异出奇，豁人耳目”。怎样才能使入耳目一新呢？

我苦苦思索着，留神地观察着乡间的生活。啊，生活远不像我们一些肤浅的作品中写的那样，过去出工一窝蜂，实行了责任制，一切都轻而易举地变啦，变好了，变美了，变称心了！不，在这个过程中，和农村有关的一切阶层，是在缓慢地、有时还犯着阵痛地变化着。

有一回，我坐长途客车到省城去，在车上遇到了一个相识的中层干部。问及他对乡间的看法，他就破口大骂责任制，不顾车上坐了那么多的乘客。当然，他不骂才见鬼呢，他老婆在乡下，他在县里当干部，原先只需他利用手中的权力，给乡间的大小队干部一些便宜，他的老婆就能在乡下讨到很多“轻巧活路”，像强劳力一样赚工分。如今这一套行不通了。

我不由得想，这些中层干部是这样，过去那些经常下乡的基层干部，那些常常和农民们把关系搞得很僵的小干部，怎么样了呢？他们是骂人呢，还是露出赞许的笑容？过去，我对他们是很熟悉的呀，现在他们的态度如何呢？

“只有被我从现实中提取，并且熟悉的一些东西，才是我写出来的好东西。”果戈理在《作家自白》中的这句话，是我抄录在笔记本上，读了多遍的。我何不就以基层小干部和农民的关系这个题目，写一点东西。

非常巧，去省城开会回到山旮旯，我和邻县一个下乡的基层干部闲谈。他滔滔不绝地给我讲了许多他下乡那个寨子的情况，搞责任制时出了哪些问题，闹了啥纠纷，五保户、烈军属怎么办，土地肥瘦如何搭配，农民们碗里盛的是什么……可以说，什么都谈了，唯独没有谈他和农民们的关系。夜深了，我随口问了一句：“你和寨上的人相处得怎么样？”他涨红了脸，有些不好意思地说，起先，农民们并不信任他，还以为他是游手好闲、专门来整人的，因为多年以前，他到过这个寨子，整个寨上的农民，说他们闹资本主义，自发势力嚣张。农民对他提防着呢！

“那你为啥到这个寨子，不会换一个？”我插嘴问。

“唉，是我自己要求到这个寨子的。”

“为什么？”

“为什么，总觉得过去错了，欠着这寨上的人一些什么呗。”

顺便插一句，这以后，我听到过多次，那些小干部以歉疚的口吻，讲到自己原先下乡时受“左”的思潮影响的所作所为。

我陷入了沉思。那干部还在讲，他是怎样以自己的行动，逐步逐步得到农民信任的过程。讲完以后，他燃着烟，细细瞅了我两眼，笑着说：“你要打听这方面的事儿，多着哪！说起来还有个笑话，农科站一个干部，热心帮助农民推广良种，被寡妇看上啰！真怪，那小寡妇的公婆，还帮着牵线……”

没想到，聊天聊到夜深人静，他最后说的这件事儿，会激发起我的灵感，使我创作的愿望强烈起来。

这个人走了，下半夜我再没睡着，我觉得有些人物在头脑里涌动，前面写到的许多往事，一件一件自自然然地浮现在眼前。

哦，实行了责任制，乡间除了有那些人们已经写过的种种变化之外，最主要的变化，不就是人与人之间关系的变化吗？不就是人的心灵的变化吗？看，长途车上那个中层干部在变，我遇见的好些基层干部在变，农民们自身也在变。这种变化是到处都可以见着的，也是平时最易忽略的。

德国剧作家莱辛在《汉堡剧评》中说：“自然中的一切都是互相联系着的：一切事物都是交织在一起，互相转换、互相转变的。但是这种无限纷纭复杂的情况……要得到表现，就必须取得一种能够给没有界限的自然划出界线的本领；必须选择一种能随意转移自己的注意力的本领。”

我到粮店去买米，看到粮店不但有凭票供应的油，还有很多议价油；我到墟场上去，场上随意摊放着好多油瓶、油罐，出卖者都是农民；过节了，食油每人增加一斤。这些变化，都来自乡间，油菜籽的收购价格调整了，农民大量地种菜籽，他们不但不用愁自己的食油，还能卖出好多。

1981 年的收获时节又到了，那丰收的景象，和我们寨子那年菜籽丰收简直没多大差别。但是，同样是收获季节，一切都不同了……我创作的激情达到了沸点，只花了六天时间，我就写下了小说的草稿。

和我以往写的小说不同，除了一个题目，段落之间没有标上一、二、三、四……我觉得无法标出来。县里的小干部黎焕书，接受农技局的任务下乡推广烤烟良种，偏僻山寨上的农民、干部不欢迎他、不信任他，把他当劳力摊给一户缺劳力的人家，这户人家除了阿公阿婆，就是小孙子文儿和守了寡的香菊，香菊当年是黎焕书的同学，两人恋爱过，后来一个当队长，一个当小干部，为上交菜籽事儿，闹翻了。如今又见面了……故事就在这样一个人物关系中展开。这故事有多少来自生活，有多少经过我的揉搓，我也分不清了。只记得没费劲儿去编故事，一章一章往下写得很顺。而我想表达的意思，也在故事的进展中表达出来了。

唯一要说的是，小说的草稿写了6万多字，而发表出来的，只有4万多字。那2万多字，在我修改润色的时候，被删削处理了。写草稿的时候，因为文思喷涌，只追求快，快把完成了的构思写下来，我用的是平铺直叙的写法。该交代的时候交代一番，该推进的时候推进，该回忆的时候，就一本正经地回忆。隔开几个月读它的时候，我就发现，这种方式有点笨拙。能不能在表达方式上，也追求一点新意呢？

第二遍写的时候，我已经不急了。我决心追求一种心灵感受似的气氛，让故事、让往事、让人物感情，都通过心灵的感受来表达。生活提示给我的，不正是要表现人与人关系的变化，心灵的变化嘛！大量的往事，都用补叙法，或是我们古人所欣赏的倒卷帘法，即所谓“草蛇灰线，横云断岭”。断要断得恰当，截要截得自然，岔也要岔得不露痕迹。

效果当然不一定好，不过有一点可以肯定，花半个月时间这么整了一遍，2 万多字是删下来了。

拉拉杂杂写了这些，不妥之处，望指正。

此致

敬礼！

（2014 年写于贵州黔灵山下）

附录：叶辛著作年表

1977 年

《高高的苗岭》	上海人民出版社 1977 年版
《深夜马蹄声》	上海人民出版社 1977 年版
《火娃》（与谢飞合著）	《贵州文艺》1977 年第 6 期

1978 年

《岩鹰》（与忻趵合著）	上海文艺出版社 1978 年版

1979 年

《高高的苗岭》（朝鲜文版）	延边人民出版社 1979 年版

1980 年

《我们这一代年轻人》	中国青年出版社 1980 年版
《峡谷烽烟》	人民文学出版社 1980 年版

1981 年

《风凛冽》	中国青年出版社 1981 年版

1982 年

《蹉跎岁月》	中国青年出版社 1982 年版

1983 年

《绿荫晨曦》	人民文学出版社 1983 年版
《叶辛中篇小说选》	贵州人民出版社 1983 年版
《火与冰》（与钦武合著）	贵州人民出版社 1983 年版
《我们这一代年轻人》（维吾尔文版）	新疆青年出版社 1983 年版

1984 年

《基石》	人民文学出版社 1984 年版
《带露的玫瑰》	重庆出版社 1984 年版

1985 年

《在醒来的土地上》	北京十月文艺出版社 1985 年版
《拔河》	人民文学出版社 1985 年版
《虎的年》	少年儿童出版社 1985 年版
《新澜》	人民文学出版社 1985 年版
《三年五载》（上）	贵州人民出版社 1985 年版
《发生在霍家的事》	北京十月文艺出版社 1985 年版
《恩怨债》	四川文艺出版社 1985 年版

1986 年

《家教》	中国文联出版公司 1986 年版
《遥远的山谷》	上海文艺出版社 1986 年版
《悬念》	《贵州日报》连载 1986 年

1987 年

《三年五载》（下）	贵州人民出版社 1987 年版
《闲静河谷的桃色新闻》	贵州人民出版社 1987 年版
《家教》	《荧屏舞台 》1987 年第 1、2 期

1988 年

《爱的变奏》 中国青年出版社 1988 年版

《家庭奏鸣曲》 中国文联出版公司 1988 年版

1989 年

《私生子》 中国文联出版公司 1989 年版

1990 年

《省城里的风流韵事》 北京十月文艺出版社 1990 年版

《家庭的阴影》 《红岩》杂志 1990 年第 6 期

《蹉跎岁月》 新文学大系（影视卷）1990 年版

1991 年

《恐怖的飓风》 浙江文艺出版社 1991 年版

1992 年

《孽债》 江苏文艺出版社 1992 年版

《省城里的风流韵事》 《电影・电视・文学》1992 年第 2 期

1993 年

《曼谷姑娘的眼睛》 学林出版社 1993 年版

《孽债》 《影视文学》1993 年第 3 期

1994 年

《凶案一桩》 上海文艺出版社 1994 年版

1995 年

叶辛代表作系列（三卷）:《蹉跎岁月》《家教》《孽债》

江苏文艺出版社 1995 年版

当代名家精品（六卷）:《蹉跎岁月》《闲静河谷的桃色新闻》《私生子》《孽债》《巨澜》（上）《巨澜》（下）《炫目的云彩》

贵州人民出版社 1995 年版

《我的生命环》　　上海人民出版社 1995 年版

1996 年

叶辛文集（十卷）：《我们这一代年轻人》《高高的苗岭》《风凛冽》《省城里的风流韵事》《蹉跎岁月》《秘而不宣的往事》《在醒来的土地上》《两个感情冒险者的命运》《爱的变奏》《家庭的阴影》《孽债》《恐怖的飓风》《发生在霍家的事》《基石》《私生子》《中篇小说卷》《短篇小说卷》

江苏文艺出版社 1996 年版

1997 年

《叶辛中短篇小说自选集》　　内蒙古人民出版 1997 年版

《叶辛散文随笔自选集》　　内蒙古人民出版社 1997 年版

《一代风流宋耀如》　　《浦江同舟》1997 年第 1 期—1998 年第 6 期

1998 年

《半世人生》　　上海画报出版社 1998 年版

1999 年

叶辛知青作品总集（七卷）：《我们这一代年轻人》《风凛冽》《蹉跎岁月》《记忆中的白鸽花》《在醒来的土地上》《爱的变奏》《孽债》

广东旅游出版社 1999 年版

《叶辛散文》　　华夏出版社 1999 年版

《叶辛谈创作》　　学林出版社 1999 年版

《若有似无的城市》　　上海书店出版社 1999 年版

2002 年

《生死呼唤》（与赵福莲合著）　　群众出版社 2002 年版

《西雅图之思》 少年儿童出版社 2002 年版

2004 年

叶辛新世纪文萃（三卷）：《华都》《爱也无奈》《我生命的两极》

上海人民出版社 2004 年版

《蹉跎岁月》（中国当代名家长篇小说代表作）

人民文学出版社 2004 年版

《孽债》（新世纪珍藏版） 上海人民出版社 2004 年版

2005 年

《缠溪之恋》 上海文艺出版社 2005 年版

2007 年

《上海日记》 上海人民出版社 2007 年版

《我和共和国：我的人生笔记》 时代文艺出版社 2007 年版

2008 年

《孽债 1》 上海文艺出版社 2008 年版

《孽债 2》 上海文艺出版社 2008 年版

《蹉跎岁月》（白玉兰文学丛书） 东方出版中心 2008 年版

叶辛经典知青作品文集（八卷）：《我们这一代年轻人》《风凛冽》《蹉跎岁月》《往日的情书》《泛滥的樱桃湾》《在醒来的土地上》《爱的变奏》《孽债》

百花文艺出版社 2008 年版

2009 年

共和国作家文库（1949—2009）：《蹉跎岁月》《孽债》《华都》

作家出版社 2009 年版

《蹉跎岁月》（新中国 60 年长篇小说经典藏）

人民文学出版社 2009 年版

《一支难忘的歌》　　上海社会科学院出版社 2009 年版

《茅台酒秘史》　　东方出版中心 2009 年版

2011 年

《客过亭》　　作家出版社 2011 年版

《解秘黔台酒》　　上海文艺出版社 2011 年版

2012 年

《孽债》（上）（下）　　武汉大学出版社 2012 年版

《岁月不是空白的》　　江苏文艺出版社 2012 年版

《往日的情书》　　武汉大学出版社 2012 年版

2013 年

《叶辛的贵州》　　东方出版中心 2013 年版

中篇小说选（典藏版）（十卷）:《两个感情冒险者的命运》《秘而不宣的往事》《发生在霍家的事》《废人柏道斌》《悠悠落月坪》《月亮潭情案》《世纪末的爱情》《爱情跨世纪》《玉蛙》《名誉》

东方出版中心 2013 年版

2014 年

《蹉跎岁月》　　武汉大学出版社 2014 年版

《安江事件》　　东方出版社 2014 年版

《爱神花园笔记》　　武汉大学出版社 2014 年版

2015 年

《圆圆魂》　　安徽文艺出版社 2015 年版

《叶辛山水情韵》　　武汉大学出版社 2015 年版

2016 年

《圆圆魂》(手稿珍藏版)　　文汇出版社 2016 年版

2017 年

《古今海龙屯》　　新星出版社 2017 年版

《家教》(斯瓦希里语版)　　外文出版社版

《玉蛙》(英文版)　　纽约图书公司版

注：本统计仅限于各类作品第一次印刷的版本，多次印刷以及以我名义主编的文集和编进合集的作品，散见于报纸杂志的中、短篇小说，散文，随笔等均未收入。

文学回忆录书系

策划　肖风华

主编　陈思和

执行主编　向继东

统筹　段洁　李欣

刘心武文学回忆录	刘心武　著
蒋子龙文学回忆录	蒋子龙　著
张炜文学回忆录	张　炜　著
王跃文文学回忆录	王跃文　著
残雪文学回忆录	残　雪　著
张抗抗文学回忆录	张抗抗　著
叶辛文学回忆录	叶　辛　著
刘醒龙文学回忆录	刘醒龙　著
宗璞文学回忆录	宗　璞　著
陈忠实文学回忆录	陈忠实　著
* 冯骥才文学回忆录	冯骥才　著
* 贾平凹文学回忆录	贾平凹　著
* 王安忆文学回忆录	王安忆　著
* 方方文学回忆录	方　方　著
* 梁晓声文学回忆录	梁晓声　著

* 待出